HANDBUCH AQUARELLMALEREI

GERHARD HILLMAYR

AQUARELL MALEREI

ENGLISCH VERLAG

Die Deutsche Bibliothek – CIP-Einheitsaufnahme

Handbuch Aquarellmalerei /
Gerhard Hillmayr. – Wiesbaden : Englisch, 1992
ISBN 3-8241-0493-8
NE: Hillmayr, Gerhard

Umschlag- und Innengestaltung Andreas Ruers.
Fotos und Fotoreproduktionen René Schrei

Printed in Germany.
ISBN 3-8241-0493-8

INHALTSVERZEICHNIS

1. EINLEITUNG

Das Aquarellieren ist die einfachste Technik, mit der man sich in der Freizeit als Hobbymaler versuchen kann, und sie ist zugleich ein anspruchsvolles, vielleicht sogar das anspruchsvollste Darstellungsmittel überhaupt. Für manche Künstler in der Vergangenheit und in der Gegenwart wurde sie gar zum idealen Medium ihrer künstlerischen Aussage.
Durch meine Liebe zu diesem Medium kann mir eine gewisse Voreingenommenheit unterstellt werden. Aber es gibt durchaus Begründungen, warum das Aquarell, auch schon als Krone aller Maltechniken bezeichnet, so besonders ist.
Die Tatsache, daß die Wasserfarbenmalerei in die Anfänge der Menschheitsgeschichte zurückgeht und sie heute die beliebteste und die am meisten praktizierte Technik ist, hat damit wohl nichts zu tun. Schon eher der leichte, mühelose Charakter, mit dem sie sehr spontane und lebendige Ausdrucksmöglichkeiten bietet.
Eindeutig aber wird die Überlegenheit in der Kraft der Farben. Beispielhaft hierfür sind die atmosphärischen Stimmungen Turners, die glühenden Farben in Noldes Aquarellen und die Transparenz, durch die das Licht die Materie in Mackes Bildern in Schwerelosigkeit verwandelt.
Schon beim Betrachten eines gelungenen Aquarells ist man davon fasziniert, aber vielleicht muß man selbst malen, um davon überzeugt zu sein. Jedes Kind im Kindergarten malt mit Wasserfarben – wohl deshalb, weil es nicht aufwendig ist.
Sicherlich ist dies auch ein Grund für die Beliebtheit dieser Malart: Ein Malkasten und Papier lassen sich leicht mitnehmen, und Wasser findet man fast überall. Diese Unkompliziertheit der Aquarellfarben führt oft zu der Fehleinschätzung, es handle sich um eine einfache, schnell zu meisternde Technik. Aber gerade in der Eigenart des Mediums, in der scheinbaren Leichtigkeit und in der lebendigen Spontaneität liegt die Schwierigkeit des Aquarellierens. Das Einfache, das für Aquarelle so charakteristisch ist, erfordert großzügiges Arbeiten und viel Erfahrung. Korrekturen sind kaum möglich. Gerade dies ist das Faszinierende am Aquarellieren, ein Maximum an Aussage mit einfachen Mitteln zu erreichen. Es ist eine ständige Herausforderung, von der man schnell besessen wird. Die Stärke einer Technik, die rasches Arbeiten verlangt, liegt nicht unbedingt in der genauen Abbildung von Dingen. Macke, der die Prima-Malerei meisterlich beherrschte, sagte: „Die Natur muß in uns neu entstehen." Das Gesehene muß vom Maler mit den Möglichkeiten seiner Mittel interpretiert werden. Bilder werden gemacht, nicht irgendwo an einem idyllischen Ort gefunden. Dies ist ein Punkt, der mir sehr wichtig erscheint und der mir ein Leitfaden in der Zusammenstellung dieses Buches war. Viele Hobbymaler suchen die Lösungen zu vielen Malproblemen in den ausgefallendsten Techniken und Materialien. Ein spektakulärer Farbverlauf allein macht noch kein gutes Aquarell. Spontaneität wirkt erst überzeugend, wenn der Maler eine gewisse Sicherheit im Umgang mit seinen bildnerischen Mitteln hat. Kenntnisse und Übungen in Bildgestaltung sind ebenso wichtig wie die Technik, um über das zufällige Erfolgserlebnis hinauszukommen.
Die Vorstellung der bildnerischen Mittel und die Grundlagen der Bildkomposition in diesem Buch sollen anregen, sich mit ihnen vertraut zu machen. Dadurch entwickelt sich ein empfindsames Auge für Motive und ihre Interpretationsmöglichkeiten.
Eine andere Sache möchte ich noch kurz ansprechen: den Unterschied zwischen der transparenten Aquarellmalerei und der Deckfarbenmalerei – beides Wasserfarbenmalerei genannt. Aus dem Titel dieses Buches geht hervor, daß es sich hier um ein Buch über Aquarellmalerei handelt, also in erster Linie um die transparente Technik, die klassische Vertreterin der Wasserfarbenmalerei. Allerdings möchte ich die Grenze nicht so streng ziehen, denn das Resultat rechtfertigt die Mittel. Die Meinungsverschiedenheiten, die vor fast zweihundert Jahren die Aquarellisten in zwei Lager gespalten hat, in die Puristen, die Deckfarben verschmähten, und die Maler, die es mit dem „reinen" Aquarell nicht so eng sahen, wollen wir nicht wieder beleben. Im nächsten Kapitel ist das Aquarell genauer definiert, was den Unterschied zur Deckfarbenmalerei verdeutlicht. Wenn der große Teil dieses Buches der transparenten Technik gewidmet ist, so ist das darauf zurückzuführen, daß diese heutzutage sehr beliebt ist und aufgrund ihres Unterschiedes zu anderen Maltechniken eine ihr eigene Denk- und Arbeitsweise voraussetzt. Als Grundlage dafür ist das vorliegende Buch konzipiert.

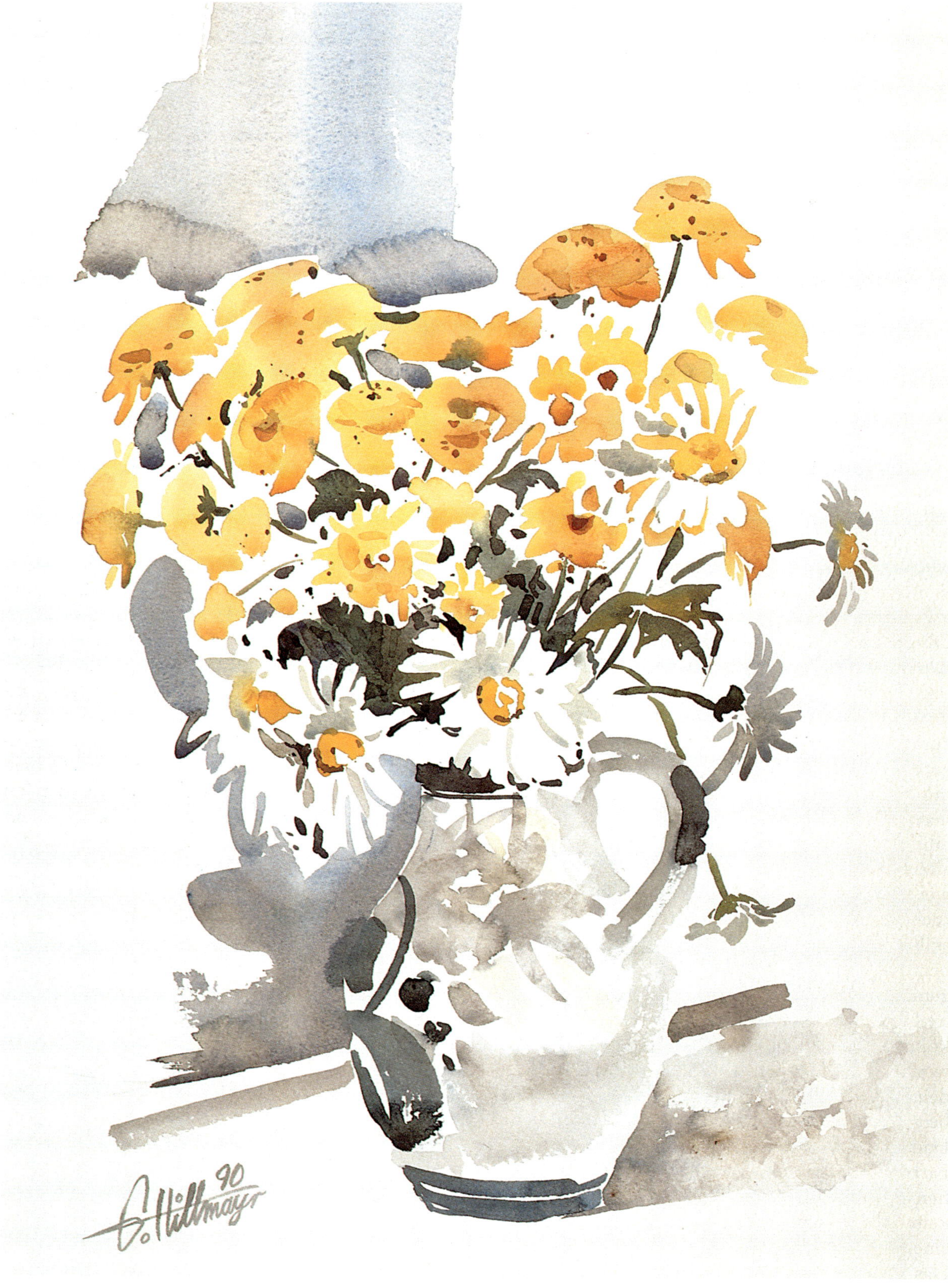

„Geburtstagsstrauß“, 31 × 49 cm

Nur wer die transparente Technik kennt, wird keine Schwierigkeiten haben, nach Belieben mit Deckwasserfarben, Mischtechniken oder experimentellen Techniken zu arbeiten.

2. DAS AQUARELL

Was ist es, das Besondere an der Aquarellmalerei, das so mühelos erscheint und solch unvergleichliche Ausdruckskraft besitzt? Um diese Frage zu beantworten, ist es notwendig, den Begriff Aquarell genauer zu definieren.
Aqua, lateinisch Wasser, spielt, wie der Name sagt, bei dieser Technik eine sehr wichtige Rolle. Doch es wäre falsch, dafür einfach das deutsche Wort „Wasserfarben“ zu verwenden, denn das ist der Oberbegriff für alle wasserlöslichen Farben wie Aquarell, Deckwasserfarben und Gouache. Alle setzen sich aus fein geriebenen Pigmenten, Gummiarabikum als Binder sowie diversen Zusätzen zusammen, die gleichmäßige Farbaufträge und gute Lagerung gewährleisten. Die Verdünnung mit Wasser bzw. die Zugabe von Deckweiß regulieren die Dichte oder – besser gesagt – die Deckfähigkeit der Farben. Im Material liegt also kein allzu großer Unterschied, dafür aber in der Malweise: Mit dem Begriff Aquarell oder italienisch „acquerello“ wurde schon seit jeher ein dünner, wäßriger Farbauftrag bezeichnet, bei dem die Farben lasierend von hell nach dunkel übereinander gemalt sind und das Papier für weiße Stellen freibleibt. Bei der deckenden Malweise dagegen können helle Töne über dunkle gemalt, und Deckweiß kann für die hellsten Lichter verwendet werden. Dieser Unterschied bringt uns der Besonderheit des Aquarells schon näher.
Dadurch, daß die stark mit Wasser verdünnten Farben ein rasches Arbeiten verlangen, weiße Partien unberührt bleiben sollen und kaum Möglichkeiten zur Korrektur bestehen, setzt diese Technik eine ganz bestimmte Seh- und Denkweise voraus: Das Medium beeinflußt die künstlerische Gestaltung; es wird zur Herausforderung, Dinge so zu erfassen, daß sie, dem Wesen des Aquarells entsprechend locker gemalt, die typische Leichtigkeit und Durchsichtigkeit erhalten. Womit wir beim wichtigsten Merkmal, der Transparenz, sind. In diesem Punkt unterscheidet sich das Aquarell am deutlichsten von anderen Techniken.
Wie in der Einleitung schon erwähnt, ist das Aquarell anderen Malmitteln in der Leuchtkraft seiner Farben eindeutig überlegen. Diese Besonderheit verdankt es seinen durchsichtigen, dünnen Farbaufträgen. Die Transparenz ermöglicht dem Lichtstrahl das Durchdringen der Farbe bis zum weißen Papier, von wo aus es reflektiert wird und es so die Farbe geradezu aufleuchten läßt. Bei Deckfarben wird nur das Licht als Farbe sichtbar, das von den Pigmenten der obersten Farbschicht reflektiert wird. Um in der deckenden Malweise einen Farbton aufzuhellen, gibt man einfach Deckweiß in die Mischung; so kann ein dunkler Ton mit einem helleren übermalt oder überdeckt werden. Will man allerdings den Reiz der transparenten Technik erhalten, so ist es nur möglich eine Aufhellung der Farben durch die Verdünnung mit Wasser zu erreichen, wobei das Papierweiß als Aufheller dient. Ein weiterer, wichtiger Punkt ist zu beachten, wenn es darum geht, die Leuchtkraft der Farben nicht zu verlieren. Je mehr Farben zusammengemischt oder übereinandergemalt werden, desto dunkler, um nicht zu sagen schmutziger, wird das Resultat. Dies ist mit ein Grund, warum das Malen mit Aquarellfarben etwas geübt sein will, denn jede Unsicherheit, die eine Korrektur durch Übermalen zur Folge hat, zerstört den besonderen Reiz ihres Wesens.
Wer sich bemüht, die besonderen Eigenschaften des Aquarells kennenzulernen, sollte ganz kurz etwas über seine Vergangenheit und Entstehung erfahren. Dies ist zwar in erster Linie ein Buch über die Praxis, trotzdem will ich zur Information ein paar wissenswerte Dinge zusammenfassen.
Die ersten Versuche, Gesehenes und Erlebtes als Bilder festzuhalten, wurden mit in Wasser gelöstem, organischem Material unternommen. So wurden die ältesten uns bekannten Gemälde auf Felswänden und Grabkammern schon mit einer Art Wasserfarbe gemalt. Eine durch Leimzusätze widerstandsfähig gemachte Farbe benutzte man in Ägypten zum Illustrieren der Totenbücher auf Papyrusrollen. In Rom entstanden dann die ersten Aquarellfarben durch eine Bindung von verschie-

denen Mineralien in Gummiarabikum; mit Wasser verdünnt ermöglichten sie eine transparente Malweise. Mit aquarellähnlichen Wasserfarben und Tuschen malte man in China auf Seide und Papier schon vor Tausenden von Jahren. Diese Pinsel- und Tuschmalerei war eine sehr anspruchsvolle Technik, die ihren Höhepunkt um das 13. Jahrhundert hatte.

Diente die Wasserfarbe in den Totenbüchern nur zur Kolorierung, so blieb das transparente Aquarell bis ins 18. Jahrhundert eher eine Hilfstechnik. Zum Ausmalen von Zeichnungen, Holzschnitten und Stichen sowie zum Skizzieren und Entwerfen von Ölbildern spielte es neben den Deckfarben nur eine untergeordnete Rolle. Die englischen Landschaftsmaler des 18. Jahrhunderts nutzten dann erstmals die Möglichkeiten des Aquarells, und durch Turner zu Beginn des 19. Jahrhunderts wurde deutlich, welche Kraft dieses Medium besitzt. Danach trat diese Technik immer mehr aus dem Schattendasein heraus, und viele europäische Künstler entdeckten ihre Vorzüge.

In Deutschland allerdings wurden Aquarellblätter erst durch die Maler der Moderne als vollendete Kunstwerke anerkannt. Die Expressionisten schufen in Anlehnung an den Impressionismus und Fauvismus einen neuen Aquarellstil, der sehr spontan und koloristisch geprägt war. Das Aquarell war anerkannt, es verschwand nicht mehr in irgendwelchen Mappen. Als gleichwertiges Bild tauchte es neben Ölgemälden an den Wänden von Galerien auf. Zum Schluß möchte ich noch ein paar Dinge zur technischen Entwicklung des Mediums sagen. Außer den „Illuministen“ des Mittelalters, die hauptsächlich den Vorteil der transparenten Technik nutzten, um Zeichnungen und Stiche lasierend zu kolorieren, wurden fast immer deckende und transparente Farben kombiniert. Anfang des 19. Jahrhunderts schlossen sich in England die Puristen zusammen, für die das „reine Aquarell“ ohne Verwendung von Deckweiß ein Ideal war.

Heute ist die Aquarellmalerei, was Stil und Technik betrifft, frei und fast grenzenlos. Einflüsse aus Ostasien, Amerika und vielen europäischen Ländern sowie die unterschiedlichsten Stilrichtungen haben das heutige Aquarell geprägt. Durch den Einsatz verschiedener experimenteller Tricks und Techniken ist es ein vielseitiges, modernes Medium geworden, das dem heutigen Zeitgeist entspricht.

3. DIE MATERIALIEN

Wollte man alles erfassen und beschreiben, was heutzutage an Künstlerbedarf angeboten wird, sähe das Resultat wie ein Versandkatalog aus. Solche Fachkataloge sind erhältlich, informativ und sehr empfehlenswert.

Es werden hier weder Rohstoffe noch Herstellungsverfahren beschrieben; darüber erhalten Sie in der Bücherei spezielle Literatur. Tips und Hinweise sollen für die Zusammenstellung der Grundausstattung behilflich sein und gleichzeitig für Fortgeschrittene eine Übersicht mit den wichtigsten Informationen über Papiere, Farben, Pinsel und sonstigem Zubehör darstellen, um so die Auswahl zu erleichtern. Mit zunehmender Erfahrung ergeben sich von selbst gewisse Vorlieben bzw. Abneigungen zu bestimmten Materialien, eine natürliche Entwicklung auch bedingt durch die persönliche Arbeitsweise oder den Malstil eines Aquarellisten. Kaufen Sie immer die beste Qualität, die Sie sich leisten können. Das heißt allerdings nicht, daß gutes Material und Werkzeug unbedingt das teuerste sein muß. Wichtig ist es, für den entsprechenden Arbeitsgang das richtige Zubehör zu haben. Sparen Sie bei der Quantität, nicht bei der Qualität. Was nützen 36 Farben und 10 Pinsel, wenn man nicht weiß, wie man sie verwenden soll. Hier trifft der Grundsatz zu: Es kommt nicht so sehr darauf an, wieviel man hat, sondern was man damit macht. Oft sieht man erfahrene Profis mit ganz einfachen Ausstattungen.

3.1 Papier

Für die Aquarellmalerei wird fast ausschließlich Papier als Malgrund verwendet. Es ist nicht nur Bildträger; Pinselstriche, Verwaschungen und Farbmischungen werden entscheidend von der Papierqualität beeinflußt. Gutes Papier ist teuer, aber hier zu sparen wäre falsch, denn nicht selten

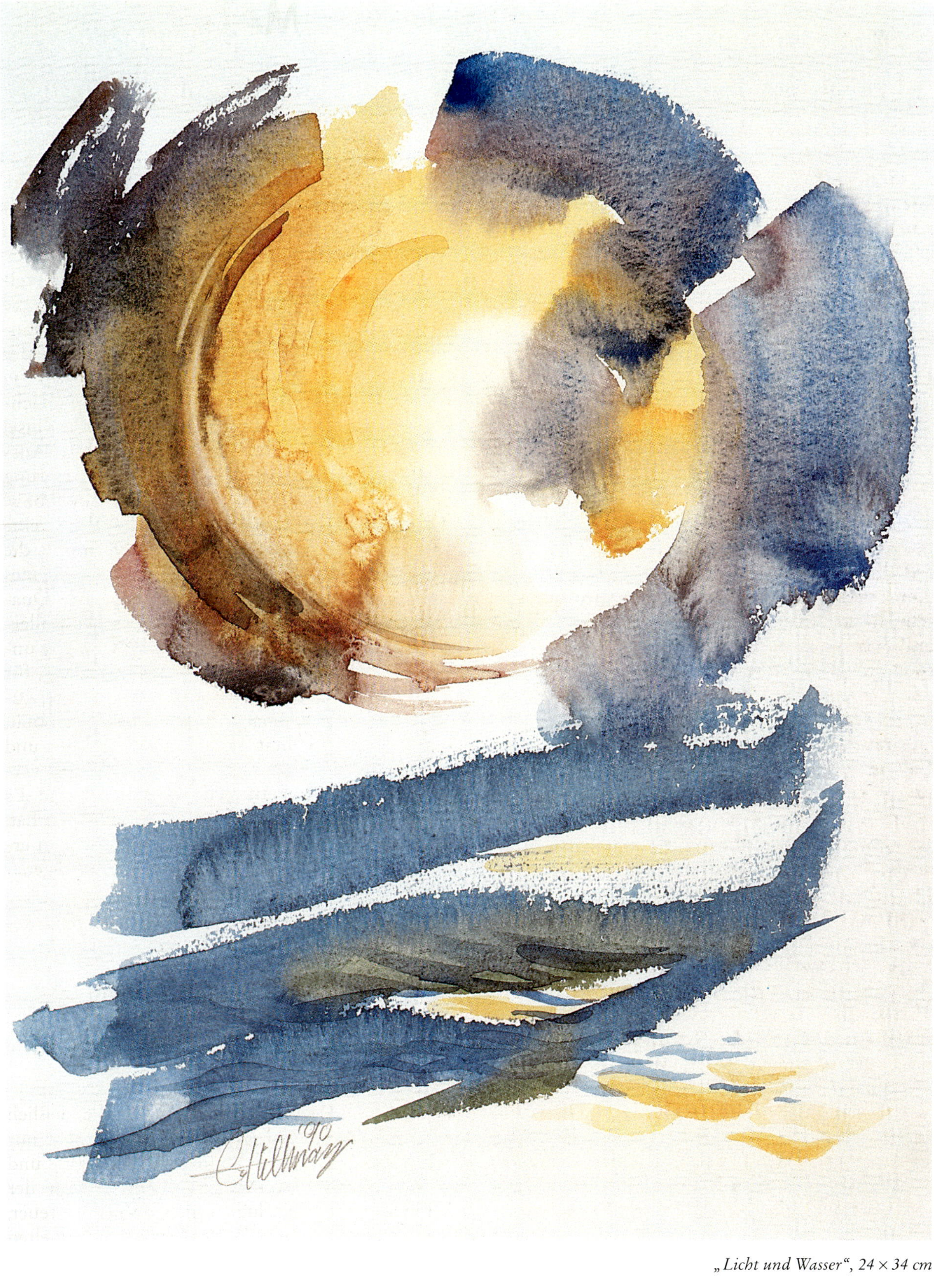

„Licht und Wasser", 24 × 34 cm

hängt das Gelingen eines Aquarells von der Qualität des Papiers ab.
Bei der Wahl des Papiers sind verschiedene Dinge zu beachten. Sehen Sie die folgenden Punkte durch, und testen Sie bei Gelegenheit unterschiedliche Papiere. Es ist ratsam, sich eine Mustermappe mit Bezeichnung, Hersteller, Preis und Bezugsquelle sowie Notizen über Erfahrungswerte anzulegen.

Verschiedene Aquarellpapiere

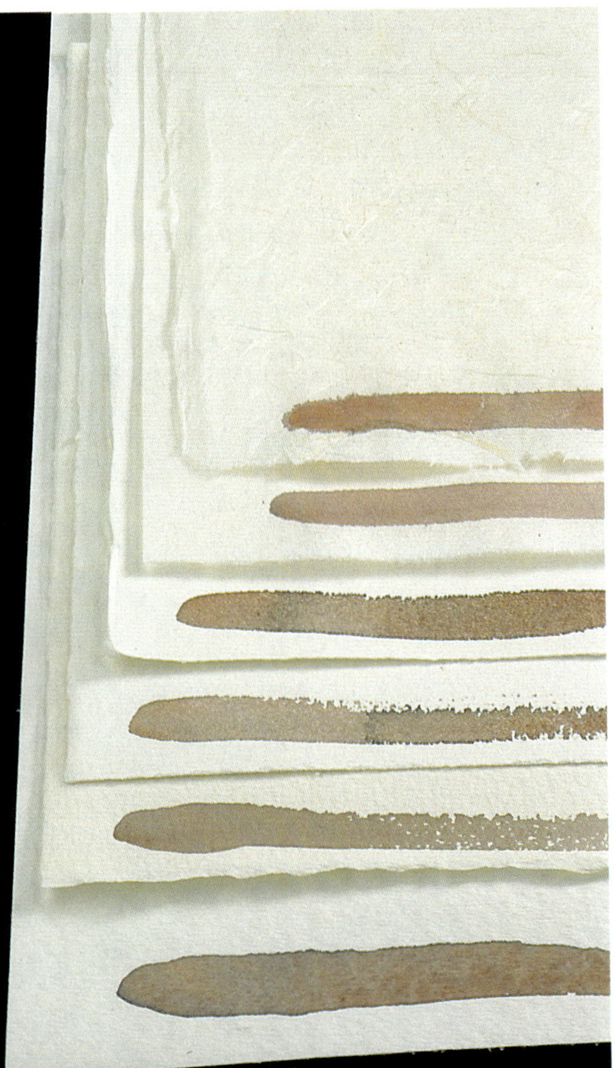

3.1.1 STRUKTUR

Aquarellpapiere werden mit unterschiedlichen Oberflächen angeboten. Beim Herstellen erhält das Papier durch Pressung seine Struktur, die man in drei Gruppen aufteilen kann: Feinkorn bzw. matt, Grobkorn bzw. rauh oder markantes Grobkorn bzw. extra rauh.
Diese Gruppierung ist sehr oberflächlich und entspricht etwa den marktüblichen Bezeichnungen. Es ist zu beachten, daß sich die Papierstruktur in ihrem Charakter von Hersteller zu Hersteller erheblich unterscheidet. Dies ist der Punkt, wo eine Mustermappe gute Dienste erweist, und man sich dann die gewünschte Oberfläche für spezielle Effekte und Techniken aussuchen kann.
Erwähnenswert ist hier noch der Unterschied zwischen der Oberflächenstruktur und der Siebstruktur auf der Rückseite, der, wie der Name sagt, vom Sieb bei der Herstellung stammt. Am einfachsten erkennt man die Vorderseite am Wasserzeichen. Vorder- wie Rückseite können bemalt werden, wobei die Siebstruktur in der Regel gleichmäßiger und daher nicht so interessant ist.
Feinkorn eignet sich gut für genau detaillierte Aquarelle und kolorierte Zeichnungen, also auch Aquarelle mit Federzeichnungen...
Da es etwas schwieriger ist, gleichmäßige, flächige Farbaufträge zu erzielen, ist die Feinkorn-Oberfläche bei Aquarellisten heutzutage nicht so beliebt. Diese Struktur ist gut für die Deckfarbenmalerei und Gouachen geeignet.

Grobkorn ist wohl die beliebteste und für die meisten Arbeiten geeignete Struktur. Sie ermöglicht einen schönen Pinselstrich und durch ausreichende Vertiefungen, in denen sich die Feuchtigkeit sammelt und die ein zu schnelles Abfließen verhindern, den weniger Erfahrenen eine kontrollierte Arbeitsweise für gleichmäßige Farbaufträge.
Markantes Grobkorn eignet sich vorzüglich für große Formate und großzügige Arbeitsweisen. Anfänger haben mit dem sehr groben Korn meist etwas Schwierigkeiten. Pinselstriche erhalten durch die Vertiefungen, die der Pinsel bei raschem Strich nicht berührt, eine bruchstückartige Wirkung. Diese Vertiefungen nehmen allerdings sehr viel Wasser auf, die aufgetragene Farbe trocknet nicht so rasch auf und bietet so ideale Bedingungen für die Naß-in-Naß-Malerei.

3.1.2 GEWICHT

Die Dicke bzw. Stärke eines Papiers ist für die Aquarellmalerei von entscheidender Bedeutung. Je dünner das Papier ist, desto stärker wellt es sich nach der Befeuchtung, was in den meisten Fällen sehr frustrierend ist. In den „Tälern" sammelt sich das Wasser an. Das hat eine ungleiche Trocknung zur Folge, und es entstehen unerwünschte, häßliche Ränder.
Die Stärke des Papiers wird in Gramm pro Quadratmeter angegeben; der Preis erhöht sich parallel zum Gewicht. Papiere unter 200 g/qm sollten auf jeden Fall aufgespannt werden (siehe Arbeitsvorbereitung). Es empfiehlt sich, Papiere mit einem Gewicht von 200 g/qm und darüber zu kaufen, speziell für die Naß-in-Naß-Techniken. Die leichteren Papiere sind zwar günstiger, bieten aber in Anbetracht der vorprogrammierten Frustrationen keine sinnvolle Ersparnis.

3.1.3 SAUGFÄHIGKEIT

Eine weitere, sehr wichtige Eigenschaft des Aquarellpapiers ist seine Saugfähigkeit. Wie schnell das Papier die Feuchtigkeit aufnimmt, hat erheblichen Einfluß auf die Arbeitsweise. Ein stark saugendes Papier erfordert rasches Arbeiten, da sich sonst sehr schnell Ränder bilden, die nachträglich nicht mehr zu verwaschen sind.
Die Saugfähigkeit ist vom Grad der Leimung abhängig. Löschpapiere und Japanpapiere sind ungeleimt und deshalb extrem saugfähig. Stark geleimte Papiere wirken sehr fest. Zusätzlich zur Leimung im Inneren haben gute Aquarellpapiere noch eine Oberflächenleimung. Die Leimung hat nicht nur auf die Arbeitsweise, sondern auch auf die Farbwirkung Einfluß. Farbe, die tief ins Papier dringt, verliert ihre Leuchtkraft und wirkt stumpf.
Da man beim Kauf von Papier nicht immer die gewünschte Information zur Leimung erhält, ist es empfehlenswert, unterschiedliche Papiere zu testen und die Saugfähigkeit in der Mustersammlung zu notieren.

3.1.4 ALTERUNGSBESTÄNDIGKEIT

Wer weiß schon, ob nicht auf dem nächsten Blatt der „geglückte Wurf" entsteht. Deshalb sollte man immer gutes Qualitätspapier verwenden, das eine Aufbewahrung gelungener Arbeiten ermöglicht. Am beständigsten sind Hadern-Papiere, holzfreie Papiere und Mischpapiere aus Hadern-Zellulose-Gemischen mit pH-neutraler Leimung. Holzhaltige Papiere vergilben schnell und sollten deshalb vermieden werden.

3.1.5 HANDELSÜBLICHE FORMEN

Aquarellpapiere erhält man in Rollen, Bögen, Pochettes und Blöcken.
Rollen sind ideal für großformatige Arbeiten. Das Einzelblatt ist die üblichste Form. Sämtliche auf dem Markt befindlichen Papiere sind als Bogen erhältlich, vom 150 g/qm Schul-Aquarellkarton bis zum 640 g/qm Aquarellkarton. Man kann verschiedene Papiere testen, ohne daß man gleich eine ganze Menge von einer Sorte kaufen muß. Ein weiterer Vorteil besteht darin, daß man sich sein gewünschtes Format zurechtschneiden kann. Pochettes sind Papiermappen im Kleinformat und preiswerter als Blöcke. Aber da es sich hier um Einzelblätter handelt, die nicht wie Blöcke festgeleimt sind, sollte man sie aufspannen. Am praktischsten und daher sehr beliebt sind Aquarell-

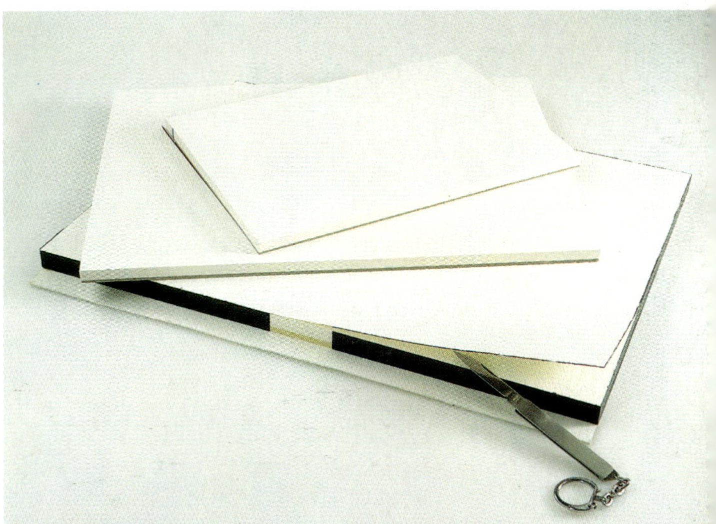

Bei Aquarellblöcken sind die einzelnen Blätter ringsum verleimt und lassen sich nach dem Malen ablösen.

blöcke. Diese sind erhältlich in den gängigsten Papiersorten. Sie sind an vier Seiten zu einem Block verleimt, wodurch ein Wellen und Verziehen verhindert wird. Leider sind Papiere mit einem Gewicht über 200 g/qm in Blockform schwer zu finden, und bei einem Format über 30 × 40 cm wellt sich diese Stärke trotz der vierseitigen Verleimung. Dennoch sind Aquarellblöcke eine tolle Sache. Man kann sie auf Reisen mitnehmen, und nachdem ein Blatt bemalt ist, löst man es ganz einfach mit einem Messer oder ähnlichem Gegenstand vom Block, und schon kann man neu beginnen.

3.1.6 JAPAN- UND CHINAPAPIERE

Diese Papiere sind eine Besonderheit und sollen nicht unerwähnt bleiben. Meist sehr preiswert und von hervorragender Qualität, sind sie eine interessante Ergänzung zu den üblichen Aquarellpapieren. Durch ihre schwache Leimung sind sie sehr saugfähig und erfordern einige Erfahrung in dieser speziellen Technik, die kein Verwaschen der aufgetragenen Farbe ermöglicht. Jeder Pinselstrich muß genau überlegt und sicher aufs Papier gebracht werden. Da sehr viele unterschiedliche Oberflächen und Strukturen erhältlich sind, sollte man erst einmal verschiedene Papiere testen, um sich eine Vorstellung über ihre Verwendung zu machen.

3.2 Farben

Wie einfach haben wir es doch im Vergleich zu den Künstlern vor unserer Zeit. Sie mußten nicht nur ihre Farben selber herstellen, sondern auch die dafür notwendigen Rohstoffe finden.
Wir dagegen erhalten im Fachgeschäft Aquarellfarben mit hochwertigen Farbpigmenten, die für uns durch moderne Herstellungsverfahren zur direkten Verwendung in Form gebracht werden. Doch auch hier sollten wieder einige Dinge beachtet werden, bevor man losgeht und ziellos einkauft.

3.2.1 HANDELSÜBLICHE FORMEN

Aquarellfarben sind in Tuben und Näpfchen erhältlich. Der Unterschied liegt weder in der Qualität noch in den Farbtönen, sondern im persönlichen Vorzug.
Tuben werden in zwei Größen angeboten und eignen sich gut für größere Arbeiten; man hat schnell viel Farbe zur Verfügung. Der Nachteil besteht darin, daß man vor jedem Malen die Farben erst auf die Palette drücken muß, was z. B. bei schnell wechselnden Lichtverhältnissen in der Natur ein Problem darstellen kann.
Die einmal ausgedrückte Farbe sollte möglichst aufgebraucht werden, denn nachdem sie ausgetrocknet ist, läßt sie sich nicht mehr so leicht verarbeiten, und wiederholtes Befeuchten wirkt sich negativ auf ihre Qualität aus.
Am beliebtesten sind Näpfchen, die in einem praktischen Klappkasten zusammengestellt werden können und jederzeit einsatzbereit sind.
Für die Arbeit mit einem großen Pinsel oder mit häufig benutzten Farbtönen sind die großen Näpfchen zu empfehlen; die kleinen Näpfchen dagegen eignen sich gut für das Reisegepäck und bei geringem Bedarf.

3.2.2 PIGMENTQUALITÄT

Wie beim Papier sollte man auch bei den Farben auf Qualität achten. Manche Farben verblassen, wenn sie eine gewisse Zeit dem Sonnenlicht ausgesetzt sind, was auf die Herkunft bzw. die Beschaffenheit der Pigmente zurückzuführen ist.
Diese sogenannte Lichtechtheit ist, bedingt durch die Verwendung unterschiedlicher Pigmente, von Farbe zu Farbe verschieden und wird von den Herstellern auf der Verpackung und in Farbkarten angegeben. Für Studienzwecke genügen oft schon die, wie der Name sagt, Studienqualitäten. Die verwendeten Pigmente und Bindemittel sind nicht so kostbar wie bei professionellen Farben und besitzen dadurch eine etwas geringere Leuchtkraft.
Sobald Ihnen das eine oder andere Aquarell gelingt, bzw. es keine finanzielle Frage ist, empfehle ich die „Künstlerqualität“. Diese professionellen Farben sind je nach Hersteller in drei bis vier Preisgruppen aufgeteilt, wodurch sich Preisunter-

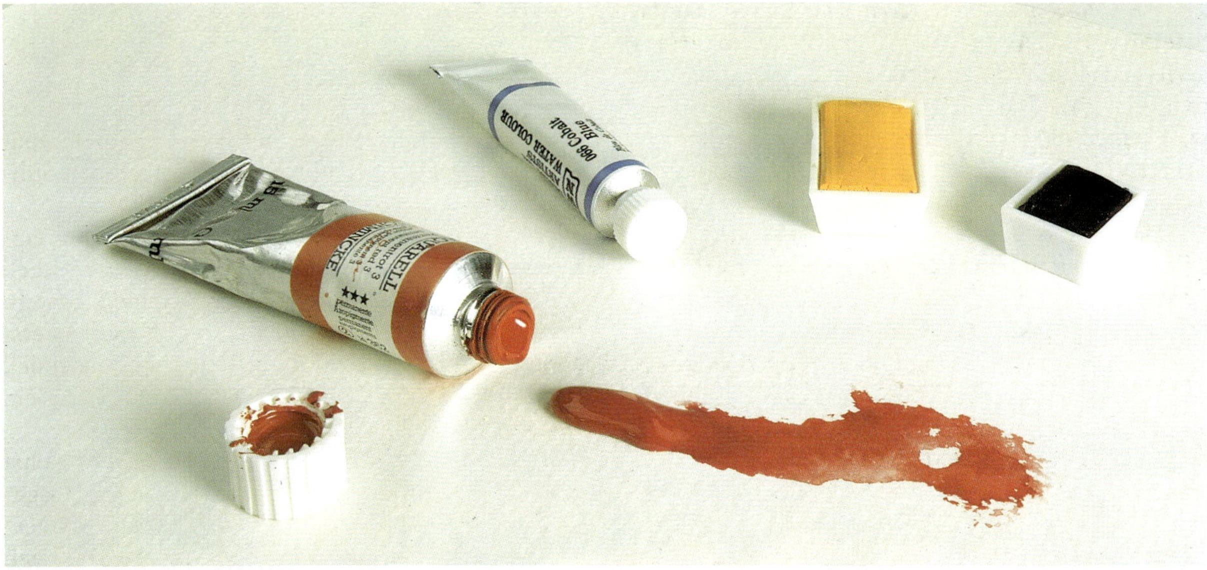

Aquarellfarben sind in Tuben und Näpfchen erhältlich.

schiede von bis zu 100% ergeben. Der Grund für diese Preisunterschiede liegt in den zum Teil sehr kostbaren Pigmenten.

3.2.3 FARBSORTIMENT

Manche Hersteller bieten über 100 Farbtöne an. Daraus eine Palette mit wenigen Farben zu wählen, ist nicht einfach. Besorgen Sie sich bei Gelegenheit eine Farbkarte; Sie werden feststellen, daß viele Töne sehr ähnlich sind.

Wie Sie im Kapitel „Farbe“ 4.6 sehen, besteht der Farbkreis aus nur drei Grundfarben, woraus man theoretisch alle anderen Töne mischen kann. Wozu gibt es also die vielen Farben? Zum einen hat jeder Künstler seine eigene Vorstellung, welche Farben er oder sie verwenden will, und zum anderen entspricht die Theorie nur bedingt der Praxis. Nicht jeder Ton zwischen den Grundfarben kann durch Mischen der entsprechenden Primärtöne ohne einen gewissen Verlust an Reinheit erzielt werden. Solche Mischungen wirken schmutzig, da die Ausgangstöne zu verschieden sind.

Wir benötigen also mindestens zwei Varianten von jeder Grundfarbe, um die Möglichkeiten zu erweitern. So sind wir bei einem Minimum von sechs Farben, einem warmen und einem kalten Ton für jede Grundfarbe. Um den meisten Situationen gerecht zu werden, ist es sinnvoll, dieses Sortiment mit einem Grün, einem Orange, einem zusätzlichen Blau, zwei Erdtönen und einem Grau zu ergänzen. Sie sehen, wie schnell sich die Palette erweitert.

Anschließend finden Sie als Beispiel ein erprobtes Sortiment. Da nicht immer alle Töne erhältlich sind oder von manchen Herstellern anders bezeichnet werden, erwähne ich für die meisten Farben Alternativen.

Gelb, kalt:	Kadmiumgelb hell oder Kadmiumgelb zitron
warm:	Kadmiumgelb mittel oder Gummigutt neu
Rot, kalt:	Alizarinkarmesin oder Krapplack dunkel
warm:	Kadmiumrot hell oder Scharlachlack
Blau, kalt:	Phthaloblau oder Preußischblau
warm:	Ultramarin französisch oder Ultramarin feinst

Zur Ergänzung des Sortiments sind folgende Töne empfehlenswert:

Grün:	Phthalogrün oder Chromoxidgrün feurig
Orange:	Kadmiumorange
Blau:	Cölinblau oder Bergblau. (Das dem Grundton entsprechende Kobaltblau eignet sich hervorragend für Lasuren.)
Erdfarben:	Lichter Ocker und Siena gebrannt
Grau:	Paynesgrau

Mit dieser Auswahl sind wir bei einer Palette von zwölf Farben, die es Ihnen ermöglichen, so gut wie jeden Ton zu mischen. Nach einer gewissen Zeit werden Sie vielleicht manche Farben nach Ihrer Vorstellung ersetzen oder ergänzen wollen.

3.2.4 AQUARELLFARBEN IM FARBKREIS

Wie schon erwähnt, sind von manchen Herstellern über 100 Farbtöne mit Bezeichnungen erhältlich, die dem Unkundigen nicht viel bedeuten. Damit wir uns beim Mischen an der logischen Ordnung des Farbkreises orientieren können, ist es notwendig zu wissen, wo die einzelnen Aquarelltöne auf dem Farbkreis einzuordnen sind. Zum Beispiel: Je kälter ein Blau wirkt, desto näher muß es zu Grün; ein warmes Blau dagegen muß in Richtung Violett plaziert werden.
Intensive Farben wie Kadmiumgelb hell sind am äußeren Rand des Farbkreises, vergraute Farben wie Lichter Ocker dagegen näher zu Grau im Zentrum einzuordnen.
Versuchen Sie die Position Ihrer eigenen Farben, soweit sie sich von den hier aufgeführten unterscheiden, auf dem Farbkreis zu bestimmen. Beachten Sie, daß die Wirkung von Farben subjektiv ist und eine Zuordnung daher leicht variieren kann. Mehr über „Farbkreis und Farbenlehre" erfahren Sie in Kapitel 4.6.

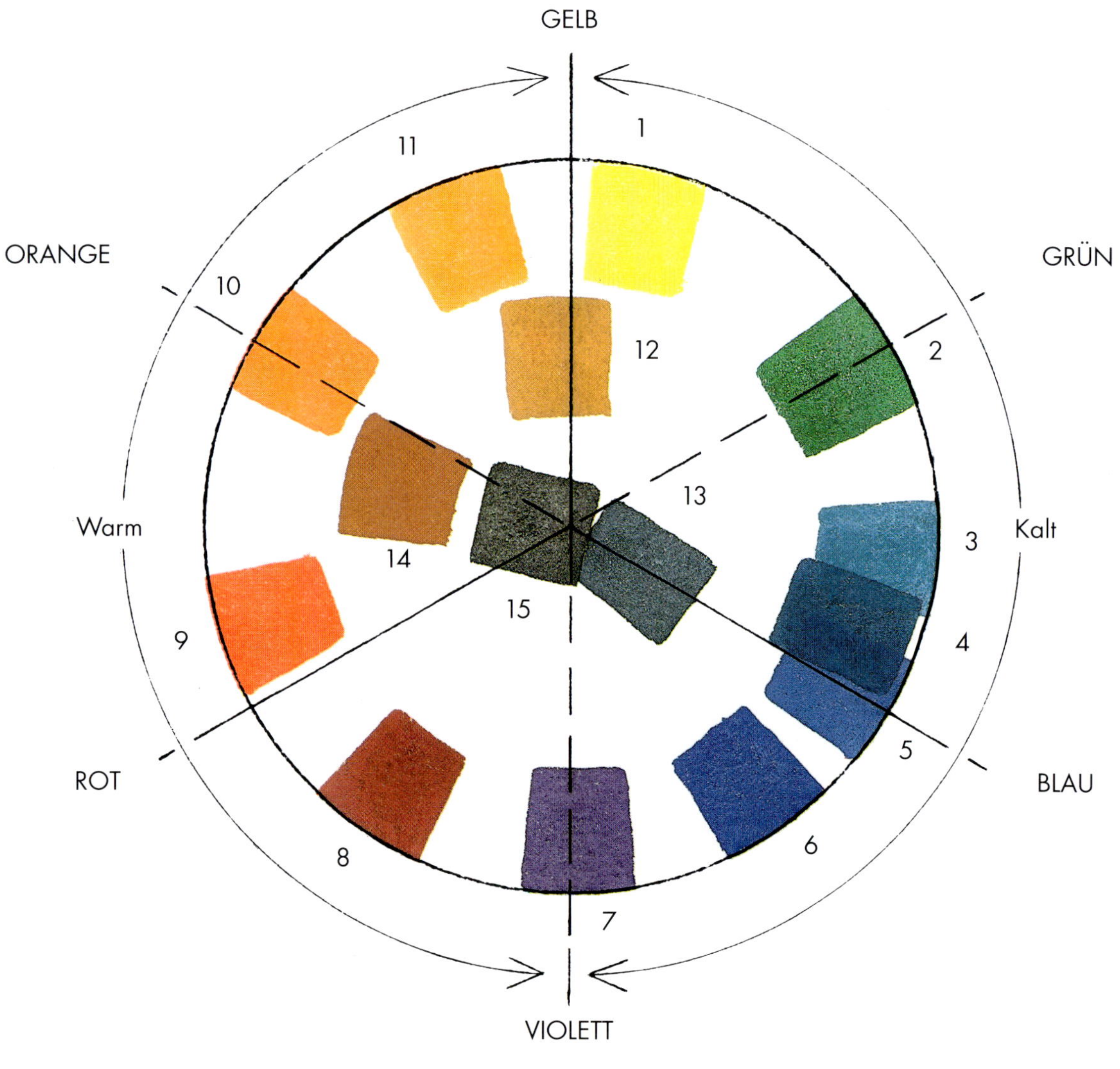

3.2.5 PIGMENTCHARAKTERISTIK

Die Tatsache, daß Aquarellfarben aus unterschiedlichen Rohstoffen zusammengesetzt sind, wirkt sich unter bestimmten Umständen auf die Arbeit des Aquarellisten aus. Jedoch soll hier nicht das Material analysiert, sondern nur auf einige wichtige und ebenso typische Merkmale bestimmter Aquarellfarben hingewiesen werden.
Die verwendeten Pigmente organischer und synthetischer Herkunft verhalten sich nicht alle gleich. Farben mit deckenden oder halbdeckenden Pigmenten können zwar auch lasierend verarbeitet werden, bleiben aber mehr auf der Oberfläche des Papiers und können daher leicht abgewaschen werden.
Im Gegensatz dazu verhalten sich typische Lasurpigmente schon fast wie Farblösungen. Sie sind sehr transparent und dominant in Mischungen. Lasurfarben dringen mit ihren feinen Pigmentteilchen tiefer in die Fasern des Papiers ein und verursachen eine Färbung, die sich nicht mehr entfernen läßt. Netz- und Bindemittel tragen maßgeblich dazu bei, wie sich eine Farbe verarbeiten, also lösen und auf einer Fläche gleichmäßig verwaschen läßt.
Nun könnte ich eine Liste mit Eigenschaften zu den verschiedenen Farben erstellen, aber das wäre nicht viel mehr als eine Menge Theorie. Am besten sind immer noch Erfahrungswerte, und die muß man sich selbst erarbeiten. Bei der Verwendung einer begrenzten Palette lernt man die Charakteristik jeder Farbe am schnellsten kennen. Das Verhalten einer Farbe wird in der praktischen Anwendung beim Malen deutlicher als in vielen Tests. Dennoch will ich Ihnen hier einige Tips geben, wie Sie herausfinden können, inwieweit sich Ihre Farben voneinander unterscheiden.
So ist es möglich festzustellen, nachdem Sie einige zuvor auf Papier gemalte und aufgetrocknete Farben wieder abwaschen, wie stark sie in die Fasern eingedrungen bzw. wie stark färbend sie sind. Im nächsten Test verdünnen Sie zunehmend die Farbe mit Wasser, um herauszufinden, wie intensiv sie sich in der Mischung behauptet und wie leicht sie sich auf einer größeren Fläche verwaschen läßt.
Um die Deckkraft bzw. Transparenz einer Farbe zu testen, malen Sie verschiedene Töne über einen fingerbreiten, trockenen Tuschestrich. Nach der Trocknung sind transparente Farben auf dem schwarzen Strich kaum noch sichtbar, deckende dagegen hinterlassen deutliche Rückstände.

Aus diesen Unterschieden wird deutlich, wie sich bestimmte Farben verwenden lassen, z. B. in einer transparenten Lasur als mehr oder weniger dominierender Ton in einer Mischung oder in bezug auf gleichmäßige Vermalbarkeit für größere Flächen.
Zum Schluß sei noch eine eher unangenehme Eigenschaft erwähnt. Es kann vorkommen, daß sich manche Farben, sobald sie in einer Mischung zusammengebracht werden, gegenseitig abstoßen oder grießeln. Der Grund dafür ist eine Unverträglichkeit der jeweiligen Rohstoffzusammensetzungen. Obgleich solche Erscheinungen unangenehm überraschen, passieren sie selten und stellen kein großes Problem dar.

Die Grafik auf der linken Seite zeigt, wo die gebräuchlichsten Aquarellfarben im Farbkreis einzuordnen sind:
1. *Kadmiumgelb hell*
2. *Phthalogrün*
3. *Cölinblau*
4. *Phthaloblau*
5. *Kobaltblau*
6. *Ultramarinblau*
7. *Violett*
8. *Krapplack/Alizarinkarmesin*
9. *Kadmiumrot hell*
10. *Kadmiumorange*
11. *Kadmiumgelb mittel*
12. *Lichter Ocker*
13. *Paynesgrau*
14. *Siena gebrannt*
15. *Elfenbeinschwarz*

3.3 Paletten und Malkästen

Die klassische Palette, „eine mit Daumenloch versehene Palette, auf der man Farben mischt", ist für die Aquarellmalerei nicht brauchbar aus dem eindeutigen Grund: Sie hat kein Fassungsvermögen für Farb-Wasser-Mischungen. Eine Aquarellpalette muß anderen, zweckdienlichen Voraussetzungen entsprechen.

Sie sollte mindestens zwei bis drei voneinander getrennte Vertiefungen aufweisen, in denen man unterschiedliche Farb-Wasser-Mischungen in ausreichender Menge zusammenstellen kann.
Das beste Material für solche Paletten ist weißemailliertes Blech oder Porzellan. Diese glatten Oberflächen werden von den Mischungen nicht angefärbt und der weiße Untergrund erleichtert die Beurteilung der Farbe. Jede Aquarellpalette sollte diese Bedingungen erfüllen. Alles weitere hängt davon ab, ob Sie Tuben oder Näpfchen verwenden, im Freien oder Zuhause, kleine oder große Formate malen.
Für Näpfchen verwendet man am besten die speziell dafür vorgesehenen Klappkästen. Sie dienen gleichzeitig zur Aufbewahrung der Farben und eignen sich gut zum Mitnehmen in die Natur. Kästen sollten nicht zu klein gekauft werden, um ein Erweitern des Farbsortiments zu ermöglichen. In den üblichen Klappkästen lassen sich ganze und halbe Näpfchen kombinieren.
Für die Verwendung von Tubenfarben sind verschiedene Paletten erhältlich: einmal die Metall-Klapp-Paletten, die sehr praktisch zum Mitnehmen sind. Sie sollten mindestens zwölf kleine Unterteilungen haben, in die man die Tubenfarben drückt. Für die Arbeit Zuhause sind verschiedene Tischpaletten erhältlich, oder Sie verwenden einfach einen Porzellanteller. Die Farben sollten auf dem Rand des Tellers ausgelegt werden, um ein Ineinanderfließen zu verhindern. Praktisch sind Fondueteller mit Unterteilungen.
Wer großformatige Aquarelle malt, sollte die Farbe für große Flächen in einem tiefen Teller oder einer Tasse mischen. So hat man eine ausreichende Menge für die ganze Fläche zur Verfügung, denn beim Nachmischen ist es schwierig, denselben Ton zu treffen. Halten Sie Ihren Farbkasten stets sauber, damit Sie nicht von ungewollten Tonvariationen überrascht werden.

3.4 Pinsel

Der Pinsel ist die Verlängerung der Hand und wohl das empfindsamste Werkzeug des Künstlers. Ganz besonders für Aquarellmaler ist die Qualität

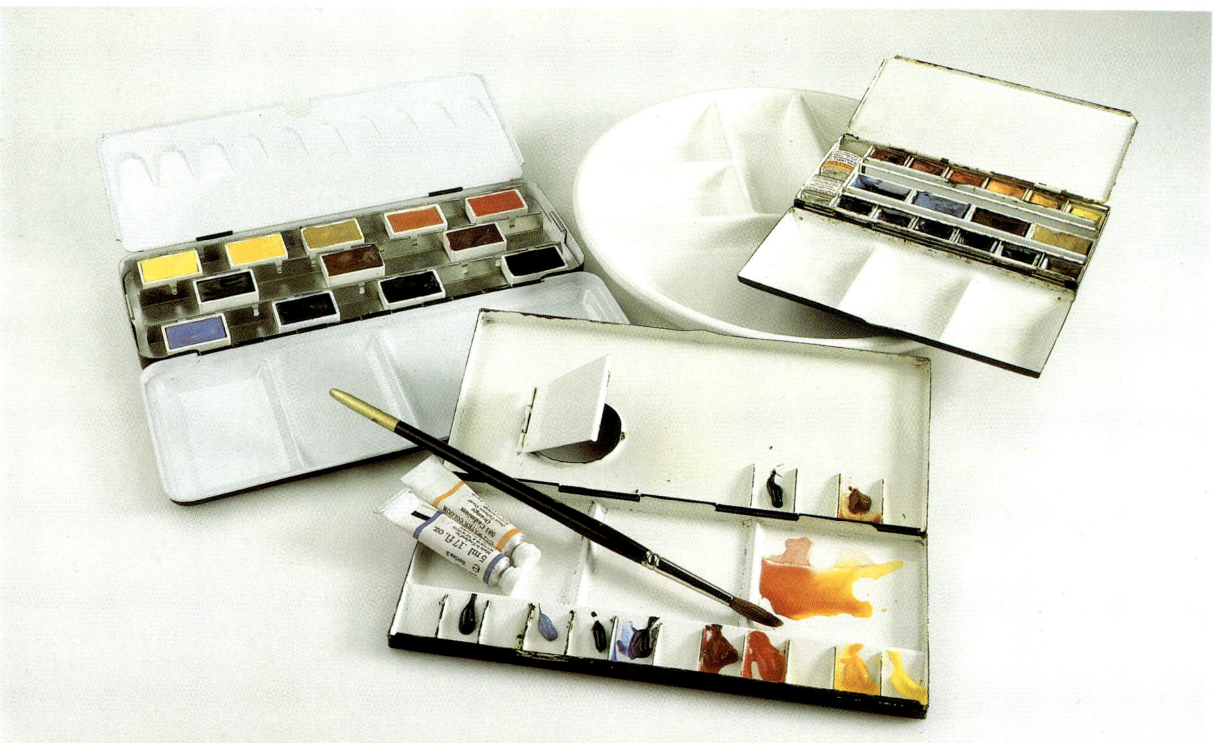

des Pinsels von Bedeutung. Kann man Ölfarben auch mit dem Spachtel oder sonstigen Gegenständen auftragen, so ist man bei der Aquarellmalerei ausschließlich auf einen saugfähigen Pinsel angewiesen.
Gute Aquarellpinsel müssen viel Flüssigkeit aufnehmen und eine kontrollierte Abgabe ermöglichen. Sie sollten jeder Handbewegung des Malers folgen, flach gepreßt für großzügige Farbaufträge und mit elastischer Spitze für feinste Zeichnungen.

Diesem hohen Anspruch werden die speziellen Kolinsky-Rotmarderpinsel am besten gerecht. Natürlich fordert Qualität ihren Preis, dennoch gilt auch hier die Regel: Qualität vor Quantität. Ein guter Pinsel kann große Mengen Flüssigkeit aufnehmen, zugleich eine schöne Spitze für feine Zeichnungen bieten und somit zwei bis drei minderwertige Pinsel ersetzen.

Nun zur Wahl der Pinsel: Es gibt eine breite Angebotspalette im Handel, doch gerade hier lohnen sich bestimmte Überlegungen. Denn die Investition in einen guten Pinsel macht sich über lange Zeit bezahlt. Die wichtigsten Kriterien sind Pinselart, -größe und -qualität.

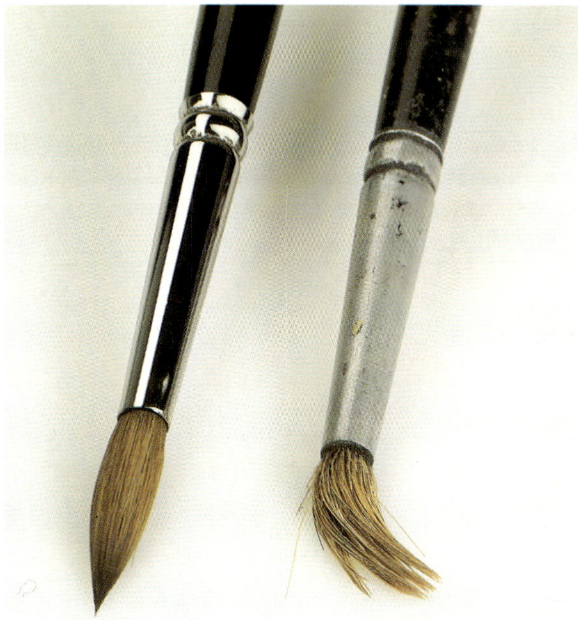

Aquarellpinsel müssen eine gute Spitze haben.

Von links:
Schleppinsel, Borstpinsel, Backpinsel, Aquarell-Flachpinsel, Aquarell-Synthetikpinsel und Kolinsky-Rotmarderpinsel

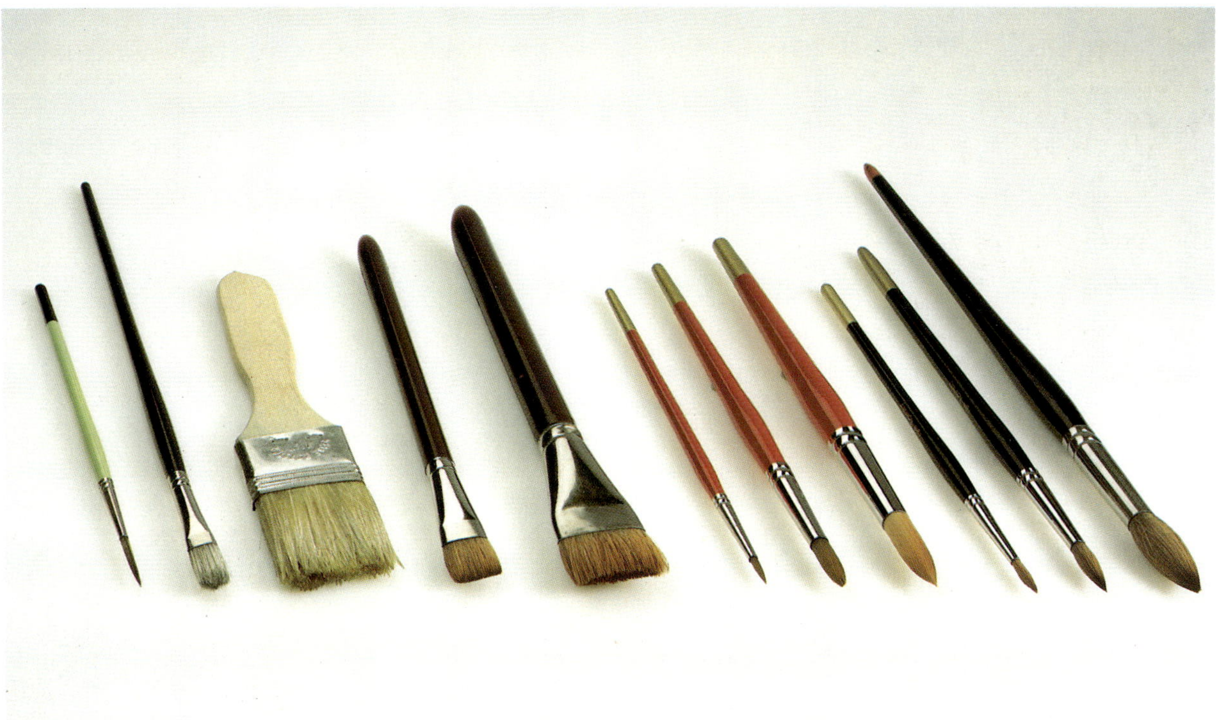

3.4.1 PINSELARTEN

Für die Aquarellmalerei kommen folgende Pinsel in Betracht: Rundpinsel, die Aquarellpinsel schlechthin, für fast alle Arbeiten wie das Anlegen großer Flächen, detailliertes Ausarbeiten und feine Pinselzeichnungen passend.
Flachpinsel eignen sich gut für flächiges Malen, Hintergründe und architektonische oder kubistische Effekte.
Englische Verwaschpinsel haben eine ovale Form und werden hauptsächlich für das Anlegen von Hintergründen und Abstufungen benutzt.
Schlepper sind sehr lang und spitzig, hervorragend geeignet für feine, gleichförmige Linien.
Borstenpinsel eignen sich gut für Korrekturen. Mit ihnen lassen sich irrtümlich bemalte Stellen herauswaschen und sogar scharf begrenzen. Für sehr große Formate und Flächen sind Rindshaarpinsel praktisch und sehr preiswert.

3.4.2 PINSELGRÖSSEN

Die Pinselgröße ist eine individuelle Angelegenheit und hängt vom Motiv, Malstil und Format wie auch von der Qualität des Pinsels ab. Deshalb sei hier nur eine Richtlinie genannt: Für den allgemeinen Gebrauch genügt je ein Rundpinsel der Größen 6 und 12 und ein Flachpinsel 1 Zoll (Größe 25) oder ein Verwaschpinsel der englischen Größe 6.
Die Größen der Rundpinsel sind international standardisiert. Beachten Sie jedoch, daß je nach Hersteller Pinsel mit derselben Größenbezeichnung ein unterschiedliches Volumen aufweisen.
Flachpinsel werden häufig in Zoll angegeben und Verwaschpinsel in englischen Größen.

3.4.3 PINSELQUALITÄT

Die Pinselqualität ist das wichtigste Kriterium beim Kauf eines Pinsels. Es wird eine Vielfalt an Haaren, deren Güte und Verarbeitung maßgeblich für den Preis verantwortlich sind, zur Pinselherstellung verwendet. Nun ist es nicht unbedingt notwendig, alle Haarsorten zu kennen, denn allein damit ist es beim Einkaufen nicht getan. Sie sollten den Pinsel testen. Es ist durchaus möglich, daß man unter den etwas günstigeren Sorten einen guten findet.
Im neuen Zustand sehen alle Pinsel gut aus, denn sie sind für die Lagerung und Präsentation präpariert. Tauchen Sie den Pinsel in Wasser und spritzen ihn kräftig aus. Er sollte dann von selbst eine schöne Spitze formen. Wenn Sie ihn im nassen Zustand über Ihre Hand streifen, und dann die Haare wieder in ihre ursprüngliche Form zurückspringen, besitzen sie die erforderliche Elastizität.
Aquarellpinsel für höchste Ansprüche werden aus sibirischen Kolinsky-Rotmarderhaaren hergestellt. Daneben gibt es Pinsel aus verschiedenen anderen Marderhaarsorten und Imitationen bzw. Mischungen, deren Qualität oft sehr unterschiedlich sind. Da speziell Rundpinsel elastisch und formbeständig sein müssen, lohnt es sich, beim Kauf etwas mehr Geld zu investieren.

Eine durchaus ernstzunehmende Alternative bieten Synthetikfasern. Solche Pinsel sind sehr preiswert und extrem formbeständig. Ihr Nachteil liegt in ihrer etwas geringeren Farbaufnahme.
Verwaschpinsel sind meist aus Fehhaar hergestellt und besitzen eine außergewöhnliche Farbaufnahmefähigkeit, sind aber nicht sehr elastisch.
Für großflächige Farbaufträge können durchaus Pinsel mit preiswerteren Haarsorten wie Chinahaar, Ziegenhaar, Rinderhaar, Haarmischungen und Synthetikfasern benutzt werden. Speziell für Einsteiger genügt ein preiswerter Pinsel, denn ein großer Pinsel mit Kolinskyhaaren kann das Budget enorm belasten.

3.4.4 PINSELPFLEGE

Lassen Sie Ihre Pinsel nie mit den Haaren nach unten im Wasser stehen. Sie verlieren die Form, und der Holzstiel weicht trotz Lackierung auf, was eine Lockerung der Metallzwinge zur Folge hat.
Verwenden Sie die wertvollen Pinsel nur zum Aquarellieren. Waschen Sie Ihre Pinsel nach beendeter Arbeit in frischem Wasser, nur wenn unbedingt notwendig mit etwas Neutralseife leicht auf der Handfläche aus. Danach schütteln oder streifen Sie das Wasser ab und formen die Haare mit

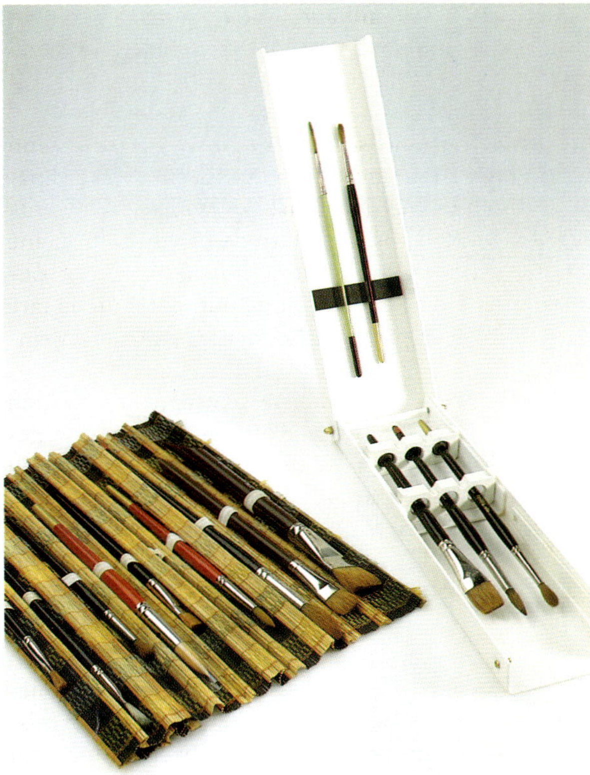

Bambusmatte und Pinselbox zum Aufbewahren der Pinsel.

den Fingern zu einer schönen Spitze. Verwenden Sie kein heißes Wasser. Zum Trocknen, Aufbewahren und Transportieren sollten die Haare stets gut geschützt sein. Dazu eignen sich Schachteln und Etuis, die speziell für diesen Zweck gekauft werden. Man kann auch eine beliebige Schachtel präparieren, daß die Pinsel eingesteckt werden können und nicht wegrutschen. Ideal für diesen Zweck sind chinesische Bambusmatten, im Künstlerbedarf-Handel oder China-Import erhältlich. Man zieht ein Gummiband so durch die Matte, daß kleine Laschen entstehen, in die die Pinsel gesteckt werden können. Mit an einem Ende befestigten Band kann das Ganze zusammengebunden werden.
Bei Verwendung der mit Ihrem Pinsel gelieferten Plastikschutz-Röhrchen muß beachtet werden, daß beim Aufschieben die Haare nicht umgeknickt werden.
Achtung vor Motten, die sich bei längerer Aufbewahrung an den Naturhaar-Pinseln zu schaffen machen!

3.5 Zubehör und Hilfsmittel

Einige Dinge sind unbedingt erforderlich, andere wiederum nur nach Bedarf.
Wassergefäß: Neben Papier, Farben und Pinsel zählt Wasser wohl zu den wichtigsten Hilfsmitteln. Es sollte immer in ausreichender Menge beim Malen zur Verfügung stehen. Verschmutztes Wasser muß rechtzeitig erneuert werden, um ein Vergrauen der Farbmischungen zu vermeiden. Um dem vorzubeugen, verwendet man am besten gleich zwei Gefäße, eines zum Auswaschen des Pinsels, das andere zum Mischen der Farben.
Bei Verwendung eines Behältnisses sollte dieses mindestens einen Liter fassen, um so ein schnelles Verschmutzen des Wassers zu vermeiden. Gefäße mit kleinen Öffnungen wie z. B. Marmeladengläser erschweren die Arbeit unnötig. Für das Malen in der Natur läßt sich ein kleineres Gefäß aus Kunststoff problemlos mitnehmen. Aber man sollte zusätzlich einen ausreichenden Wasservorrat in einem verschließbaren Behälter haben.

Klebeband bzw. Tacker benötigen Sie zum Aufspannen des Papiers. Es gibt eine spezielle Sorte Klebeband (Paketklebeband), die sich in nassem Zustand aufkleben läßt. Heftmaschinen oder „Tacker“ sind im Baumarkt erhältlich.
Eine Arbeitsplatte aus Holz oder Kunststoff mit glatter Oberfläche dient zum Aufspannen des Papiers (Format nach Wunsch).
Ein Abdeckmittel benötigen Sie zum Freihalten von weißen Stellen auf dem Papier. Für diesen Zweck gibt es speziellen Flüssiggummi, auch Rubbelkrepp genannt, und Maskierfolie (beides im Fachhandel erhältlich) oder normales Klebeband. Mit weißen Wachsmalstiften oder Kerzenwachs lassen sich ebenfalls interessante Effekte erzielen.
Naturschwämme eignen sich hervorragend zum Aufsaugen der überschüssigen Flüssigkeit, zum Abstreifen des Pinsels und zum Befeuchten des Papiers. Sogar zum Malen selbst sind sie äußerst praktische Hilfsmittel, z. B. bei der Naßtechnik zum Verwaschen der Farbe und zum Regulieren der Feuchtigkeit. Natürlich kann auch die schon

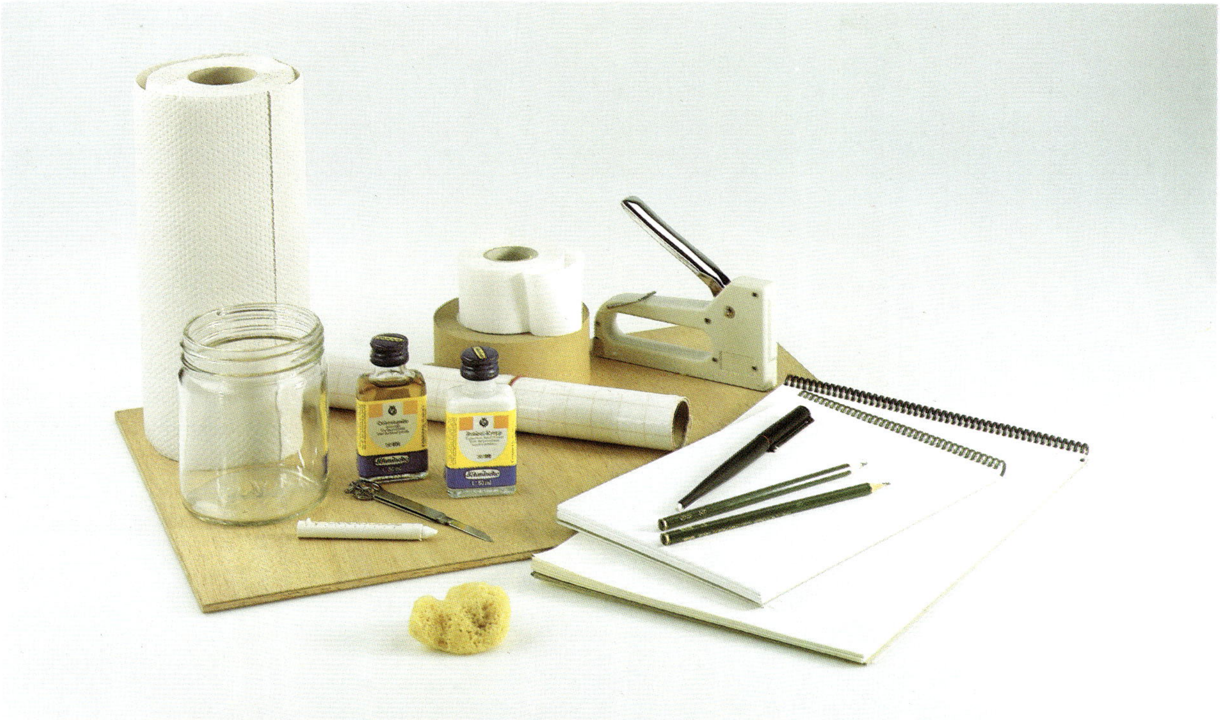

trockene Farbe mit dem Schwamm wieder teilweise oder ganz abgewaschen werden.
Küchenkrepp oder ähnlich saugfähige Papiere sind sehr empfehlenswert für vielseitigste Verwendungszwecke und oft die besten Helfer in allergrößter Not. Falls Sie irrtümlicherweise zuviel Farbe auf das Papier bringen oder ein bestimmter Ton nicht den gewünschten Effekt darstellt, sollte Küchenkrepp zur Korrektur in Reichweite sein.

Bleistifte werden allgemein zum Skizzieren und Entwerfen von Bildideen benötigt. Ein ausreichendes Spektrum von Graustufen ist erzielbar mit drei Stiften: HB, 2B und 4B. Zum Vorzeichnen auf Aquarellpapier verwendet man am besten den mittleren Härtegrad HB. Zum Skizzieren bieten Füllfederhalter mit Patronen eine empfehlenswerte Abwechslung.
Skizzenblock und Skizzenbuch benötigen Sie zum Festhalten und Ausarbeiten von Bildideen oder ganz einfach zum Skizzieren aus reiner Freude. Wer lieber zügig und frei arbeitet, sollte sich für das Format A4 oder größer entscheiden, zum Mitnehmen eignet sich das Format A5 besser.
Ochsengalle kann Abhilfe schaffen, wenn die Farbe von dem Papier abperlt. Fettrückstände, zurückzuführen auf Umwelteinflüsse oder fettige Hände, lassen sich mit ein paar Tropfen Ochsengalle in Wasser verdünnt entfernen.
Soweit die wohl gebräuchlichsten Hilfsmittel. Experimentierfreudige Aquarellisten werden diese Liste endlos erweitern. Es liegt in der Natur dieses Mediums, daß immer wieder neue Dinge erprobt werden und mit neuen Techniken experimentiert wird.
An dieser Stelle möchte ich noch einige Hilfsmittel nennen:
Alkohol beschleunigt,
Glyzerin verzögert die Trocknung und
Ochsengalle erhöht die Verlauffähigkeit der Farben. In jedem Fall sollten nur einige Tropfen in das Wasser gegeben werden.
Mit Deckweiß können verlorengegangene „Lichter“, also weiße Stellen, zurückgewonnen werden und durch Mischen mit Aquarellfarben können Deckfarben erzeugt werden.
Mit den verschiedensten spitzen und scharfkantigen Gegenständen kann man die Oberfläche des Papiers bearbeiten, um entsprechende Effekte zu erzielen – mehr dazu im Kapitel „Technik“ (7.).
Zum Schluß sei noch der Gebrauch eines Haarföns zum Beschleunigen des Trocknungsprozesses erwähnt. Grundsätzlich spricht nichts gegen die Verwendung eines Föns. Es sollte jedoch beachtet

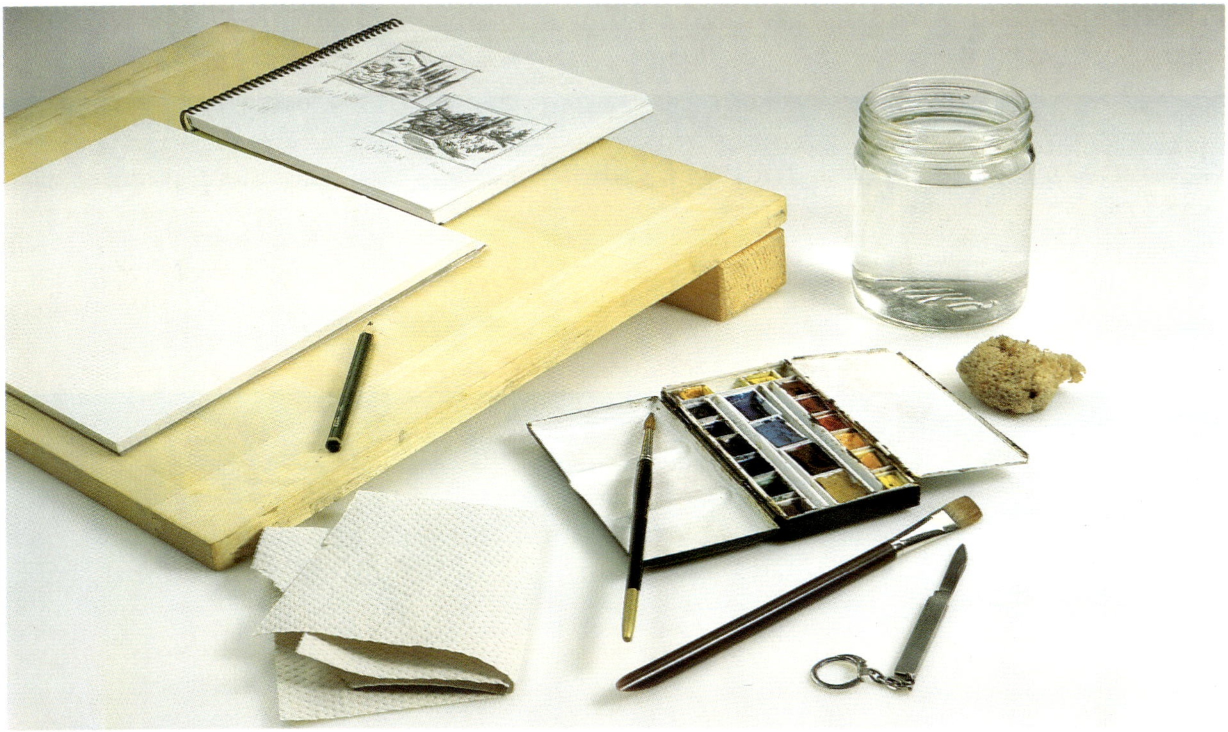

linke Seite: Verschiedenes Zubehör und Hilfsmittel.
rechte Seite: Zum Aquarellieren braucht man keinen aufwendigen Arbeitsplatz.

werden, daß diese Praxis bei sehr flüssigen Farbaufträgen und Naß-in-Naß-Techniken das Resultat beeinflußt. Abgesehen davon, daß das eigenständige Verfließen und Vermischen der sehr naß aufgetragenen Farbe beeinträchtigt wird, hat das Trocknen mit dem Fön oft eine etwas matte Farbwirkung zur Folge.

3.6 Arbeitsplatz

Ein großer Vorteil der Aquarellmalerei ist die Mobilität, d. h. das Zubehör sollte leicht transportabel sein. Für Aquarellisten, die im Freien malen wollen, ist Flexibilität eine Notwendigkeit. Natürlich wird man nicht immer auf Reisen oder in der Natur malen, obwohl die Erfahrungswerte der direkten Malerei nicht hoch genug eingeschätzt werden können. Trotzdem bevorzugen viele Maler ein zu jeder Zeit komfortables „Atelier“. Speziell Anfänger haben Probleme mit den oftmals schwierigen Bedingungen und verwirrenden Einflüssen vor Ort. Mit unangenehmem Wetter, ständig wechselnden Lichtverhältnissen, Passanten und unbequemen Sitzgelegenheiten hat man im Atelier keine Schwierigkeiten. Gehen wir also davon aus, daß Sie vorerst zu Hause einen Ihren Bedürfnissen entsprechenden Platz einrichten wollen. Dazu einige Tips:

3.6.1 ARBEITSFLÄCHE

Ein Holz- oder Zeichenbrett, am oberen Ende mit einem etwa 5 cm starken Block als Unterlage, in leichte Schrägstellung gebracht, macht jeden Tisch zum idealen Arbeitsplatz.
Das Traum-Atelier kann mit einem professionellen Zeichentisch, mit stufenlos verstellbarer Platte oder einem Schreibtisch mit schrägstellbarer Tischplatte ausgestattet werden. Wichtig ist eine ausreichend große Tischfläche, auf der Sie Farben und Utensilien komfortabel auslegen können. Ideal dafür sind Beistelltische, besonders beim Arbeiten mit einer Staffelei.

3.6.2 STAFFELEIEN

Der Vorteil einer Staffelei besteht darin, daß man fast überall bequem arbeiten kann, z. B. am Blumenfenster oder mitten auf der Wiese.
Die klassische Studiostaffelei, hauptsächlich für Ölmalerei verwendet, eignet sich weniger für das Malen mit Aquarellfarben, da sie in ihrer Neigung nicht variabel ist. Besser ist eine Feldstaffelei oder natürlich eine spezielle Aquarellstaffelei, die sich aufgrund ihres geringen Gewichts bestens zum Mitnehmen eignet.
Eine ideale Staffelei sollte eine stufenlos verstellbare Bildhalterung und Beine haben, zerlegbar und nicht zuletzt auch recht stabil und standfest sein. Tisch-Staffeleien sind in ihrer Neigung verstellbar und ersetzen den Zeichentisch im Studio.
Für alle Staffeleien benötigt man ein Zeichenbrett, auf das man das Papier spannt oder legt. Blöcke können natürlich direkt in der Halterung befestigt werden.

3.6.3 STÜHLE

Sie müssen nicht extra erwähnt werden. Achten Sie auf eine bequeme und natürliche Haltung beim Sitzen, denn Ihre Ausdauer und Geduld hängen wesentlich davon ab. Empfehlenswert sind höhenverstellbare Drehstühle. Sie lassen sich Ihrer Arbeitsweise anpassen.

3.6.4 SCHRÄNKE

Sie sollten auf keinen Fall den Papierschrank vergessen. Er ist unentbehrlich für die flache, staubfreie Aufbewahrung von Papiervorrat, Zeichnungen und fertigen Aquarellen.
Diese Papier- oder Planschränke sind in verschiedenen Größen im Fachhandel erhältlich.
Auch für die Aufbewahrung von Farben, Pinseln usw. sollte gesorgt sein, damit die oft teuren Utensilien nicht unnötig beschädigt werden. Schützen Sie diese vor Staub, Feuchtigkeit und lassen Sie Farben nicht länger in der Sonne liegen.
Nützliche Dienste erweisen hier Zigarren- und Pralinenschachteln oder Schuhkartons.

3.6.5 BELEUCHTUNG

Der Standort Ihrer Arbeitsfläche oder Staffelei muß unter Berücksichtigung der Lichtverhältnisse gewählt werden. Die Alten Meister haben immer darauf geachtet, daß die Fenster ihrer Ateliers nach Norden zeigten, damit sie den ganzen Tag über konstante Beleuchtung genießen konnten.

Dieses „Nordlicht“ ist ein indirektes Licht und ändert sich nur in seiner Helligkeit, nicht aber in seiner Position. Die Schatten bewegen sich nicht und sind angenehm weich. Direktes Sonnenlicht auf dem Arbeitsplatz kann sehr störend sein. Achten Sie darauf, daß kein Schatten auf Ihre Arbeitsfläche fällt. D. h. das Fenster sollte zu Ihrer Linken sein, vorausgesetzt Sie sind Rechtshänder.

Die moderne Technik ermöglicht es, daß wir auch abends unter guter Beleuchtung arbeiten können. Man sollte bei der Einrichtung einer künstlichen Lichtquelle drei Dinge beachten: die Lichtstärke, die Farbtemperatur und eventuelle Spiegelungen. Um eine perfekte Farbwiedergabe zu gewährleisten, sind im Fachhandel spezielle Beleuchtungskörper erhältlich.
Auf jeden Fall muß die künstliche Lichtquelle hell genug sein und darf weder zu warm noch zu kühles Licht erzeugen. Außerdem muß sie so angebracht sein, daß das auf die manchmal sehr nasse Oberfläche des Aquarellpapiers einfallende Licht keine störenden Reflexionen verursacht. Normale Glühbirnen eignen sich schlecht. Ihr Licht ist zu gelb und Farben verfälschen sich dadurch. Handelsübliche Leuchtstoffröhren sind mit kühlem und warmem Licht erhältlich. Sinnvoll ist es, warme und kühle Lichtquellen zu kombinieren.
Bei der Anordnung des Kunstlichts sollte natürlich darauf geachtet werden, daß es keinen Schatten auf die Arbeitsfläche wirft und daß der Arbeitsplatz gut ausgeleuchtet wird – also auch der Bereich, auf dem sich die Palette befindet.

Nachdem wir uns um eine gute Beleuchtung bemüht haben, sollten wir noch darauf achten, daß die Wände im Raum, die das Licht auch reflektieren, möglichst weiß gestrichen sind. So besteht keine Gefahr einer farblichen Verfälschung der Lichtreflexionen oder visuellen Ablenkung der umgebenden, farbigen Wände.

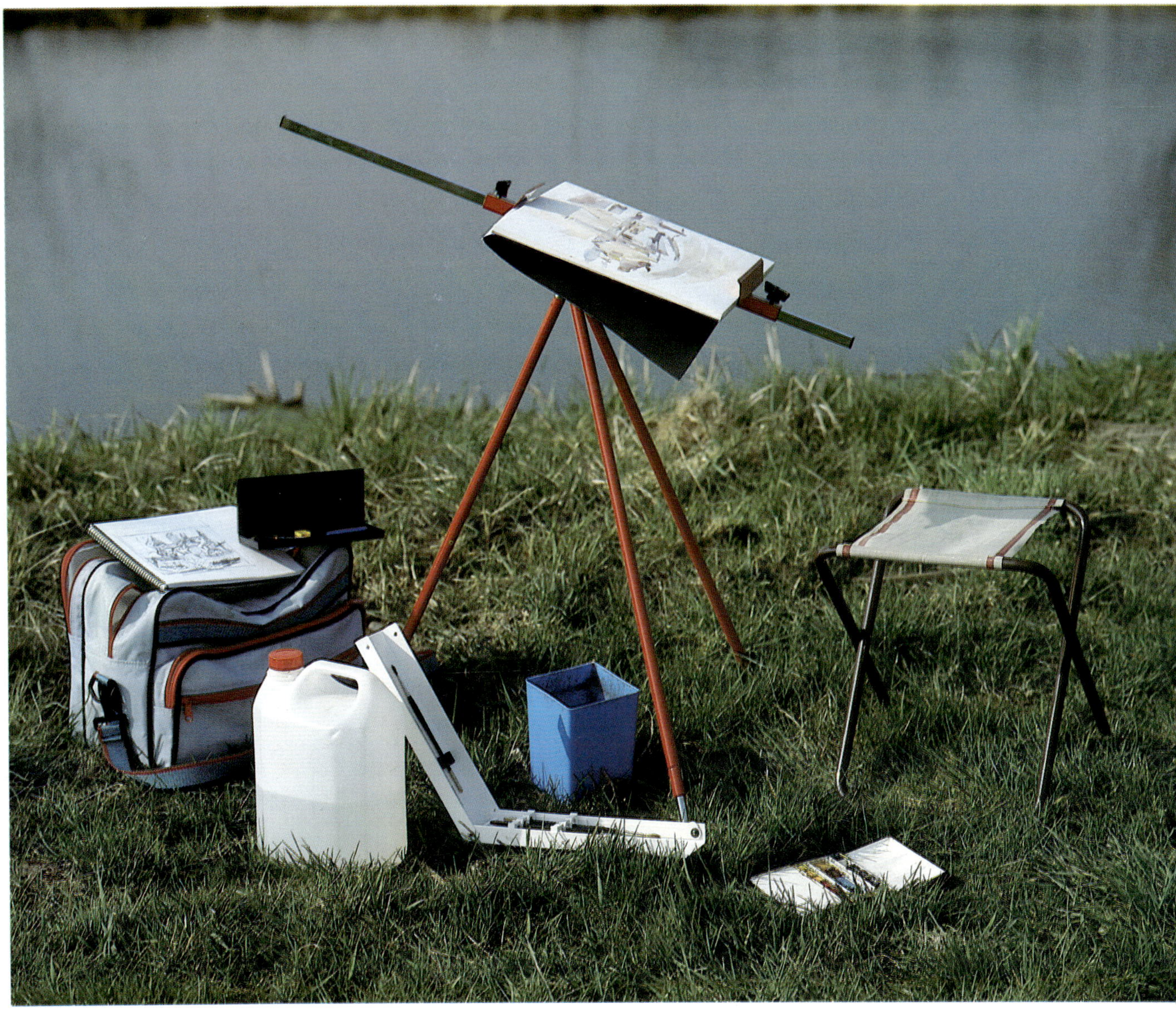

Typische Ausstattung für das Malen in der Natur.

3.6.6 ARBEITSPLATZ IN DER NATUR

Die Ausstattung muß klein, kompakt und handlich sein. Staffeleien wurden schon besprochen. Die Sitzgelegenheit sollte sich auf das Minimum eines kleinen Klappstuhles beschränken. Es sei denn, man steht beim Malen oder sucht sich einen Sitzplatz am Ort. Erfahrungsgemäß reduziert sich die Ausstattung von Landschaftsmalern mit zunehmender Praxis, bis sich schließlich alles in einer Tasche unterbringen läßt. Die Lichtverhältnisse im Freien sind sehr wechselhaft, und man muß sich erst daran gewöhnen. Schwierig ist es in direktem Sonnenlicht zu malen, denn das weiße Papier wirkt dadurch sehr hell und blendet die Augen. Allgemein gesehen ist der Arbeitsplatz in der Natur bzw. die Bedürfnisse jedes einzelnen eine sehr individuelle Sache, und dementsprechend sollte die Ausstattung sein. Man sollte trotzdem die wechselhaften und oft schwierigen Bedingungen im Freien nicht scheuen, denn gerade diese Umstände fordern unsere Spontaneität. Mit etwas Erfahrung lernt man Kompromisse einzugehen, und dies kommt der Spontaneität entgegen.

3.7 Arbeitsvorbereitung

Die Aquarellmalerei ist eine sehr spontane und direkte Technik, bei der rasch gearbeitet werden muß und schnelle Reaktionen erforderlich sind. Daraus läßt sich schließen, wie gut man auf die Arbeit vorbereitet sein muß. Eine gedankliche oder geistige Einstimmung ist selbstverständlich. Was das Material betrifft, sollte alles Notwendige bestens hergerichtet sein, um unnötige Frustrationen zu vermeiden. Mit der üblichen Ausstattung und genügend sauberem Wasser ist man „einsatzbereit". Bei der Verwendung von Tubenfarben und Einzelblättern sind noch ein paar Vorbereitungen zu treffen:

3.7.1 ANORDNUNG EINER PALETTE

Tubenfarben müssen vor dem Malen auf einer Palette ausgedrückt werden, aber nur so viel wie man etwa in einer Sitzung aufbrauchen kann. Angetrocknete Farben lassen sich nicht so leicht wieder anlösen wie Farbe in Näpfchen.
Um einen schnellen Zugriff bei spontanen Arbeiten zu ermöglichen, sollte jede Farbe nach einer bestimmten Ordnung immer den selben Platz erhalten. Diese Anordnung ist eine subjektive Sache und hängt nicht zuletzt von der Palettenform ab; aber es empfiehlt sich, gewisse Dinge zu berücksichtigen.
Da wir uns beim Mischen an den theoretischen Grundlagen des Farbkreises orientieren, ist es sinnvoll, die Farben in einer dem Farbkreis entsprechenden Ordnung auszulegen. Natürlich ist es naheliegend, dafür eine runde oder ovale Palette zu verwenden. Aber auch die meist rechteckigen Malkästen besitzen ringsum angeordnete Vertiefungen oder Abteilungen, mit denen sich dieses Prinzip verwirklichen läßt.
Eine andere Möglichkeit ist, bei einem zweireihigen Malkasten in einer Reihe die warmen und in der anderen die kühlen Farben zu gruppieren. Auf jeden Fall sollte Blau nicht direkt neben Gelb gesetzt werden, da diese Farben bei einem eventuellen Überlaufen ihre Intensität verlieren und relativ aufwendig zu reinigen sind.
Dieses Prinzip der Farbordnung wird auch bei Kästen mit Näpfchen angewandt. Sie lassen sich leicht aus der Halterung nehmen und nach eigener Vorstellung arrangieren.

3.7.2 AUFSPANNEN DES PAPIERS

Das Wellen des Papiers ist eine überaus unangenehme Erscheinung beim Aquarellieren und kann sehr störend sein. Durch die Feuchtigkeit dehnt sich das Aquarellpapier und wirft sich. Es entstehen Täler, in denen sich das überschüssige Wasser sammelt und so ein gleichmäßiges Trocknen des Farbauftrages verhindert wird.
Das Ausmaß dieser Wellenbildung ist von der Wassermenge und vom Papiergewicht, also der Stärke des Blattes, abhängig. Das erklärt, warum für Naßtechniken starke Papiere mit einem Gewicht von mindestens 300 g/qm verwendet werden sollten.
Da schwere Papiere sehr teuer sind, lohnt sich der Aufwand, sie zu spannen. Auch etwas leichtere Papiersorten erhalten durch Spannen einen idealen Malgrund.
Das Grundprinzip des Aufspannens ist einfach. Zuerst muß das Papier gewässert werden. D. h. man legt es mehrere Minuten in eine Wanne oder ein Becken mit kaltem bis lauwarmem Wasser, bis es sich vollgesogen und eine optimale Dehnung erreicht hat. Man läßt das Wasser abtropfen und befestigt das Papier ringsum auf einer Platte. Beim Trocknen schrumpft es zusammen und spannt sich wie ein Trommelfell. Das vom Malen wieder feucht gewordene Papier wirft sich leicht, spannt sich danach erneut.
Zum Spannen von Aquarellpapier gibt es mehrere Methoden. Manche Aquarellisten haben ihre eigenen Geräte bzw. Spannrahmen mit den unterschiedlichsten Schraub- und Steckleisten oder Klammern entwickelt. Andere wiederum benutzen Leim oder die verschiedensten Klebstoffe, um das Papier auf einer Platte zu befestigen.
Hier will ich die zwei gebräuchlichsten und einfachsten Methoden vorstellen: Für die erste benötigen wir ein Zeichenbrett oder eine Sperrholz- bzw. Hartfaserplatte mit relativ glatter Oberfläche. Die Platte sollte ringsum mindestens 3 cm größer sein als das zu spannende Papier. Zusätzlich brauchen wir ein spezielles Papierklebe-

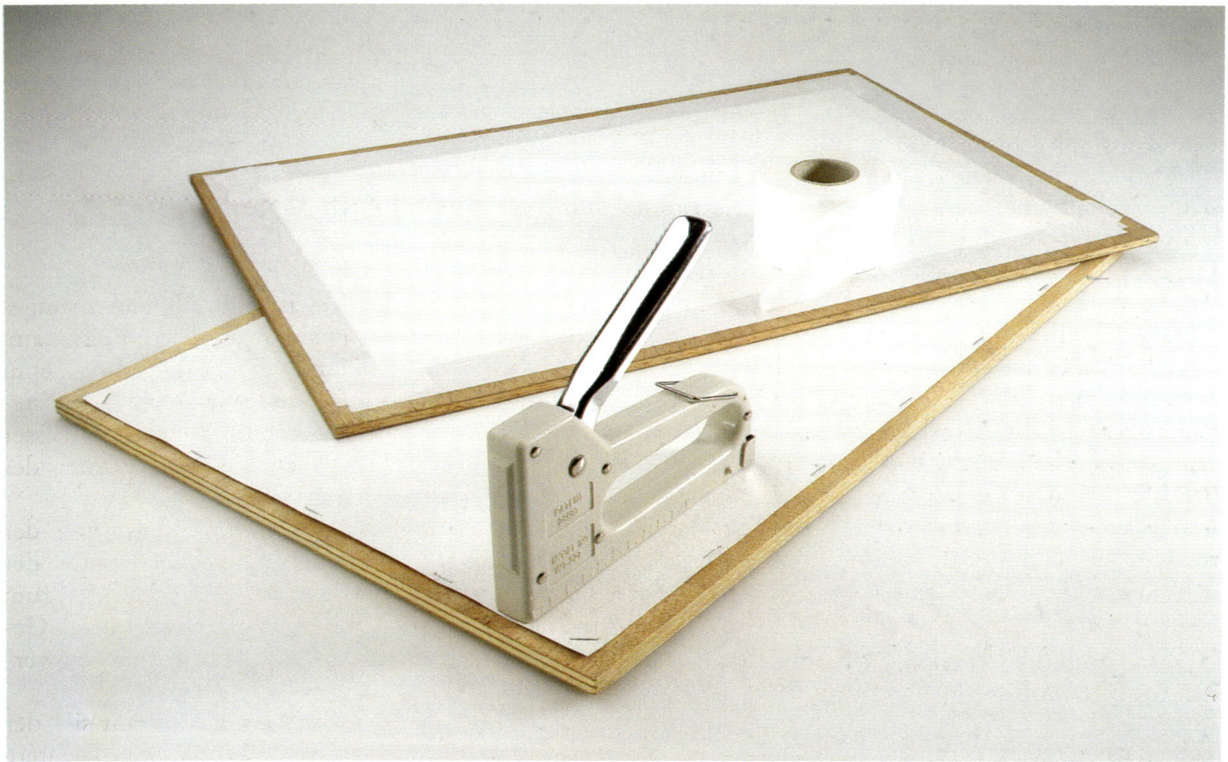

Aufgespanntes Aquarellpapier: oben mit Papierklebeband, unten mit einem Tacker.

band, das sich in nassem Zustand verarbeiten läßt. Dieses Band erhalten Sie im Fachhandel. Das ausreichend durchnäßte Papier legen Sie auf die Zeichenplatte und nehmen mit einem Schwamm oder saugfähigem Papier das überschüssige Wasser auf.

Befeuchten Sie nun die Klebstreifen und befestigen damit das Blatt an allen vier Rändern. Damit sie sich beim Trocknen nicht lösen, sollten sie gut angerieben werden. Zur Sicherheit kann man das Klebeband mit einem zweiten Streifen leicht versetzt verstärken.
Legen Sie die Platte waagerecht; um einen gleichmäßigen Trocknungsprozeß zu gewährleisten, dürfen Sie keinen Fön oder sonstige Heizquelle verwenden.

Für die zweite Variante benötigen Sie eine Heftmaschine („Tacker") und eine Sperrholzplatte. Eine glatte Oberfläche der Platte ist nicht erforderlich. Die Vorbereitung des Papiers erfolgt, wie ich es oben beschrieben habe. Anstelle der Klebstreifen befestigen Sie jedoch das nasse Papier ringsum mit den Heftklammern im Abstand von 5–8 cm. Diese Methode ist auch für stärkeres und großformatiges Aquarellpapier recht zuverlässig.

Hier noch einige Tips:
Verwenden Sie kein zu dünnes Papier. Es besteht die Gefahr, daß es beim Trocknen reißt.
Bis das Papier richtig trocken ist, können je nach Raumklima mehrere Stunden vergehen. Am besten läßt man es über Nacht trocknen.
Nach Fertigstellung des Aquarells lassen Sie das Papier für einige Zeit gespannt, damit es vollkommen flach wird. Zum Abnehmen schneiden Sie mit dem Messer an den Klebstreifen entlang oder entfernen die Heftklammern.
Wenn Sie die Schnittkanten am Aquarell stören, legen Sie eine Glasplatte oder eine scharfkantige Metallschiene an den Blattrand an und reißen vorsichtig einen schmalen Streifen vom Papier ab. So erhalten Sie eine schöne Reißkante.
Eine weitere Methode, hauptsächlich für sehr dünne Papiere bzw. Japan- und Chinapapiere geeignet, soll noch erwähnt werden. Hier wird das nasse Papier auf eine Glas- oder Kunststoffplatte gelegt und im nassen Zustand bemalt. Diese Methode eignet sich nur für Naßtechniken und experimentelle Effekte. Vorzeichnungen müssen auf das noch trockene Papier gebracht werden.

4. DIE BILDNERISCHEN MITTEL

Sie sind das, was uns zur Verfügung steht, um Ideen, Erfundenes und Geschehenes, für andere sichtbar zu machen – eine Art Werkzeug also, um Bilder zu gestalten. Natürlich handelt es sich hierbei nicht um ein Werkzeug im Sinne von Pinsel und Bleistift; ich spreche von den verschiedenen Elementen, die zusammen ein Bild ergeben.
Diese Grundbestandteile sind: Linie, Fläche, Form, Struktur, Tonwerte und, für uns wohl das Wichtigste, die Farbe. Gerade deshalb, weil dieses letzte Element für Aquarellisten das naheliegendste ist, werden die anderen oft vernachlässigt. Doch nach einer altbekannten Weisheit kann das Ganze nur so stark sein wie sein schwächstes Teil. Deshalb finde ich es sehr wichtig, daß auch Hobbymaler diese Elemente kennen und bewußter damit umgehen.

4.1 Linie

Die Linie ist neben der Farbe das bedeutendste bildnerische Mittel in der Malerei und Graphik. Fast alles kann allein durch Linien dargestellt oder – besser gesagt – gezeichnet werden. Sogar andere bildnerische Mittel wie Fläche, Form, Struktur und Tonwerte können mit Hilfe der Linie angedeutet werden. Linien entstehen durch die Bewegung mit dem auf das Papier gebrachten Zeichenstift, der Feder oder dem Pinsel, schwarz oder farbig, fein oder breit. Aneinandergereihte Punkte oder Gegenstände können als geschlossene oder unterbrochene Linie wirken. Die Linie kann verbinden, begrenzen, Richtungen anzeigen und durch Verjüngung oder Überschneidung eine räumliche Wirkung suggerieren. Wenn eine Linie geschlossen, also mit dem Ausgangspunkt verbunden wird, entsteht eine Fläche. Die Linie wird zur Begrenzungslinie oder Kontur. Die Linie ist also ein sehr vielseitiges Gestaltungsmittel.

4.2 Fläche

Bei der Fläche handelt es sich um ein zweidimensionales Gebilde. Das Papier, auf dem wir zeichnen und malen, ist die Bildfläche. Alles was wir darauf schaffen, ob gegenständlich oder abstrakt, auch räumliche Wirkungen, sind an diese Zweidi-

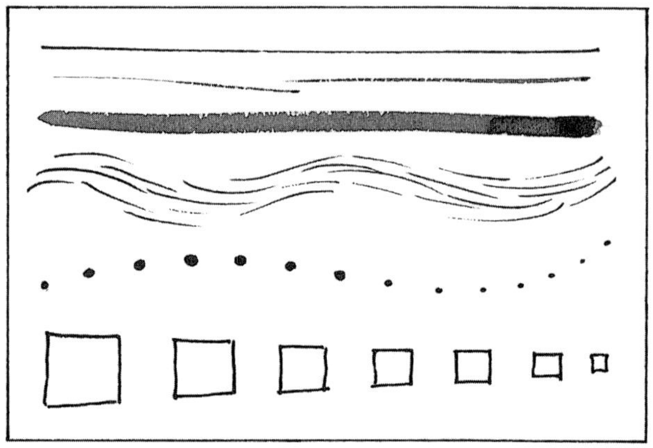

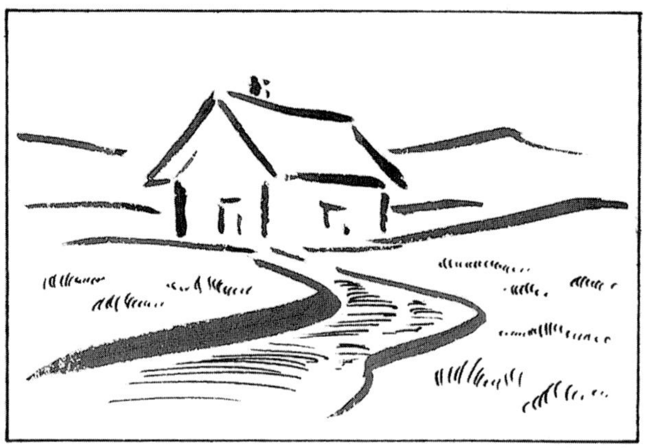

zu Kapitel 4.1: oben: Linienvariationen. Aneinandergereihte Dinge nimmt das Auge ebenfalls als Linie wahr.
unten: Formen sind zu erkennen, auch wenn Linien nur optisch verbunden sind. Linien können räumliche Tiefe, Struktur usw. darstellen.

mensionalität gebunden. Nun konzentriert sich unsere Aufmerksamkeit bei der Gestaltung eines Bildes nicht nur auf ein Blatt Papier, das ja größer sein kann als das endgültige Bild, sondern auf eine ganz bestimmte, durch irgendwelche Papierränder oder Umrißlinien festgelegte Bildfläche. Womit ich wieder bei der Linie bin: Wird eine Fläche durch eine Kontur oder Umrißlinie umschlossen, so wird die außerhalb liegende Fläche unwichtig, dafür aber die umrissene um so wichtiger.
Soweit haben wir nur die Bildfläche selbst festgelegt. Es ist natürlich möglich, auch innerhalb dieser durch weitere Begrenzungslinien oder Konturen bestimmte Flächen hervorzuheben. Es entstehen positive Formen. Die restliche „negative" Bildfläche wird zurückgedrängt. Die Fläche ist also nicht nur Bildgrund, sondern auch bildnerisches Element.

4.3 Form

Die von einer Linie umgrenzte Fläche nimmt eine bestimmte Gestalt an: eine Form. Sie kann z. B. viereckig, dreieckig, rund oder aus Kombinationen bzw. Variationen sein, die nur noch geringe Verwandtschaft zu diesen Grundformen erkennen lassen. Formen können Gegenstände darstellen oder als der Gestaltung dienende Elemente frei erfunden sein. Was immer sie zum Ausdruck bringen und welche Gestalt sie auch besitzen, ihre Wirkung aufeinander und in bezug auf die gesamte Komposition, also auch die negative Bildfläche, muß beachtet werden. So kann beispielsweise eine Dreiecksform in einem von Rundformen domi-

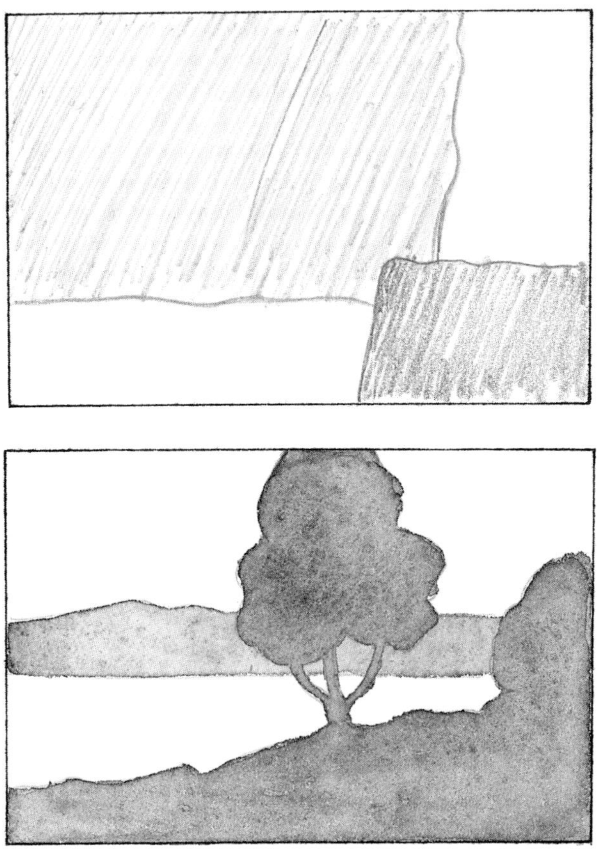

zu Kapitel 4.2: oben: Die Bildfläche kann nach Belieben aufgeteilt werden. Es entstehen positive (schraffierte) und negative (weiße) Flächen.
unten: Die Aufteilung der Bildfläche kann frei erfunden sein oder realistischen Dingen entsprechen.

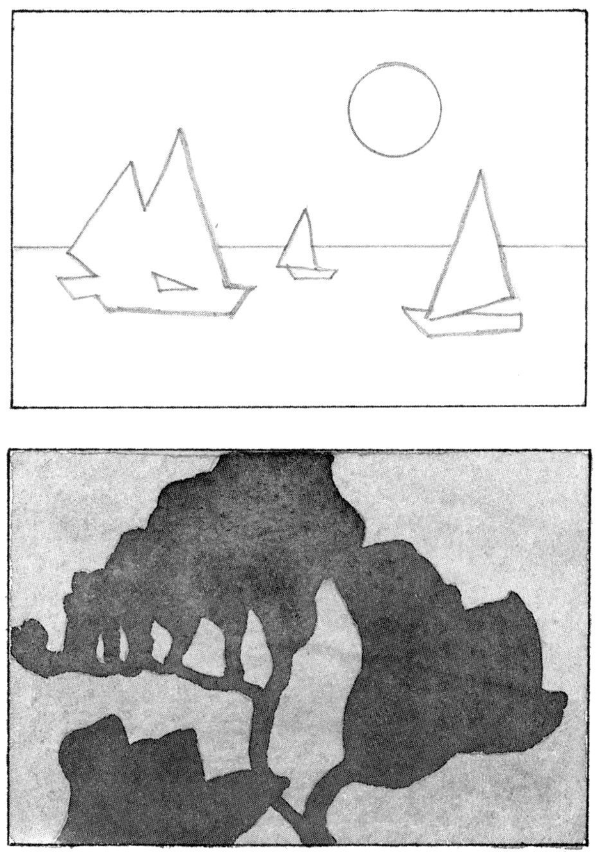

zu Kapitel 4.3: oben: Einfache Formen und aus mehreren Formen zusammengesetzte, komplexere Formen; nur durch Umrißlinien dargestellt.
unten: Ohne Kontur dargestellte Form mit interessanten Negativformen.

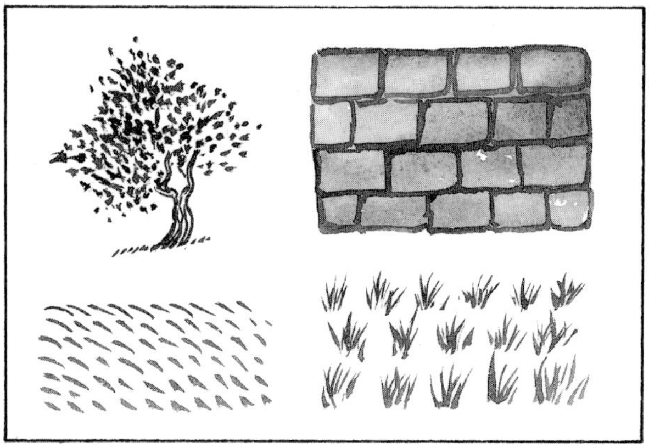

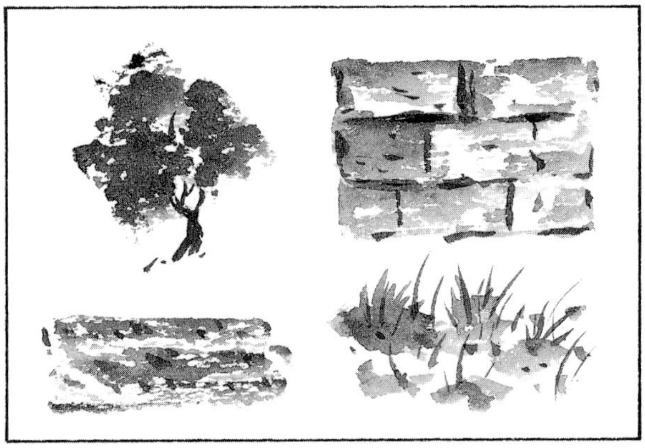

zu Kapitel 4.4: oben: Regelmäßige Strukturen.
unten: Unregelmäßige Strukturen.

nierten Bild einen Konflikt darstellen. Andererseits gibt es keine Regel, die besagt, daß immer alle Formen harmonieren sollten; der Zweck und das Ziel bestimmen die Mittel.
Nun haben wir von Flächen und Formen gesprochen, die von Linien umgeben, also durch Umrißlinien dargestellt sind. Dinge bzw. die Natur werden mit Hilfe von Linien sichtbar gemacht, obwohl es in der Wirklichkeit keine Linien gibt. Oder haben Sie schon einmal einen Strich um einen Baum oder ein Haus gesehen? Auch wenn ein dünner Zweig oder ein Draht als Linie erscheint, handelt es sich doch jeweils um einen schmalen Körper. Ein Dach ist nicht durch einen Strich von der Hausfassade abgegrenzt. Es sind lediglich durch unterschiedliche Helligkeit und meist auch Farbe voneinander differenzierte Flächen bzw. Formen. Diese Überlegungen sind für Aquarellisten sehr wichtig, da sie in der Regel ohne Begrenzungslinien arbeiten.

4.4 Struktur

Dieses Gestaltungsmittel wird von den weniger erfahrenen Aquarellisten meist unbewußt eingesetzt, oder es ist überhaupt ein Zufallsprodukt. Obwohl man die Struktur als das am wenigsten wichtige bildnerische Mittel betrachten kann, ist sie im Aquarell eine oft sehr willkommene Hilfe. Monotone, langweilige Stellen lassen sich damit beleben und interessanter gestalten.
Struktur ist nichts anderes als eine Zusammenfügung, eine Menge von Punkten, Linien, Flecken und dergleichen. Wenn Sie eine Zeichenkohle oder einen Pinsel über rauhes Papier ziehen, entsteht Struktur. Je nach Beschaffenheit des Papiers bzw. seiner Oberfläche und entsprechendem Druck auf Stift oder Pinsel variiert diese Struktur. Die Feuchtigkeit der Farbmischung, welche mit dem Pinsel aufgetragen wird, und die Geschwindigkeit, mit der die Bewegung ausgeführt wird, spielen ebenfalls eine Rolle.
Sie sehen, Struktur kann wirklich rein zufällig entstehen. Um die gestalterischen Möglichkeiten voll nutzen zu können, ist es notwendig, zwischen formeller bzw. regelmäßiger und zwangloser bzw. unregelmäßiger Struktur zu unterscheiden. Nehmen wir an, um ein Dach oder eine Wiese zu malen, werden mit Hilfe von vielen kleinen, gleichmäßig über die ganze Fläche verteilten Strichen Ziegel oder Gräser dargestellt, dann handelt es sich um eine formelle Struktur. Der Nachteil dieser regelmäßigen Anwendung besteht in der sehr starken, oft überladenen Wirkung – speziell im spontanen Aquarell. Hier wird im Gegensatz zu der sehr genauen, naturgetreuen Arbeitsweise die Struktur etwas zwangloser angedeutet. Eine mit raschem Pinselstrich gemalte Baumkrone erhält interessante, bruchstückartige Ränder, die wie einzelne Blätter aussehen. Die Andeutung genügt, wir wissen ja, daß die Baumkrone aus vielen Blättern besteht. Sie sehen, ganz so unwichtig ist das bildnerische Element Struktur nicht. Man kann damit auf Dinge und ihre Beschaffenheit hinweisen. Es ist möglich, gewünschte Stellen im Bild zu beleben und dadurch mehr Gewicht oder Aufmerksamkeit auf sie zu lenken. Verschiedene Beispiele wie Strukturen im Aquarell erzeugt werden können, sehen Sie im Kapitel „Technik“.

4.5 Tonwerte

Die Farbe ist sicherlich das wichtigste Gestaltungsmittel für Aquarellisten, jedoch sollte den Helligkeitsunterschieden ebenfalls große Bedeutung beigemessen werden. Linien, Flächen, Strukturen und Farben, frei erfunden oder realistische Dinge darstellend, können dunkel oder hell sein. Je mehr sie sich von ihrer Umgebung unterscheiden, also je kontrastreicher sie sind, desto mehr Gewicht und Aufmerksamkeit fällt ihnen zu. Starke Hell-Dunkel-Kontraste werden vom Auge schnell erfaßt und beeinflussen dadurch eine Komposition erheblich.
Naturalistische Darstellungen setzen gute Kenntnisse der Tonwerte voraus. Plastische Wirkungen können ganz ohne Farbe, nur durch den gekonnten Einsatz von Tonwerten überzeugend wiedergegeben werden. Licht und Schatten sowie räumliche Tiefe sind von diesem bildnerischen Mittel abhängig.

Was das Aquarell betrifft, gibt es einen weiteren Grund, sich mit den Tonwerten zu beschäftigen: Daß das Weiß des Papiers dem transparenten Aquarell seinen besonderen Charakter verleiht und daß Korrekturen kaum möglich sind, wurde schon erwähnt. Demzufolge ist es unumgänglich, die weißen Stellen eines Bildes im voraus zu planen und ebenfalls, um dunkle Stellen gezielt zu setzen, sich Gedanken über die Tonwerte eines Motivs zu machen. Tonwerte sind nicht nur Grau-Abstufungen. Im Schwarzweißfoto wird deutlich, daß alle Farben und Dinge in der Natur einem bestimmten Helligkeitswert entsprechen. Anfänger haben Schwierigkeiten, diese zu erkennen. Um Tonwerte besser verstehen und sehen zu können, nehmen wir das Schwarzweißfoto als Beispiel.
Legen Sie sich eine Skala mit etwa fünf verschiedenen Tonwerten in Bleistift oder schwarzer Aquarellfarbe an. Versuchen Sie jetzt, diese mit den Grauwerten in einem Foto zu vergleichen. Eine helle Stelle im Bild könnte z. B. gelb, blau oder grün sein; die Farbe ist plötzlich nicht so wichtig. Sie werden feststellen, daß die Tonwerte im Foto und in der Natur etwas nuancierter sind, sich also nicht so ohne weiteres in fünf Werte aufteilen lassen. Es wird am Anfang etwas schwierig sein, aber mit der Zeit wird es Ihnen gelingen, alle Tonwerte dieser Skala zuzuordnen und dadurch die Bildgestaltung und das Malen allgemein zu vereinfachen. Erfahrung ist auch für die Erkennung der Hell-Dunkel-Kontraste erforderlich.

links: Wie das S/W-Foto beweist, haben alle Farben eine bestimmte Helligkeit bzw. Dunkelheit.
rechts: Beim Malen ist es notwendig, Farben in bezug auf ihren Tonwert erkennen zu können. Bleistiftstudien sind dabei sehr hilfreich.

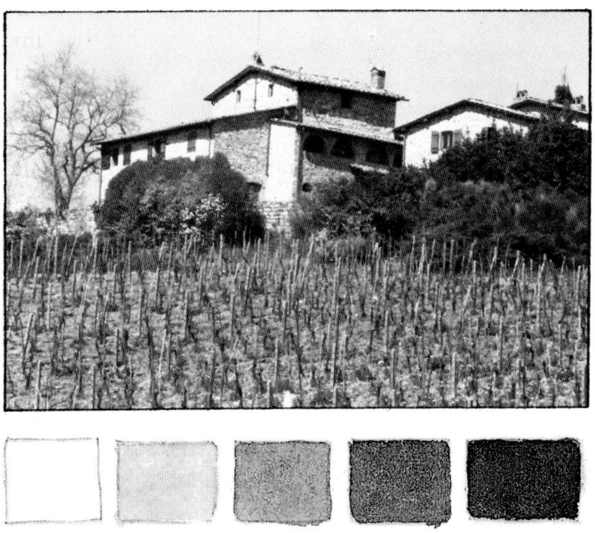

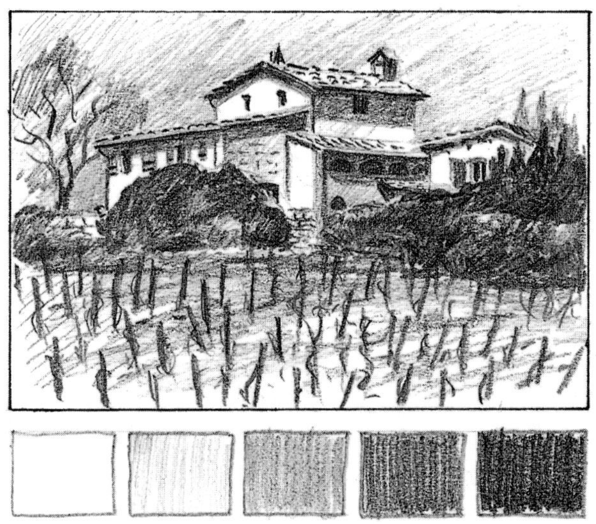

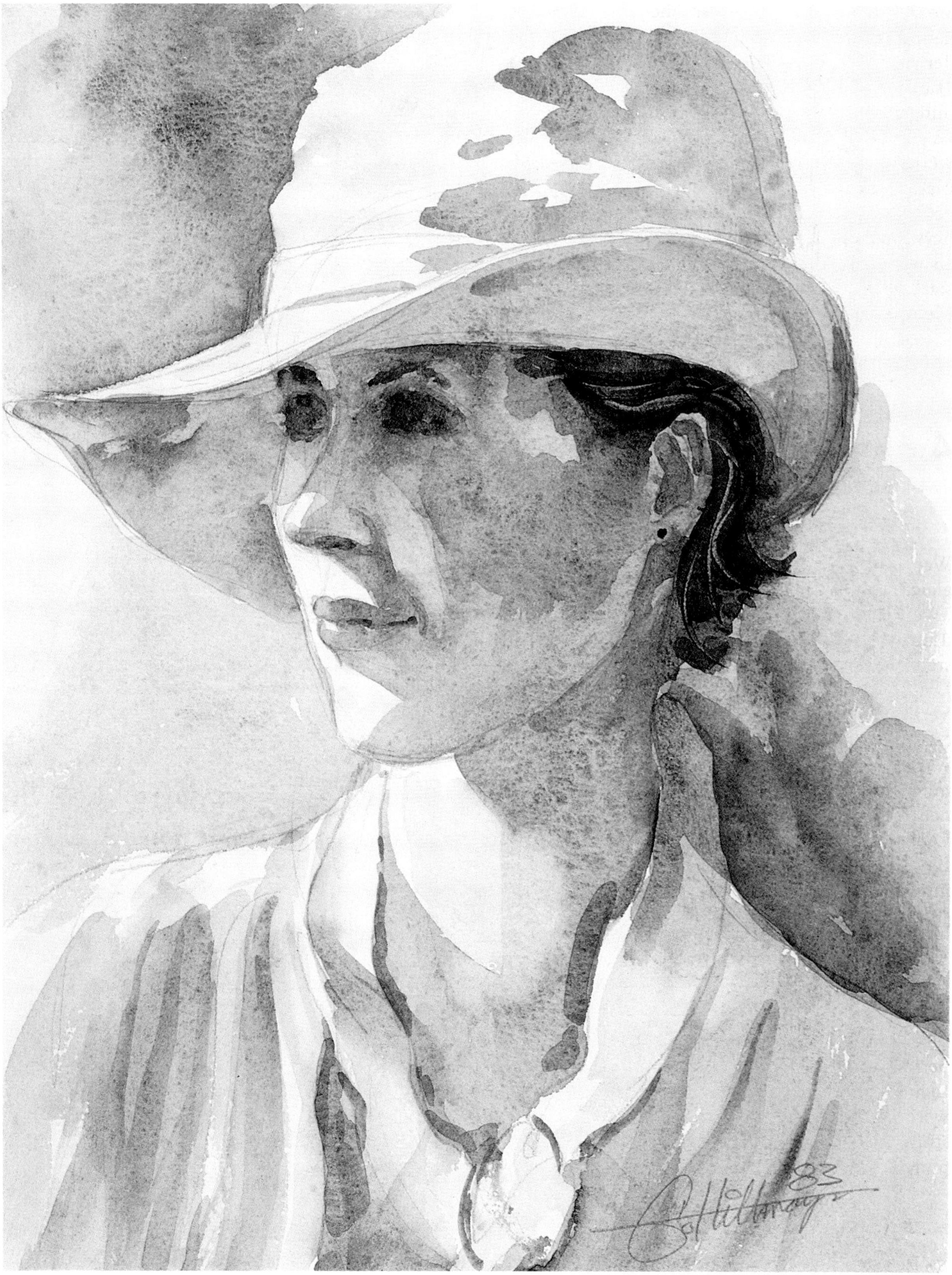

Sie haben z. B. den Tonwert einer Blumenvase erkannt. Aber ist dieser nun heller oder dunkler als der des Vorhangs oder der Wand dahinter? Der Tonwert muß immer in Bezug auf seine Umgebung gesehen werden.
Es gibt auch Situationen, in denen bestimmte Tonwerte im Bild etwas heller oder dunkler als in der Natur gemalt werden müssen, z. B. um einen Gegenstand oder eine bestimmte Stelle im Bild mehr hervorzuheben, ihm mehr Gewicht zu verleihen als in der Realität oder die Tiefenwirkung zu verstärken.
Mehr dazu im Kapitel 5. „Bildkomposition".

4.6 Farbe

Wenn man vom Aquarell spricht, denkt man gleichzeitig an Farbe. Man kann sie sogar als das „Werkzeug" des Aquarellisten bezeichnen. Allerdings wird sie häufig auf Kosten der anderen Gestaltungsmittel bevorzugt.
Die Farbe ist das vielseitigste Element, das uns zur Verfügung steht. Ein Beleg dafür, wie umfangreich es ist, sind die vielen Werke, die über Farbenlehre verfaßt wurden. Ich möchte Sie nicht langweilen mit ausführlicher Farbtheorie, dennoch will ich einen Überblick geben und auf einige grundlegende Dinge hinweisen.
In der Dunkelheit sehen wir keine Farben, also muß Farbe etwas mit Licht zu tun haben. Lichtstrahlen von unterschiedlicher Wellenlänge werden vom Auge als Farbe wahrgenommen. Farbe ist also der vom Auge vermittelte Eindruck des Lichts. Um die Farbe im Zusammenhang zum Malen und zum Mischen der Aquarellfarben zu sehen, müssen wir zwischen Lichtfarbe und Körperfarbe unterscheiden.
Lichtfarben sind die Farben von Lichtquellen; sie werden erst sichtbar beim Auftreffen des Lichtstrahls auf einen Gegenstand. Durch Überlappung, also durch das Mischen von farbigen Lichtstrahlen, werden diese heller als die einzelnen Strahlen sind. Man spricht von additiver Farbmischung: Alle Lichtfarben zusammen ergeben weißes oder – besser gesagt – farbloses Licht.
Bei Körperfarben handelt es sich um Farben eines beleuchteten Körpers, der auffallendes Licht zum Teil absorbiert oder reflektiert, was wir dann als Farbe wahrnehmen. Durch das Mischen mehrerer Farben verlieren sie ihre Leuchtkraft, nehmen sich gegenseitig Licht weg und werden dunkler. Man spricht von subtraktiver Farbmischung.

Bei unseren Aquarellfarben handelt es sich um solche Körperfarben. Die Pigmente der Farben absorbieren bzw. reflektieren je nach Farbton das auffallende Licht. Pigmente, die z. B. nur die roten Lichtstrahlen reflektieren, alle anderen dagegen absorbieren, sehen wir als rote Farbe. Das Prinzip der subtraktiven Farbmischung erklärt, warum wir schmutzige Aquarelltöne erhalten, wenn wir sie übermischen.

4.6.1 FARBKREIS

Farbempfindungen und -benennungen sind sehr subjektiv. Denken Sie an Phantasienamen wie Azurblau, Weinrot, Flieder, Saharabeige, die verwendet werden, um farbige Dinge zu beschreiben. Um Ordnung und System in dieses Chaos der vielen Bezeichnungen und Töne zu bringen, benutzen wir den Farbkreis als Hilfsmittel. Damit fällt es uns leichter, die Farben in ihrer Beziehung zueinander zu sehen. Es sollte als selbstverständlich gelten, daß Aquarellmaler dieses Farbsystem im Kopf haben, denn davon hängt ein sicherer Umgang mit der Farbe ab.

Der Farbkreis besteht aus kreisförmig angeordneten Farben. Auf der Basis einer Dreiteilung befinden sich in gleichen Abständen die Grund- oder Primärfarben: Gelb, Rot und Blau. Jeweils genau dazwischen liegen die Zweit- oder Sekundärfarben: Orange, Violett und Grün. Sie können im Gegensatz zu den Primärfarben durch Mischen erzielt werden, und zwar aus gleichen Anteilen der links und rechts nebeneinander liegenden Grundfarben.
Nach dem selben Prinzip kann man nun fortfahren und durch Vermischen wieder zu gleichen An-

zu Kapitel 4.5:
„Mannequin", 23 × 30 cm
Ein Portrait nur mit Elfenbeinschwarz gemalt.

teilen jeweils einer Primär- und Sekundärfarbe, die sechs Dritt- oder Tertiärfarben ergeben: Gelborange, Gelbgrün, Rotorange, Rotviolett, Blaugrün und Blauviolett.

Bei Farben, die auf dem Farbkreis nebeneinander liegen, spricht man von Analogfarben. Bilder, die ausschließlich mit benachbarten Farben gemalt sind, wirken harmonisch, z. B. eine Stimmung in Blau. Im Gegensatz dazu liegen die sogenannten Komplementärfarben auf dem Farbkreis einander gegenüber. Rot ist die Komplementärfarbe von Grün, Violett zu Gelb usw.; einer Grundfarbe liegt also immer eine Zweitfarbe gegenüber.

Wenn wir zwei Komplementärfarben miteinander mischen, bekommen wir Grau. Je mehr wir eine Farbe mit der ihr gegenüberliegenden mischen, desto mehr vergrauen wir sie, bis wir bei einer Mischung zu gleichen Teilen den neutralen Mittelpunkt des Farbkreises erreichen.

Mit Komplementärfarben lassen sich Kontraste schaffen und Dinge hervorheben. Eigentlich kann man die Farbe als eine dreidimensionale Erscheinung sehen: Farbton, Farbintensität und Farbwert.

Farbkreis mit Grundfarben und Sekundärfarben: Der äußere Kreis zeigt die Farben in ihrer vollen Intensität. Nach innen wurden sie stufenweise vergraut durch Hinzufügen der jeweiligen Komplementärfarbe. Im Zentrum ergibt sich ein neutrales Grau.

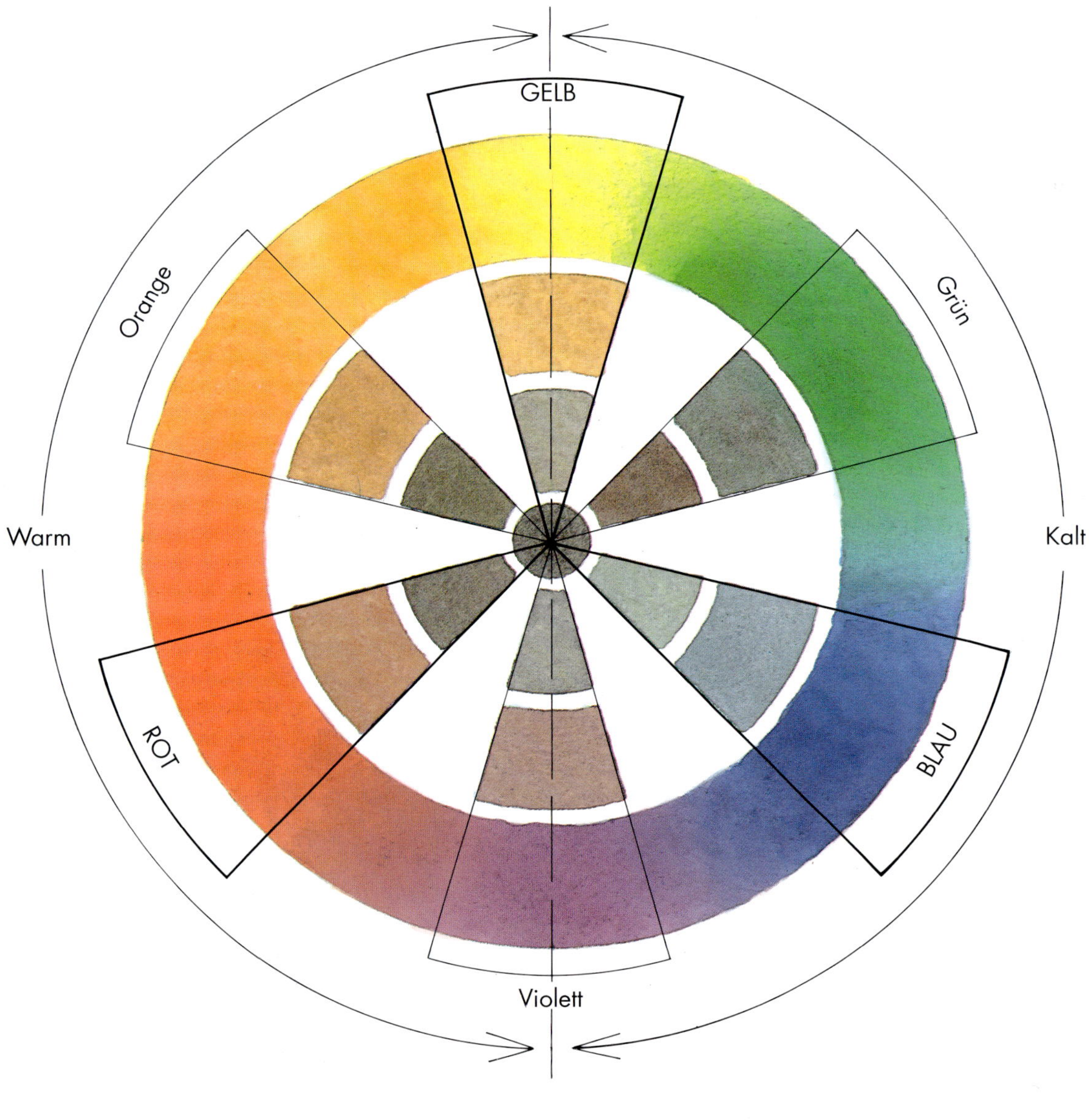

4.6.2 FARBTON

Er benennt die Farbe, also Gelb, Rot, Violett...

4.6.3 FARBINTENSITÄT

Die Farbintensität oder Leuchtkraft bezeichnet die Reinheit oder Stärke einer Farbe. Erinnern Sie sich an die subtraktive Farbmischung der Pigmentfarben. Je mehr wir die Farben vermischen, desto dunkler werden sie und verlieren ihre Leuchtkraft. Reine Farben mit maximaler Intensität sind am äußeren Rand des Farbkreises zu finden. Je mehr sie sich dem neutralen Mittelpunkt nähern, desto weniger Leuchtkraft besitzen sie. Man spricht dann von vergrauten Farben oder im Zentrum von farblosem Grau.

4.6.4 FARBWERT

Er wird auch Tonwert oder Hell-Dunkel-Wert genannt, und ist die dritte Dimension der Farbe. Gemeint ist damit die Helligkeit oder Dunkelheit einer Farbe. Sehen Sie dazu auch den Abschnitt 4.5 „Tonwerte".
Im ungemischten Zustand hat jeder Farbton einen bestimmten Tonwert. Z. B. ist Gelb heller als Grün, Violett dunkler als Rot. Natürlich kann jeder Farbton selbst auch aufgehellt bzw. abgedunkelt werden: dann wird aus Blau Hellblau oder Dunkelblau. Der Farbwert ist somit verändert, nicht aber der Farbton. Es ist immer noch dasselbe Blau.
In der Deckfarbenmalerei wird mit Weiß aufgehellt und mit Schwarz abgedunkelt. Im Aquarell allerdings sollten Sie ohne Weiß und Schwarz auskommen. Um eine Farbe aufzuhellen, verdünnen wir sie mit Wasser und erreichen dadurch, daß das Weiß des Papiers durchscheint und so die Farbe aufhellt. Eine Aquarellfarbe abzudunkeln ohne Verwendung von Schwarz ist etwas schwieriger. Wir mischen einen dunkleren Farbton dazu, wodurch die Farbe zwar dunkler, aber auch im Ton bzw. ihre Intensität verändert werden. Dies sollte Sie aber nicht stören, denn gerade dadurch erhalten Aquarelle ihre Farbigkeit auch in dunklen Stellen. Zugestanden, die Sache mit dem Farbkreis ist sehr theoretisch, aber sie dient zur Orientierung beim Malen und Mischen von Farben. Voraussetzung ist, daß Sie wissen, wo die Farben, die Sie verwenden, auf dem Farbkreis liegen. Sehen Sie dazu 3.2.4 „Aquarellfarben im Farbkreis".
In der Praxis der Malerei gibt es neben der Dreidimensionalität noch einige andere Aspekte zum Thema Farbe, mit denen wir uns beschäftigen sollten.

4.6.5 FARBTEMPERATUR

Farben können kalt oder warm wirken; man spricht von der Temperatur der Farben. Natürlich ist diese nicht meßbar wie Zimmertemperatur, sie beruht vielmehr auf psychologischer Wirkung. Farben sprechen unsere Gefühle durch Assoziationen an. Wir verbinden z. B. Rot mit Feuer und Blau mit Eis oder Wasser; Rot empfinden wir darum als warm und Blau als kalt.
Um die Temperatur einer Farbe zu relativieren, benutzen wir wieder unseren Farbkreis. Wir teilen ihn in zwei Hälften mit einer Achse durch die Grundfarbe Gelb, weiter durch die Mitte und die Zweitfarbe Violett. Auf der Seite mit der Grundfarbe Rot finden wir die warmen und auf der anderen, der blauen Hälfte, die kalten Töne. Mischt man also Rot zu Blau wird es wärmer, Gelb dagegen bringt es in den grünen Bereich, es wird kälter.
Immer ist die Wirkung einer Farbe von ihrer Umgebung abhängig. Ein violetter Punkt auf rotem Grund wirkt kalt, in blauer Umgebung dagegen wirkt derselbe Punkt warm.
Etwas Erfahrung ist erforderlich, um Farben in Bezug auf ihre Temperatur zu erkennen, aber für die Bildgestaltung und das Mischen von Farben sind diese Kenntnisse wichtig.

4.6.6 LOKALFARBE

Die Farbe von Gegenständen oder Oberflächen nennt man Lokalfarbe und meint damit die eigentliche Farbe ohne jegliche Beeinflussung von Umgebung, Licht und Schatten. Eigenfarben werden fast immer durch irgendwelche Einflüsse verändert: Licht hellt sie auf, Schatten verdunkelt sie.

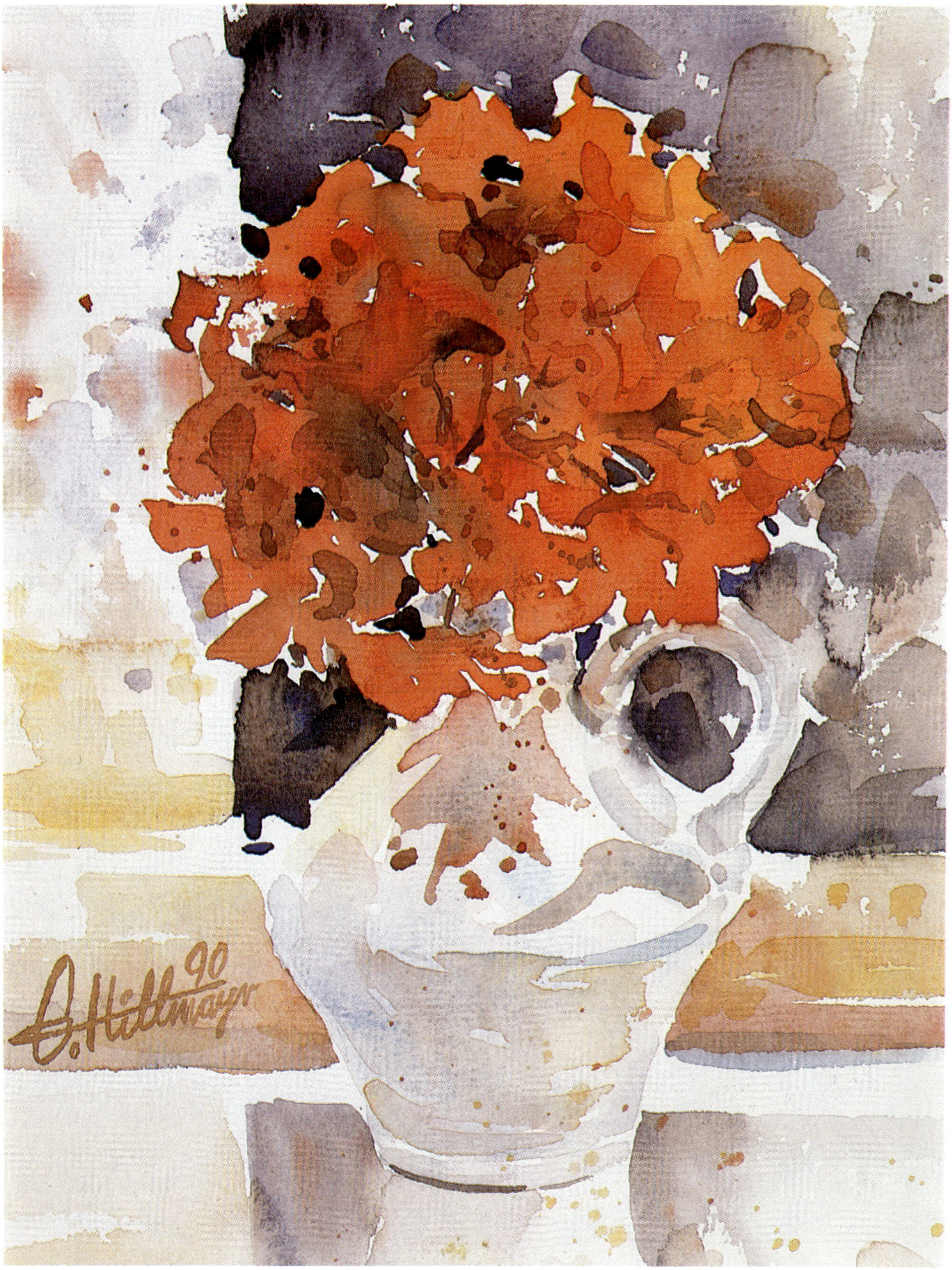
O. Hillmayr 90

linke Seite:
„Geranie", 16 × 24 cm
In Wirklichkeit hat diese Vase eine gleichmäßig graue Eigenfarbe. Hier ist sichtbar, wie diese durch Licht, Schatten und Reflexionen verändert wurde.

rechte Seite:
Licht, Schatten, Reflexionen und Atmosphäre verändern Lokalfarben und Landschaftsstimmung: Das Licht wird im Dunst gebrochen. Eigenfarben wirken durch die Atmosphäre aufgehellt, verblaut und vergraut. Das Blau des Himmels wird stellenweise vom Boden reflektiert.

Farbige Reflexionen benachbarter Körper oder Oberflächen sowie die Farbe des Lichts beeinflussen die Wirkung von Lokalfarben ebenfalls. Achten Sie auf solche Veränderungen. Es würde nicht der Wirklichkeit entsprechen, wenn alle Dinge in ihrer Eigenfarbe ohne Berücksichtigung dieser Einflüsse dargestellt wären. Mit etwas Übung wird es Ihnen gelingen, solche Veränderungen zu erkennen, und Sie werden feststellen, daß Ihre Aquarelle lebendiger, wirklichkeitsnaher erscheinen.

4.6.7 ATMOSPHÄRISCHE FARBEN

Ein weiterer Einfluß auf alle farbigen Dinge geht von der Atmosphäre aus. Manchmal wird sie sogar selbst zum farbbestimmenden Thema eines Aquarells. Wie durch einen Schleier kann sie das ganze Motiv in einen Grau-, Blau- oder bei Sonnenaufgang ganz in einen Goldton verwandeln. Licht und atmosphärische Veränderungen der unterschiedlichen Tages- und Jahreszeiten sowie Witterungsbedingungen sollten beim Malen immer berücksichtigt werden.
Hier zeige ich einige Beispiele, wie die Atmosphäre unser Motiv verändert: Aus der Ferne scheinen Berge, Bäume, Wiesen, Häuser usw. durch die Atmosphäre heller, ihre Eigenfarben wirken bläulich oder grau. Gewitter-, Regen-, Sonnenaufgangs- oder Sonnenuntergangsstimmungen sowie Nebelschleier verzaubern oft eine nicht besonders malerische Landschaft in ein wunderbares Motiv. All dies sind farbliche Veränderungen in der Natur, die von der Atmosphäre ausgehen.

Warme Farben scheinen näher, kalte und helle Töne weichen zurück. Malen Sie ähnliche Farbabstufungen, um ein Gefühl für Farbwirkungen zu entwickeln.

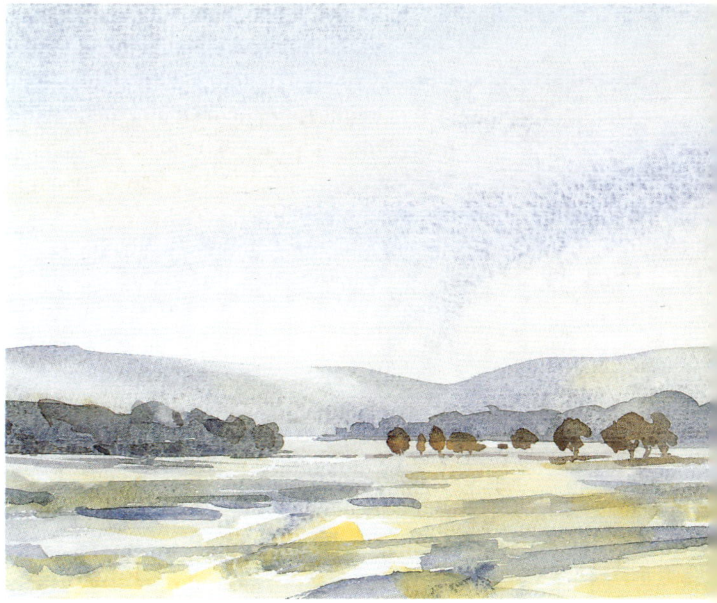

4.6.8 FARBPERSPEKTIVE

Allein durch die unterschiedliche Wirkung der Farben kann der Eindruck von Tiefe und Raum geschaffen werden.
Aufgrund der Tatsache, daß aufgehellte, vergraute oder verblaute bzw. kalte Farben zurückweichen, dagegen intensive, klare und warme Farben nach vorne drängen, kann die dritte Dimension dargestellt werden.
Selbst ohne Hilfe der anderen perspektivischen Darstellungsmittel wie Form, Linie, Kontrast usw. kann eine Tiefenwirkung entstehen.

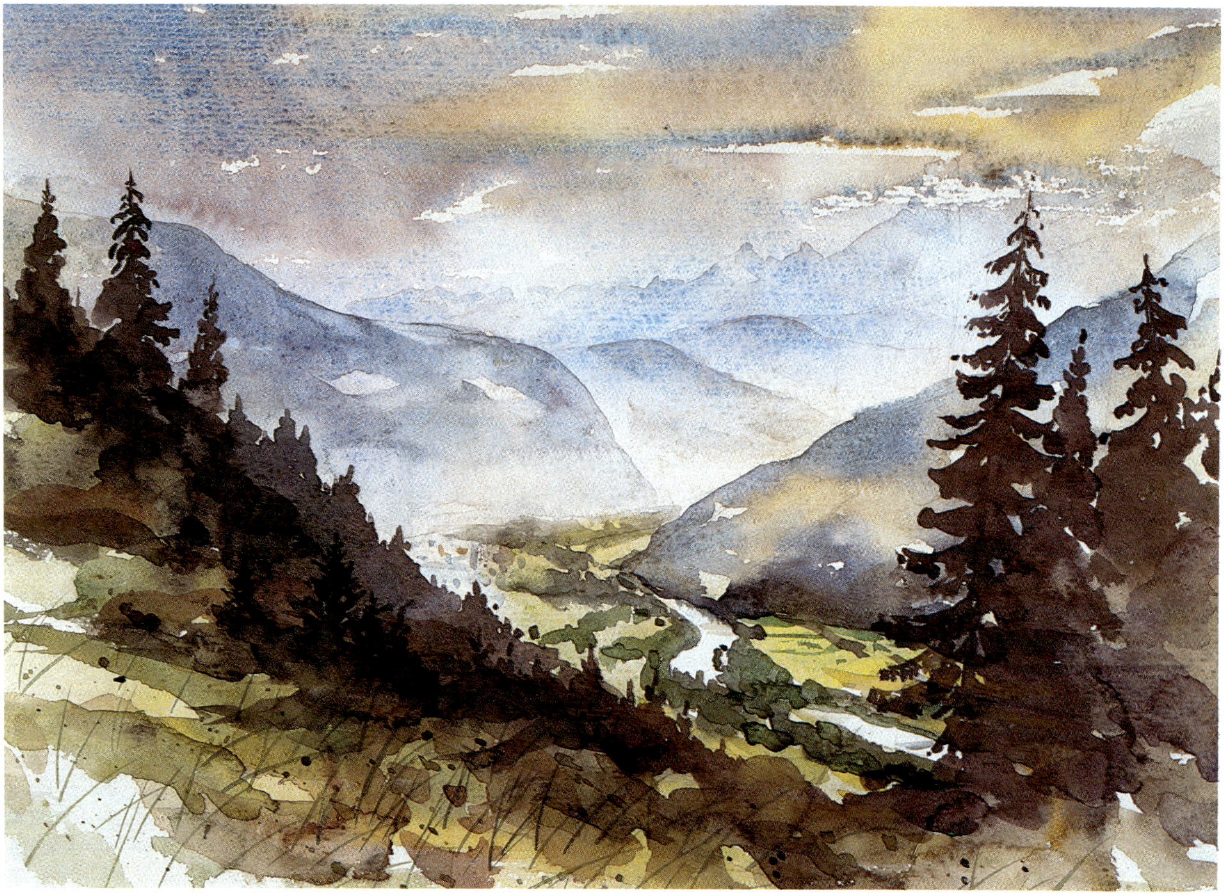

„Abendstimmung bei Ilanz, Schweiz"
30 × 22 cm

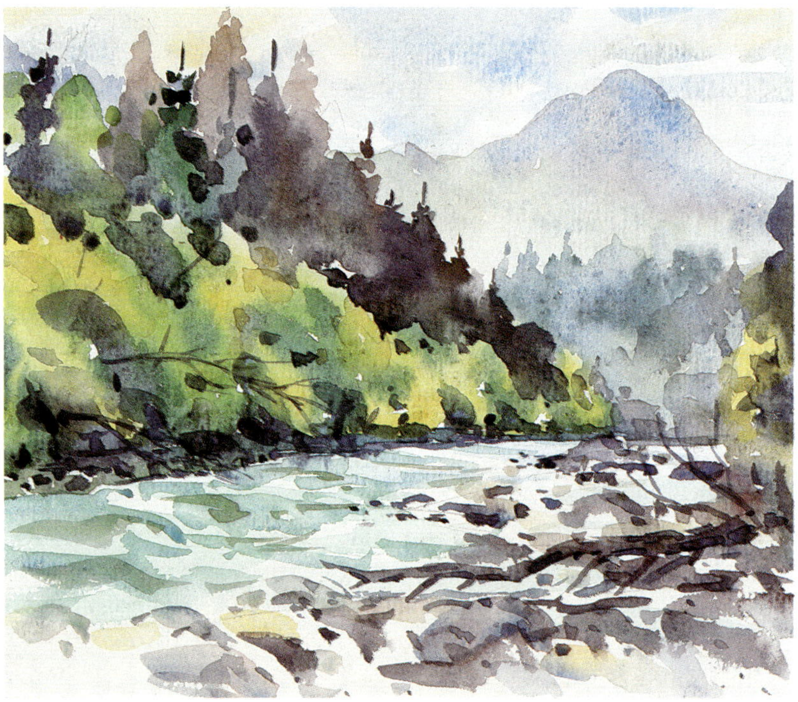

„Vorderrhein mit Piz Mundaun, Schweiz"
21 × 17 cm
Diese beiden Beispiele zeigen deutlich, wie atmosphärische Einflüsse in der Landschaft im Aquarell umgesetzt werden können.

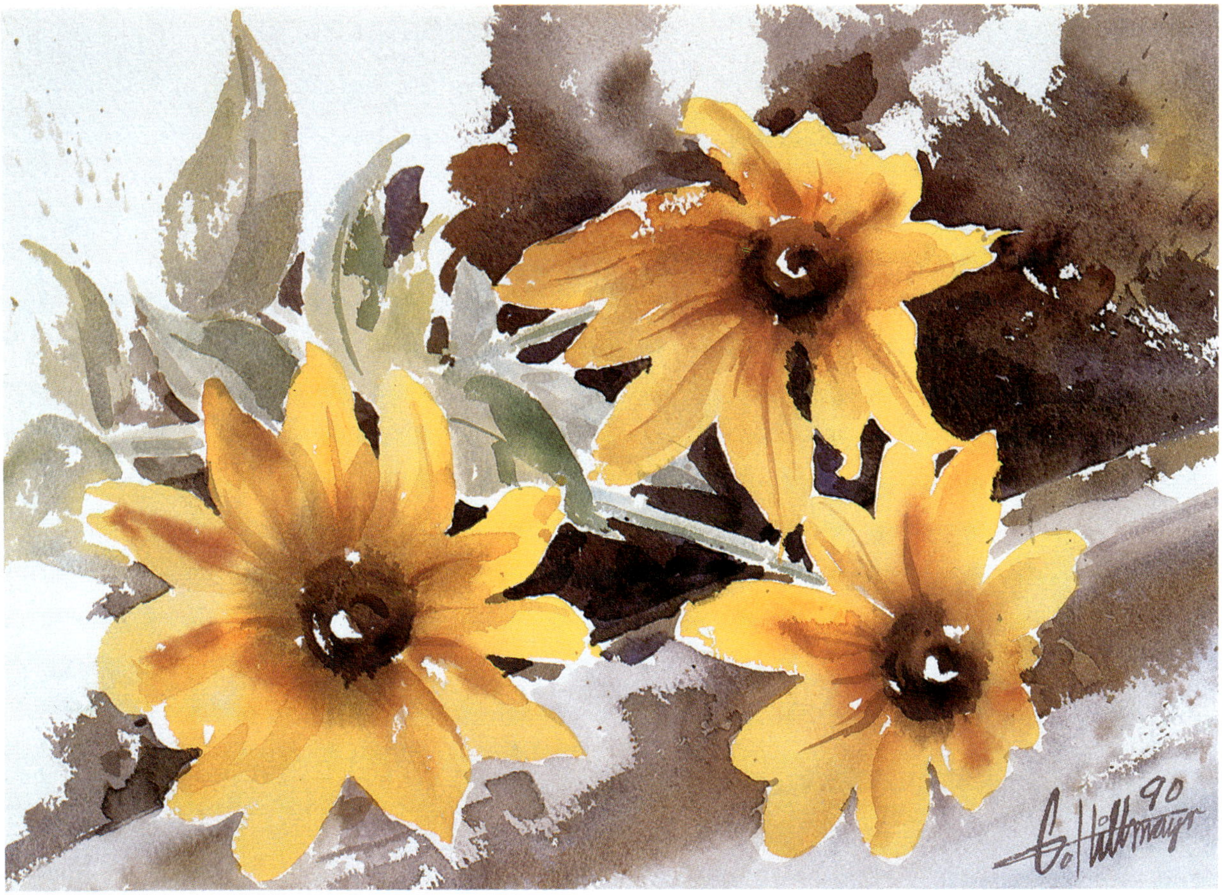

„Sonnenhut"
32 × 33 cm
Durch den starken Hell-Dunkel-Kontrast und den warmen Gelbton wirken die Blumen wie vom Sonnenlicht durchflutet.

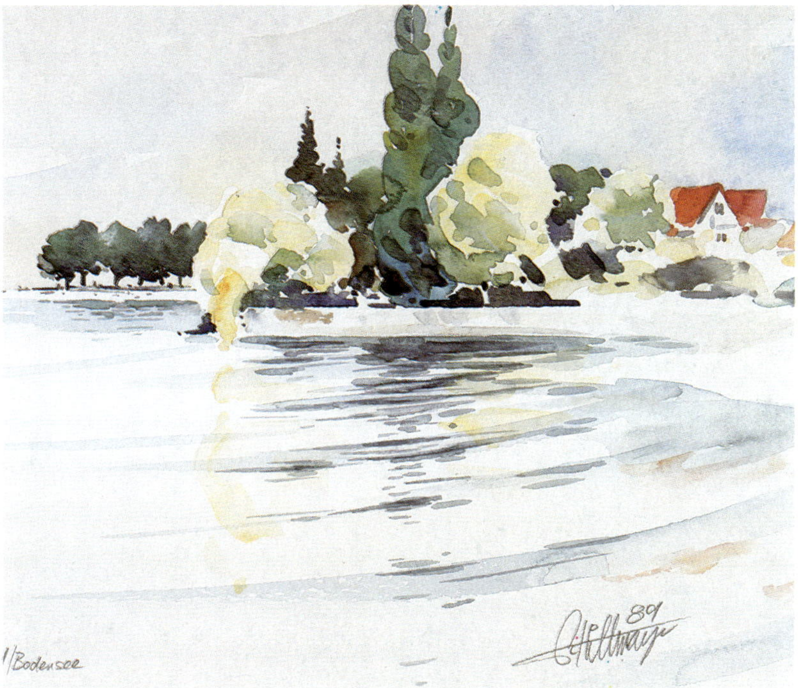

„Langenargen"
36 × 27 cm

5. DIE BILDKOMPOSITION

Sie kennen jetzt die Gestaltungselemente, die Bausteine, mit denen man Bilder baut. Dieser Vergleich mit dem Bauen verdeutlicht in einem Satz, worum es bei der Bildkomposition geht: nämlich aus vielen „Steinen", den Bildelementen, ein einheitliches und interessantes Gefüge, das Bild, zu schaffen.
Sie werden mir vielleicht entgegnen, daß Sie kein Bild konstruieren wollen, sondern nur das malen, was Sie in der Natur vor sich sehen. Genau damit beginnt das Problem. Die Vielfalt der Natur ist überwältigend. Man muß auswählen, ordnen, weglassen, ändern, hervorheben, vereinfachen... Kurzum – Bilder findet man nicht, sondern nur Motive oder Ideen als Inspiration.
Sicher hatten Sie schon einmal das Gefühl, das ideale Motiv gefunden zu haben, und mußten feststellen, daß trotz aller Bemühungen kein Bild daraus wurde. Doch keine Angst! Sie müssen Ihre Bilder nicht von langer Hand planen. Es ist auch nicht notwendig, Ihre Neigung zur Spontaneität zu unterdrücken. Im Gegenteil, Kenntnisse in der Bildgestaltung ermöglichen Ihnen, gute Motive schneller zu erkennen und das Gesehene noch treffender wiederzugeben. Sie werden mehr Spaß beim Aquarellieren haben, wenn Sie vorausdenken und nicht alles dem Zufall überlassen.
Es genügt also nicht das „Werkzeug", sprich die bildnerischen Mittel zu kennen; man muß sie richtig handhaben. In Kurzfassung will ich Ihnen sieben Grundbegriffe der Gestaltung vorstellen, die Ihnen zeigen, worauf es bei der Bildkomposition ankommt. Eine gute Komposition beruht auf der Verknüpfung bzw. dem Zusammenspiel dieser Grundsätze.

5.1 Grundsätze der Gestaltung

Hier sehen Sie eine Kurzfassung über Grundsätze der Gestaltung, die auf den nachfolgenden Seiten ausführlicher beschrieben sind.

EINHEIT = oberstes Gesetz der Komposition:
Schaffen einer ästhetischen Ordnung unter Berücksichtigung der Gestaltungsgrundsätze.

KONTRAST = Gegensätze erzeugen Spannung:
durch auffallende Unterscheidungen der bildnerischen Mittel.

HERVORHEBUNG = schafft Einheit durch Rangordnung:
durch Kontrast, Wiederholung, Plazierung, detaillierte Darstellung.

WIEDERHOLUNG = schafft Einheit durch rhythmische Bewegung:
durch mehrfaches Darstellen von Elementen.

BEWEGUNG = führt das Auge durch die Komposition und verhindert statische Langeweile:
durch Wiederholung, Abstufung, Verjüngung, Linienverläufe und Verbindungen.

BALANCE = ausgeglichene Attraktivität der Elemente schafft Einheit:
durch optisch ausgewogene Anordnung der bildnerischen Elemente.

VIELFALT = unterhaltsame Auflockerung der Einheit:
durch kreative Abwechslung der Elemente, ihrer Anordnung und Darstellung.

„Gebirgsstimmung", Aquarell, 21 × 26 cm

5.1.1 EINHEIT

Wenn ein Aquarell oder anderes Kunstwerk das Gefühl von Harmonie und Ordnung vermittelt, also als ein ästhetisches Ganzes wirkt, spricht man von Einheit. Sie ist der oberste Grundsatz der Bildgestaltung.
Unsere Aufgabe ist es, aus der Vielfalt, die die Natur bietet, auszuwählen und ein Bild mit ästhetischer Ordnung zu schaffen. Wir müssen die bildnerischen Mittel, die Formen, Farben, Tonwerte usw. so auf der Bildfläche anordnen, daß wir ein interessantes und einheitliches Ganzes erhalten.

Eine abstrakte Komposition kann ausschließlich auf den bildnerischen Elementen ohne jeden gegenständlichen Bezug aufgebaut sein. Bei der realistischen Malweise jedoch haben Formen, Farben, Tonwerte usw. wirklichkeitsnahen Bezug. Wir können also nicht immer zugunsten einer besseren Komposition das Motiv willkürlich verändern. Dennoch ist es sinnlos, beim Malen eines idyllischen, alten Bauernhauses einen modernen Wohnblock mit abzubilden, weil er eben dort steht; er würde die Einheit stören. Das wäre wie ein paar Takte Hardrock in einem Barocksatz.

Ähnlich verhält es sich mit jeder fremdartigen Linie, Form oder Farbe, die nicht in die Gestaltung paßt. Entweder muß das Element unter Berücksichtigung der verschiedenen Grundsätze integriert werden, oder es zerstört die Einheit.
Bei der Zusammenstellung eines Stillebens sollte man daher darauf achten, daß alle Gegenstände aufgrund ihrer Formen und Farben eine gewisse Harmonie eingehen.

In der Landschaft ist es natürlich nicht möglich, Dinge tatsächlich wegzunehmen oder umzustellen. Trotzdem muß eine Straße, die sich so unglücklich durch das Motiv zieht, und unser Bild als fremdartige Linie durchtrennt, abgeschwächt oder weggelassen werden. Es ist unsere künstlerische Freiheit, Motive zugunsten der Komposition umzustellen oder Teile zu verändern bzw. wegzulassen.
Nicht zuletzt trägt auch ein konstanter Stil zur Einheit eines Bildes bei; d.h. ein mit viel Aufwand ausgearbeitetes Element in einem sonst spontanen Aquarell wirkt als Fremdkörper oder Stilbruch.

Nun ist, wie Sie wahrscheinlich schon vermuten, die perfekte Einheit langweilig; erst durch Vielfalt wirkt ein Bild interessant. Befassen Sie sich dazu mit den folgenden Grundsätzen und beachten Sie das Zusammenspiel dieser Gestaltungsregeln, denn sie zeigen Ihnen, wie dieses Problem zu lösen ist.

5.1.2 KONTRAST

Um Spannung in eine sonst langweilige Ordnung zu bringen, schaffen wir Kontraste. Das Bild wird dadurch interessanter und erhält mehr Aufmerksamkeit.
Mit Kontrast bezeichnet man die auffallenden Unterschiede der bildnerischen Elemente: helle zu dunklen Tonwerten, kalte zu warmen Farben, reine zu vergrauten Farben, Komplementärfarben, große zu kleinen Flächen und Formen, runde zu eckigen Formen, gerade zu gekrümmten sowie horizontale zu vertikalen Linienverläufen...
Sie sehen, es gibt viele Möglichkeiten, um einer langweiligen Ordnung entgegenzuwirken. In der Praxis der Malerei sieht das so aus: Sie können entweder Kontraste in der Natur suchen und sie in die Komposition übernehmen oder Sie schaffen Ihre eigenen. So können Sie z. B. Dinge hervorheben oder anders gewichten.
Ein völlig uninteressantes Motiv ist beispielsweise eine Stimmung mit dichtem Nebel, nur Grau in Grau gemalt, so daß nichts zu erkennen ist. Sobald sich der Nebel lichtet und ein Baum sichtbar wird, haben wir einen Hell-Dunkel-Kontrast. Kommen nun unterschiedliche Bäume oder Baumgruppen zur Geltung, ergibt sich zusätzlich ein mehr oder weniger ausgeprägter Unterschied der Formen.
Als nächstes nehmen wir an, die Sonne durchdringt die Nebelschwaden und „belebt“ sie mit einem gelblichen Lichtton. Es entsteht zusätzlich ein Farbkontrast, und das Resultat ist ein „interessantes“ Motiv.
Als weiteres Beispiel betrachten wir ein Stilleben mit völlig identischen Äpfeln, ein einheitliches, aber kein interessantes Sujet. Spannung kann mit ein paar Pflaumen, Birnen, Trauben oder zur Abwechslung einem zerteilten Apfel erzeugt werden, also durch unterschiedliche Formen, Farben, Tonwerte und einer halbierten Form. Die Einheit wäre bewahrt durch die Verwandtschaft der rundli-

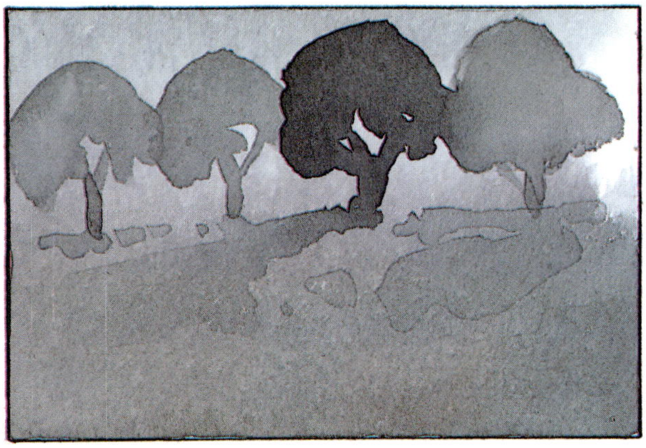
a

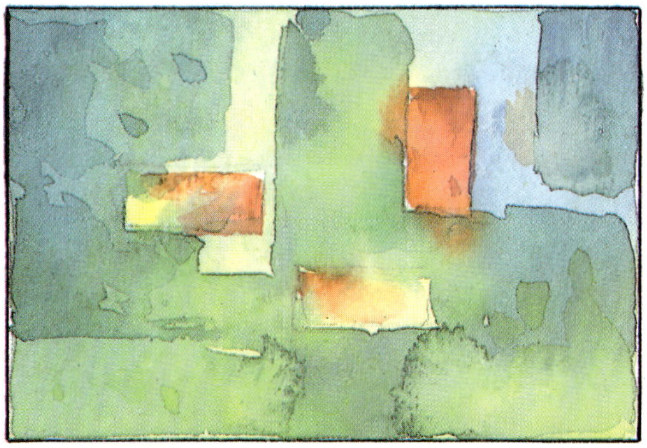
b

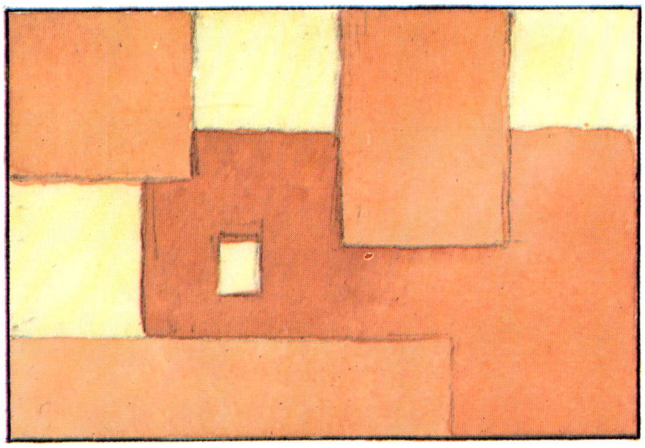
c

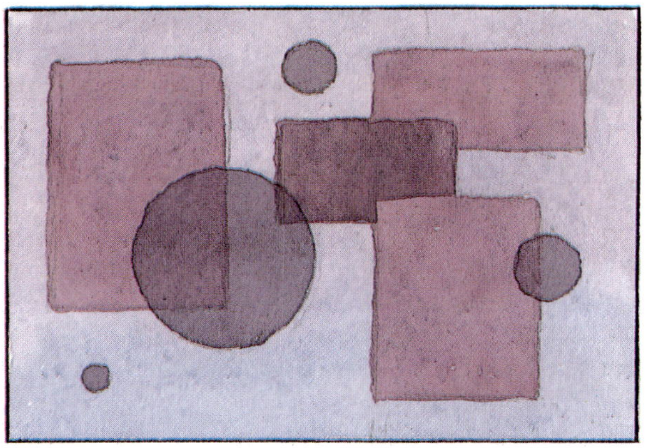
d

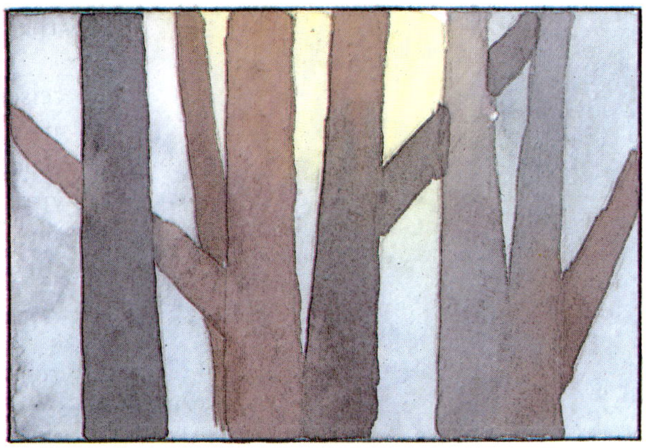
e

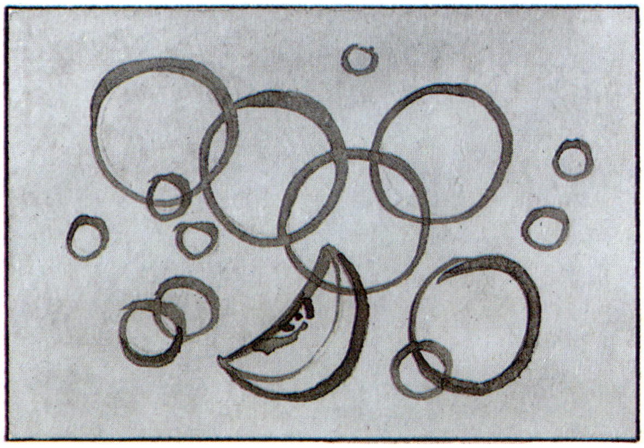
f

chen Formen und durch das Thema, das man als „Obst“ oder „Herbstfrüchte“ betiteln könnte. Natürlich können die Kontraste unterschiedlich stark ausgeprägt sein. Dies hängt von den Gegebenheiten der Komposition und von der eigenen Vorstellung ab. Bedenken Sie, daß der Kontrast einer Farbe, des Tonwertes usw. um so größer wird, je mehr diese sich von ihrer Umgebung unterscheiden.

Beispiele zu Kontrast:
a) Unterschiedliche Tonwerte
b) Kalte und warme Farben
c) Große und kleine Flächen oder Formen sowie unterschiedliche Tonwerte
d) Verschiedene Formen
e) Linienverläufe und Farbkontrast
f) Formkontrast

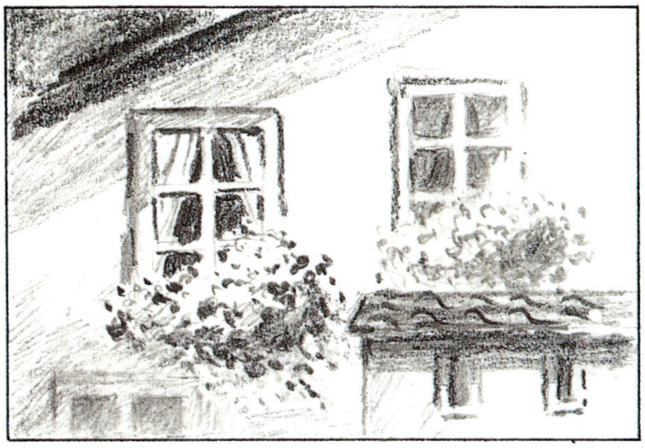

a

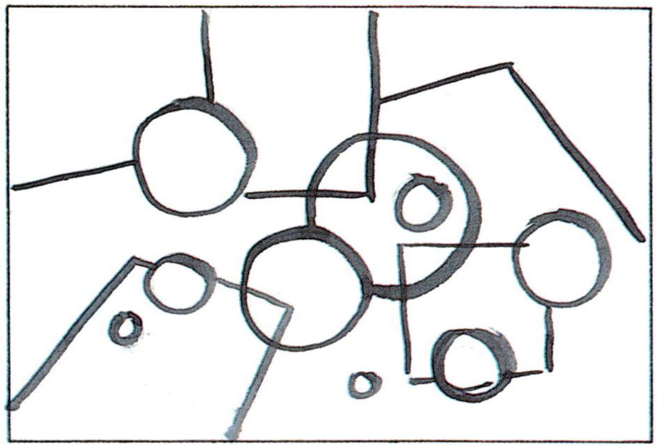

b

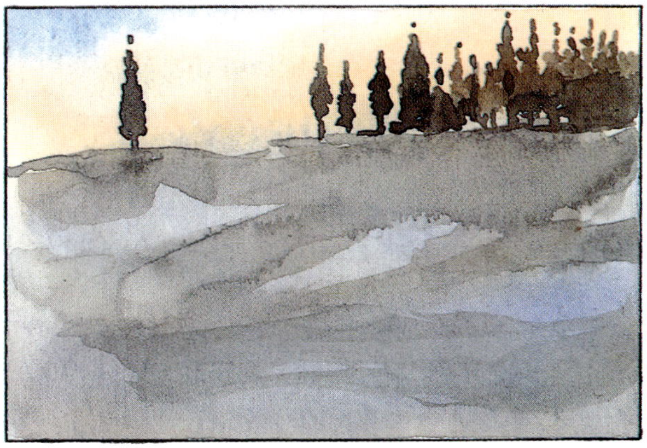

c

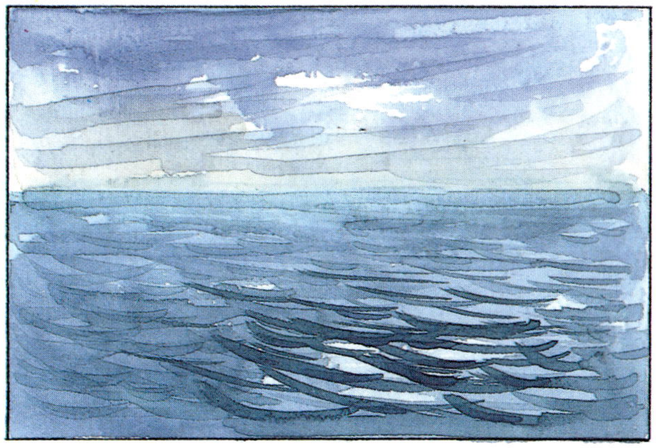

d

Beispiele zu Hervorhebung:
a) Detailliert dargestellte Dinge wie das Fenster erscheinen wichtiger.
b) Wiederholte Elemente, hier die runden Formen, dominieren.
c) Isolierte Elemente fallen auf.
d) Nicht nur Dinge, auch beliebige Stellen einer strukturierten Fläche können betont werden.

5.1.3 HERVORHEBUNG

Hervorhebung ist das Betonen von Gestaltungselementen. Wenn Dinge betont werden, treten sie hervor. Sie dominieren die Komposition und werden zum wichtigsten Element eines Bildes. Alles andere weicht zurück, wird untergeordnet. Es entsteht eine Rangordnung, die der Einheit dient. Bildkomposition hat viel Parallelen zur Musik: Die Melodiestimme ist das dominierende Element, andere Stimmen sind untergeordnet, unterstützen sie und bilden zusammen eine harmonische Einheit. Hervorgehobene Bildstellen wirken als optische Anziehungspunkte (siehe „Interessenzentrum"). Sie erhalten die größte Aufmerksamkeit und müssen unter Berücksichtigung des Gleichgewichts (siehe „Balance") gut plaziert sein.
Hervorgehoben wird in erster Linie durch Kontrast (siehe vorheriges Kapitel). Je stärker sich Dinge von ihrer Umgebung unterscheiden, desto mehr Aufmerksamkeit erhalten sie. Eine weitere Möglichkeit der Hervorhebung besteht im Wiederholen von Elementen. Sie können beispielsweise Margeriten in einem Blumenarrangement dominieren, wenn sie sich in der Mehrzahl befinden. Ebenso können irgendwelche Dinge (Linien, Farben, Formen usw.) zum wichtigsten Element einer Komposition gemacht werden. Nicht nur durch mehrfaches Darstellen, sondern ganz im Gegenteil durch Isolation können Dinge hervorgehoben werden. Stellen Sie sich vor, ein einzelnes Haus in einer weiten Landschaft oder ein alleinstehender Baum ziehen unwillkürlich die Aufmerksamkeit auf sich.
Ansätze, wie man eine Betonung bewirken kann, liefert oft schon das Motiv selbst: außergewöhnliche und auffallende Formen, Farben, Tonwerte oder Anordnungen. Nicht immer sind diese

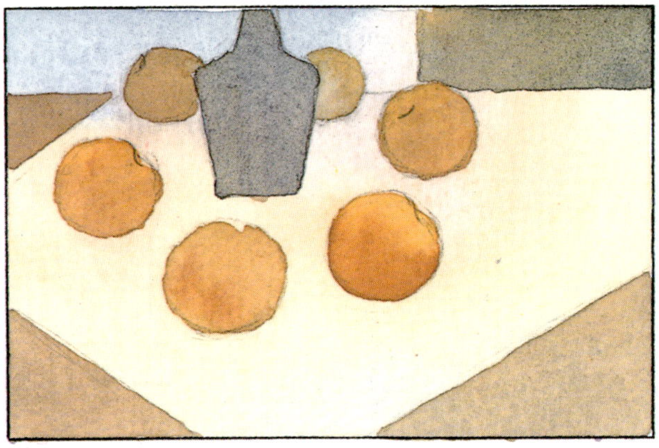

a

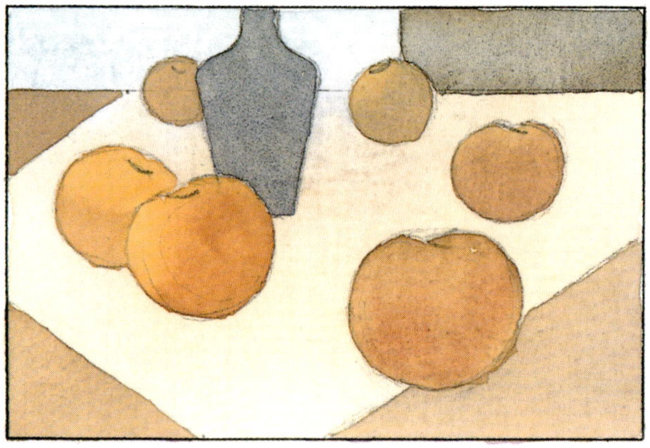

b

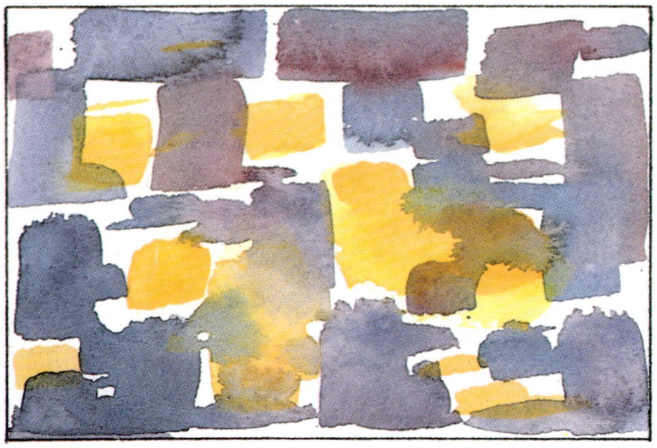

c

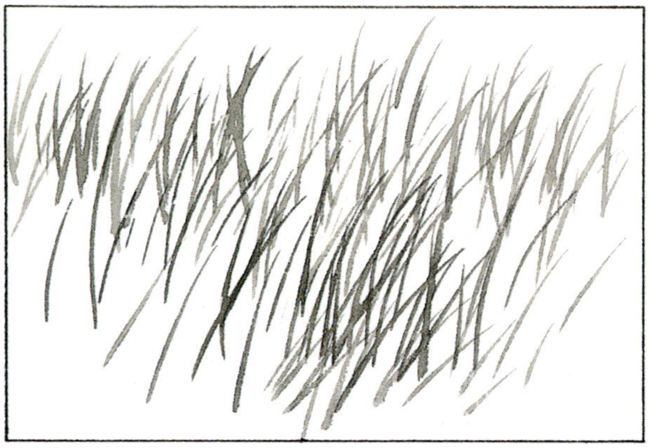

d

Beispiele zu Wiederholung:
a) Gleichmäßige Wiederholung wirkt langweilig.
b) Abwechslung in Größe und Abstand der wiederholten Elemente schafft Spannung.
c) Durch Wiederholung wirken gegensätzliche Elemente z. B. Komplementärfarben als Einheit.
d) Vielfach wiederholte Elemente werden zur Struktur.

Merkmale jedoch ausgeprägt genug. D. h. sie müssen verstärkt oder manchmal überhaupt neu geschaffen werden. Nun dürfte es kein Problem sein, die Kontraste der Farben und Tonwerte zu verstärken. Bei der Veränderung von Plazierung oder Proportionen verschiedener Gegenstände wird es etwas schwieriger; hier müssen andere Möglichkeiten gefunden werden.
Um beispielsweise die Aufmerksamkeit auf ein bestimmtes Haus eines Dorfes oder Gehöfts zu lenken, kann man es nicht größer machen oder abseits stellen, aber durch mehr Details kann es akzentuiert werden. Dadurch wirkt es wichtiger als die anderen Gebäude. Bis jetzt war die Rede von Betonung der Gegenstände. Natürlich können irgendwelche Stellen wie z. B. interessante Licht-Schatten-Situationen oder Spiegelungen auf einem See mit den besprochenen Mitteln ebenso hervorgehoben und zur beherrschenden Bildstelle gemacht werden. Was immer Sie hervorheben, Sie sollten stets darauf achten, daß Sie nicht zuviele Dinge gleich stark betonen, da sonst ein Konflikt von optischen Anziehungspunkten entsteht. Dies würde dem obersten Grundsatz der Einheit nicht sonderlich dienen. Wichtiger als die Betonung und die Aufmerksamkeit der einzelnen Teile ist immer die Wirkung des Ganzen.

5.1.4 WIEDERHOLUNG

Mit Wiederholung ist das mehrfache Darstellen von gleichen oder ähnlichen Elementen in regelmäßigen und unregelmäßigen Abständen gemeint. Wiederkehrende Dinge, Linien, Formen, Farben und Strukturen sind notwendig für die Einheit einer Komposition. Wie schon im Kapitel „Hervorhebung" erwähnt, dominieren wiederholte Ele-

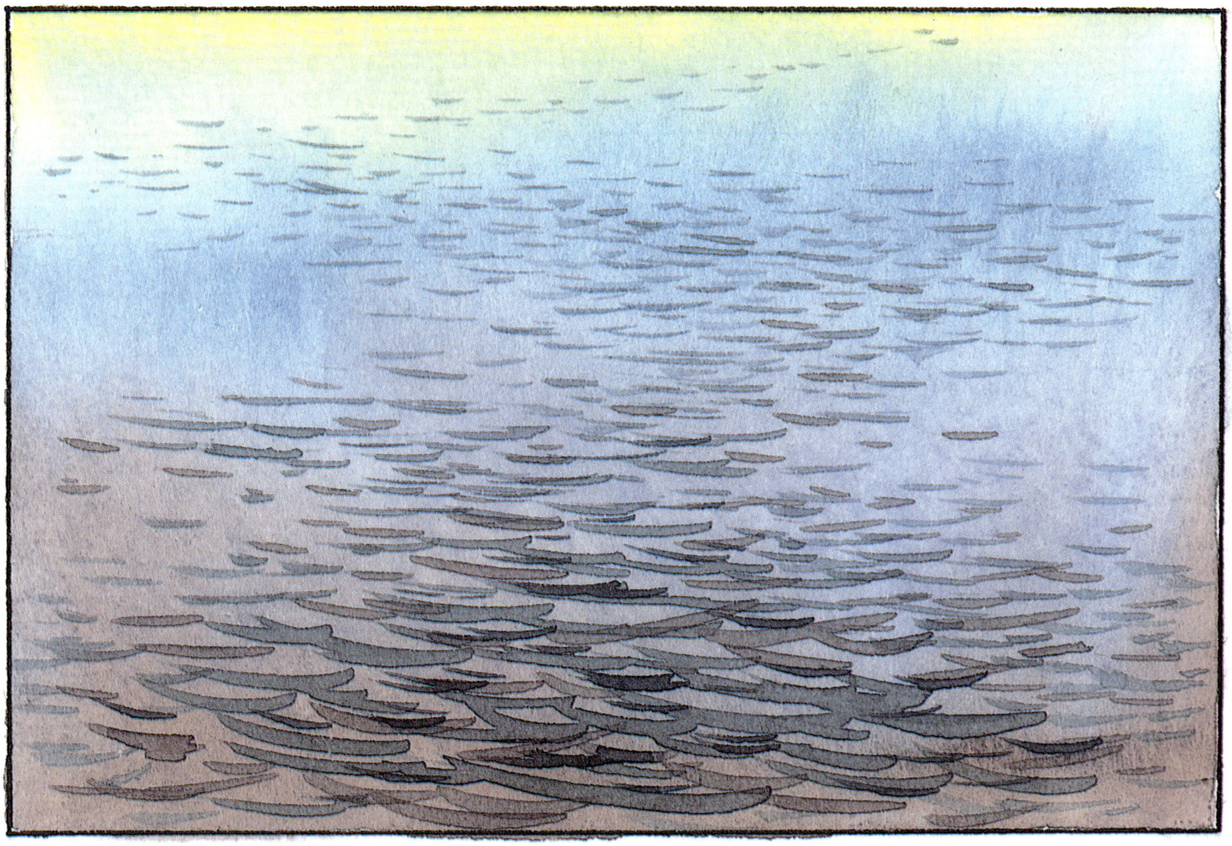

a

mente, der Rest wird untergeordnet, es entsteht Einheit. Das Prinzip der Wiederholung wird besonders deutlich in musikalischen Kompositionen, die in regelmäßigen Abständen wiederkehrenden Elemente vermitteln Einheit durch Rhythmus. Dasselbe trifft für die Bildgestaltung zu.

Der Abstand ist für das rhythmische Muster ebenso wichtig wie die Dinge selbst. Nehmen wir ein Stilleben mit identischen Äpfeln als Beispiel. In gleichen Abständen mehrfach wiederholt, stellen sie eine perfekte Einheit dar, die allerdings nicht sonderlich attraktiv ist. Monotone Wiederholung wirkt langweilig, sie braucht Abwechslung oder Vielfalt.

Variieren wir nun die Plazierung bzw. die Abstände derselben Äpfel untereinander, wirkt die Anordnung schon interessanter.

Noch größere Vielfalt erhalten wir durch eine Veränderung der Zwischenräume und der wiederholten Elemente selbst. Nicht nur Gegenstände können wiederholt werden, alle bildnerischen Mittel wie Linie, Form, Farbe usw. können nach diesem Grundsatz ein Gefühl von Rhythmus und Einheit vermitteln. Sogar fremdartige Elemente wie z. B. Komplementärfarben lassen sich durch Wiederholung und gekonnte Verteilung in eine Komposition integrieren.

5.1.5 BEWEGUNG

Mit verschiedenen Tricks können wir das Auge des Betrachters durch die Komposition leiten und dadurch Bewegung in unsere Bilder bringen. Solche optischen Pfade verhindern statische Langeweile und führen den Betrachter zu immer neuen Entdeckungen; das Bild wirkt unterhaltsam.

Bewegung kann mit unterschiedlichen Mitteln geschaffen werden. Greifen wir zuerst das vorangegangene Prinzip der Wiederholung auf.

Das Auge hat den natürlichen Drang, mehreren in Reihe angeordneten Dingen zu folgen. Dabei sollte der Weg abwechslungsreich sein und nicht zu schnell durch das Bild bzw. aus dem Bild führen. Ein gutes Beispiel ist der Weidezaun: Verläuft er

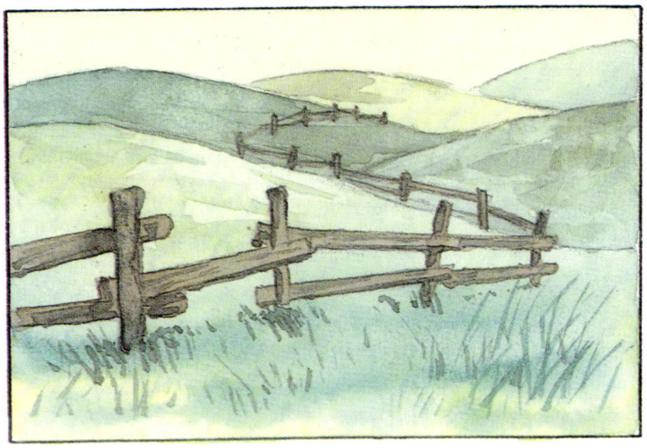

b

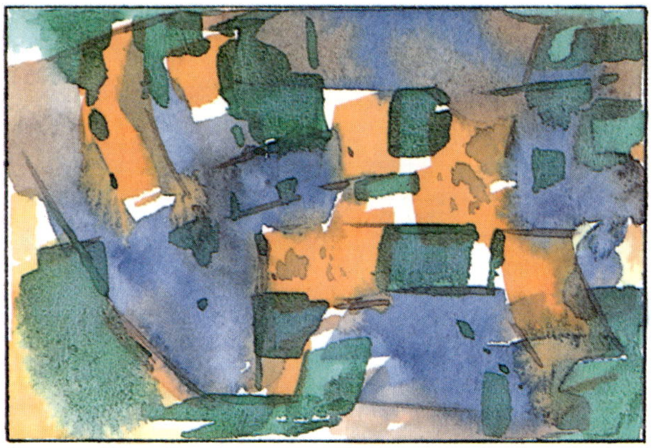

c

Beispiele zu Bewegung:
a) Das Auge folgt Abstufungen wie hier in Farbe, Helligkeit und Struktur. Es entsteht Bewegung; Zickzackverläufe bewirken Rhythmus.
b) Bewegung entsteht hier durch Wiederholung der Hügel und Zaunpfähle, Vielfalt durch Variationen. Kleiner werdende Zaunpfähle sowie Zickzackverlauf führen das Auge ins Bild.
c) Wiederkehrende Elemente wie Farbflecken, weiße Stellen, Linien usw. in entsprechender Anordnung bringen Rhythmus und Bewegung in die Komposition. Die Farbflächen wurden zum Teil miteinander verbunden, um optische Pfade zu schaffen.
d) Wenn einzelne Flächen und Formen miteinander verbunden werden, entstehen Brücken und Kanäle für das Auge.

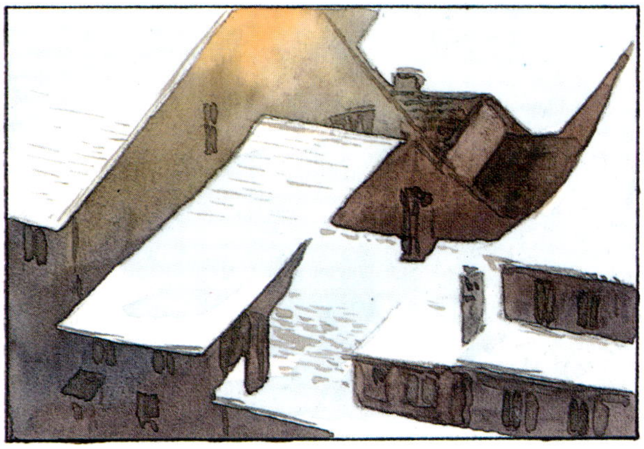

d

direkt von einem Bildrand zum anderen, bringt er zwar Bewegung ins Bild, führt aber das Auge auf dem kürzesten Weg aus der Komposition. Ein Zickzackverlauf bringt Rhythmus in die Bewegung; Schrägstellung einiger Zaunpfähle zusätzliche Abwechslung, also die erwünschte Vielfalt.

Abstufung ist ein weiterer Trick, dem Auge einen Weg zu suggerieren. von groß zu klein, von dick zu dünn, von dunkel nach hell, warm nach kalt oder von grober Struktur zu feiner. Der stärkste Punkt zieht an, die Abstufung leitet weiter. So ist es möglich, den Betrachter in das Bild zu führen und dadurch den Eindruck von räumlicher Tiefe zu schaffen.

Betrachten Sie nochmals den Zaun: Dic Pfähle im Vordergrund sind größer; je weiter sie sich entfernen, desto kleiner werden sie und die Abstände dazwischen. Es entsteht Bewegung durch Wiederholung und Abstufung. Dieselbe Wirkung kann mit beliebigen Formen, Häusern, Bäumen oder sonstigen Gegenständen erzielt werden. Generell sollten sich bei Landschaftsmotiven warme Farben, starke Kontraste und Strukturen im Vordergrund befinden. Sie ziehen die Aufmerksamkeit auf sich und leiten das Auge durch die Abstufungen weiter. Auf diese Weise wird die dritte Dimension simuliert.

Das Auge folgt ebenfalls dünner oder schmaler werdenden Formen bzw. Flächen sowie zunehmend enger verlaufenden Linien, wir schaffen Bewegung durch Verjüngung.

Eine weitere Möglichkeit sind Linien oder Linienverläufe. Sie können ebenfalls richtungsweisend sein; speziell in einem rhythmischen Muster angeordnet vermitteln sie tänzerische Bewegung.

Zuletzt noch ein Punkt, der in der Aquarellmalerei große Bedeutung hat: die Verbindung. Um das Auge durch die Komposition zu führen, sind Brücken und Kanäle, die isolierte Stellen miteinander verbinden, unumgänglich. Wenn alle Teile einer Komposition optimal miteinander verbunden oder – besser gesagt – ineinander verflochten sind, wirken sie als Einheit. Warum dieser Aspekt für das Aquarellmalen so wichtig ist und wie man diese Passagen schafft, lesen Sie im Kapitel 5.8 „Verbindungen“.

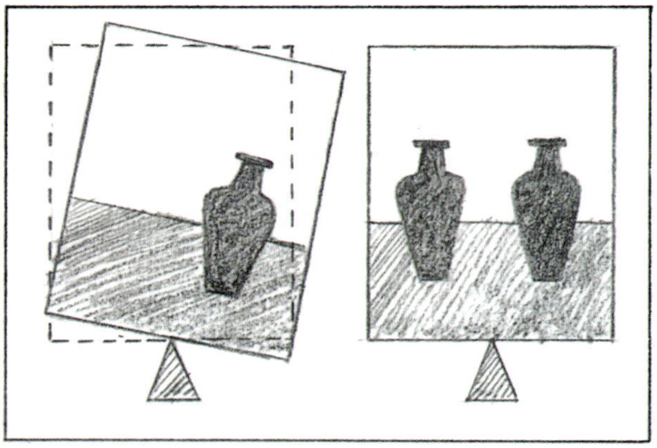

a

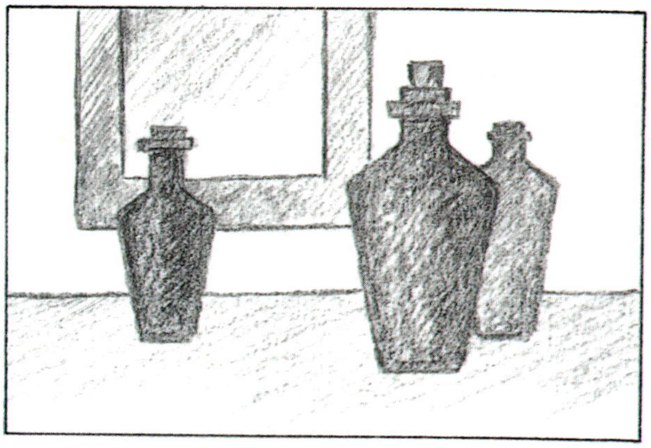

b

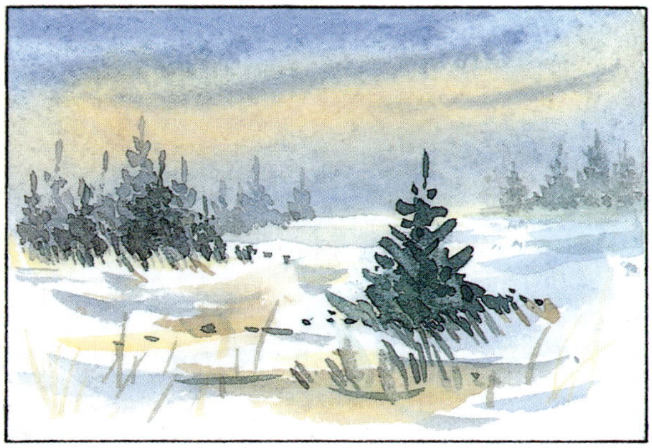

c

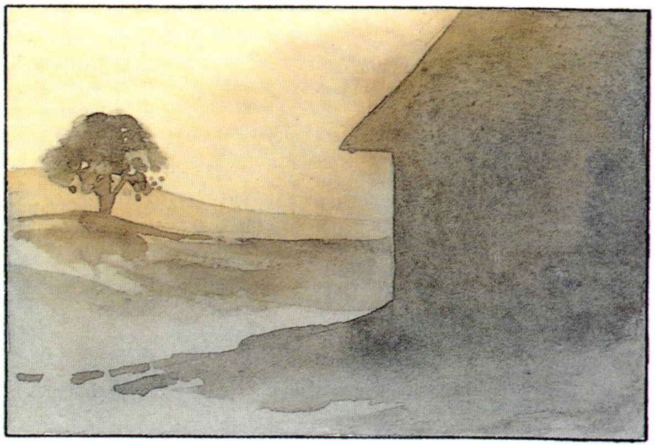

5.1.6 BALANCE

Beispiele zu Balance:
a) Links: Durch unausgewogene Anordnung scheint das Bild zu kippen.
Rechts: Symmetrisches Gleichgewicht, ausgewogen aber uninteressant.
b) Asymmetrische Balance. Beide Bildhälften unterscheiden sich und sind trotzdem ausgeglichen.
c) Die Baumgruppen im Hintergrund „wiegen" den dominierenden Baum im Vordergrund auf.
d) Durch Details und Hell-Dunkel-Kontrast „wiegt" der alleinstehende Baum die massive (Haus-)Form auf.

Balance ist das optische Gleichgewicht der Komposition. Sie dient ebenfalls der Einheit, die sich ergibt, wenn alle Teile eines Bildes in einem ausgewogenen Verhältnis zueinander stehen. Aber auch hier müssen wir wieder Langeweile durch übertriebene oder strenge Gleichheit vermeiden.
Man unterscheidet zwischen symmetrischer und asymmetrischer Balance. Im Falle der Symmetrie sind beide Bildhälften identisch, daher nicht interessant.

Asymmetrische Balance bietet dagegen endlose Möglichkeiten für Spannung und Vielfalt. Diese informelle Art der Bildgestaltung ist zweifellos interessanter, aber auch schwieriger zu bewältigen. Doch keine Angst! Nicht die Waage soll entscheiden, sondern das ästhetische Gefühl für Gleichgewicht und Proportionen.
Wie Sie sich entsinnen, gibt es viele Möglichkeiten, Flächen, Formen, Farben in einem Bild hervorzuheben, um so durch ihre entsprechende Aufmerksamkeit die Balance einer Komposition zu verändern. Bedenken Sie auch, daß nicht nur Dinge selbst einen Einfluß auf das Gleichgewicht haben, sondern auch ihre Position im Verhältnis zur Bildmitte.
Das beste Beispiel ist eine Wippe. Je mehr man das Gewicht vom Zentrum nach außen verlagert, desto größer wird die Hebelwirkung. Eine Gewichtung kann also auf vielfache Weise mit jeweils einer der erwähnten Möglichkeiten oder durch mehrere in Kombination erfolgen.

5.1.7 VIELFALT

Es war nun oft die Rede davon, daß Einheit das oberste Gesetz der Gestaltung ist und die Vielfalt so geordnet sein sollte, daß ein einheitliches Ganzes, eben eine gute Komposition entsteht. Doch ein Bild mit übertriebener Ordnung ist steif und demzufolge uninteressant, also wird Ordnung erst sinnvoll durch unterhaltsame Abwechslung, die Vielfalt.
So gesehen sind Einheit und Unterhaltung (ästhetische Ordnung und Vielfalt) die beiden wichtigsten Grundsätze der Bildgestaltung. Die Kunst besteht darin, das richtige Maß zu finden. Sie wissen, zuviel Einheit ist langweilig, ebenso wie übertriebene Vielfalt zum verwirrenden Chaos wird.

Wenn Sie sich mit den hier aufgeführten Grundsätzen beschäftigen, erfahren Sie nicht nur, wie man Einheit darstellt, sondern auch worin die unterhaltsame Abwechslung besteht. Mit Vielfalt in der Aquarellmalerei ist das Vorhandensein verschiedenartiger Dinge gemeint, die interessanten Abwechslungen der bildnerischen Mittel und ihrer Darstellung. In der Praxis der gegenständlichen Malerei entsprechen die bildnerischen Mittel – wie erwähnt – den Dingen in der Natur. Konkrete Beispiele und Anregungen, wie sie durch unterschiedliche Darstellungsweisen Ihr Bild interessanter und attraktiver machen können, werden in den „Gestaltungsgrundsätzen" beschrieben.

Auf jeden Fall sollten Sie neben dem Unterschied der Gegenstände in Größe, Form und Farbe auch auf ihre interessante Anordnung, Hervorhebung, Wiederholung, Details und Kontraste achten. Bedenken Sie, auch für die Vielfalt gibt es kein Maß und kein Rezept. Sie lebt vom kreativen Einfall, sie ist das Salz in der Suppe.

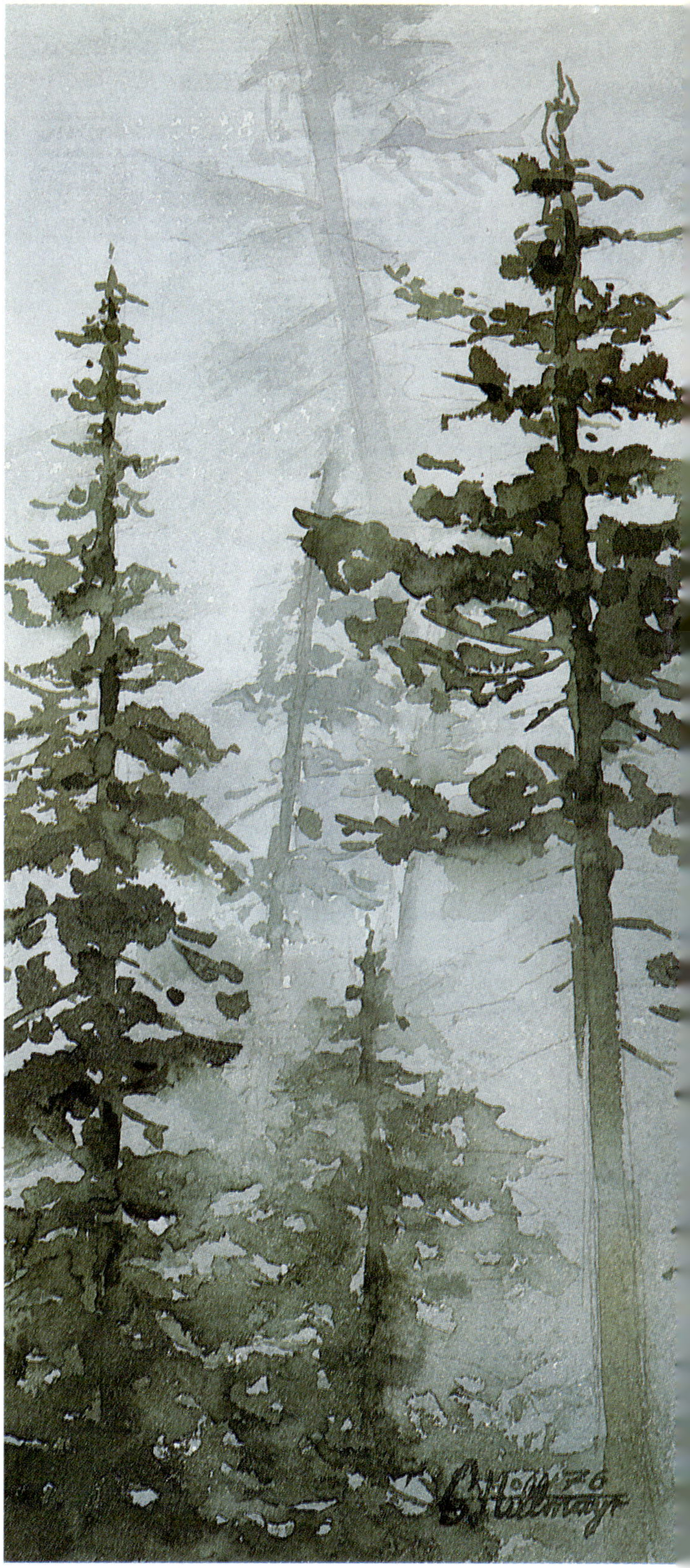

„Douglasien im Nebel", 20 × 30 cm
Einheit entsteht durch Farbharmonie und wiederkehrende Elemente, Vielfalt und Spannung durch Unterschiede in Größe, Tonwert, Linienverlauf und Detail.

5.2 Format

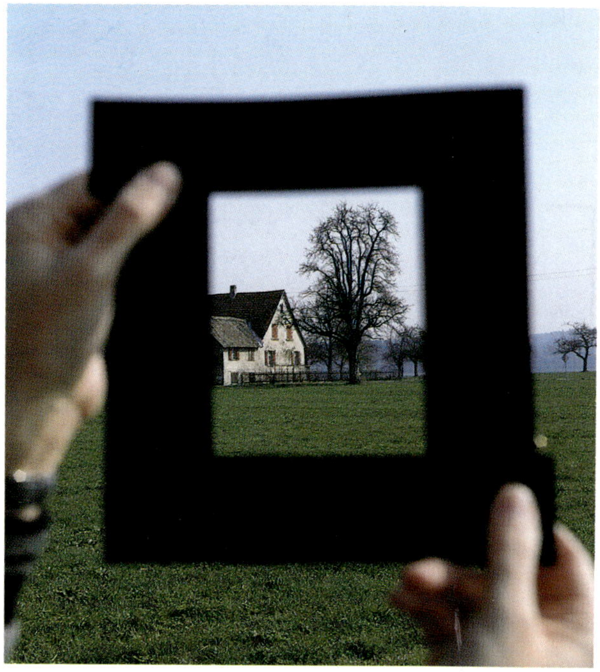

Versuchen Sie mit einer kleinen Skizze oder einem Pappkartonrahmen für jedes Motiv das geeignete Bildformat zu finden.

Die Gestaltung beginnt mit der Festlegung der Bildgrenzen, mit Überlegungen zum Bildausschnitt bzw. dem Format der Komposition. Es scheint fast selbstverständlich, daß wir das Block- oder Blattformat als vorgegebenes Bildformat akzeptieren. Unerfahrene scheitern jedoch oft an dem Versuch, ein bestimmtes Motiv in ein ungeeignetes Format zu zwängen, ohne sich im voraus Gedanken über die zur Verfügung stehenden Möglichkeiten zu machen.

Überlegungen, ob man den Block Quer- oder Hochformat verwendet, sind naheliegend, aber eigentlich geht es um das Verhältnis von Höhe zu Breite. Regeln wie der „Goldene Schnitt" können zweifelsohne zur Ermittlung von wohlgefälligen Proportionen dienen, doch ist es nicht jedermanns Sache, mit Hilfe von Lineal, Zirkel und mathematischen Formeln die Proportionen eines Bildes zu ermitteln. Wer mehr über den „Goldenen Schnitt" lernen möchte, sollte sich im Buchhandel entsprechende Literatur besorgen; es hilft auf jeden Fall ein Gefühl für harmonische Proportionen zu entwickeln.

Natürlich hat es Vorteile mit Standard-Bildformaten zu arbeiten. Man kann einheitliche Passepartouts sowie Rahmengrößen benutzen und handelsübliche Papierformate voll nutzen; jedoch leidet die Ausdruckskraft unter dieser Einschränkung.

Wie finden wir das beste Format? Nicht das Blatt oder der Block soll maßgebend sein, sondern das Motiv selbst. Es gibt Sujets, die verlangen geradezu nach einem bestimmten Format. Die unendliche Weite einer Landschaft kommt am besten im Querformat, Blumen in einer hohen Vase am treffendsten im extremen Hochformat zur Wirkung. Um herauszufinden, welche Form Ihre Komposition nun tatsächlich haben sollte, gibt es verschiedene Möglichkeiten. Die einfachste, dafür am wenigsten kreative Art wäre, nach einem Foto zu arbeiten und dessen Begrenzung als Bildrand zu übernehmen.

Etwas schwieriger ist es, in der Natur aus der Vielfalt des unbegrenzten Panoramas einen möglichst repräsentativen Ausschnitt zu finden. Nicht immer ist das beste Format für ein bestimmtes Motiv naheliegend, oft müssen wir die für das Thema passendste Lösung finden. Am einfachsten geschieht das durch die Verwendung eines Pappkartonrahmens (s. Abb.).

Blicken Sie durch das Fenster, bis Sie ein geeignetes Motiv gefunden haben. Da sich dieser Rahmen aus zwei L-förmigen Hälften zusammensetzt, können Sie das „Fenster" nach Belieben verändern und das ideale Format suchen.

Eine weitere Methode, das Motiv auf seine Bildformat-Möglichkeiten zu testen, ist die „Daumennagelskizze" (Kapitel 6.1.4). Speziell für Erfahrene ist dies eine empfehlenswerte Technik; es ergeben sich spontan oft sehr überraschende Ideen. Diese Skizzen sind sehr klein und erfordern nicht viel Zeit und Aufwand. Man kann daher richtiggehend experimentieren und das Motiv auf mehrere Möglichkeiten testen. Ein weiterer Vorteil besteht darin, daß man schon vorhandene Ansätze für bestimmte Formate verstärken, ja übertreiben kann, indem man das Motiv zeichnerisch entsprechend in die Höhe bzw. Breite zieht. Entscheiden Sie frei nach Ihrem Gefühl, welches Format den Charakter Ihres Motivs am besten zum Ausdruck bringt. Lassen Sie sich nicht davon abhalten, die Proportionen von handelsüblichen Formaten zu verändern, auch wenn diese dem allgemein gültigen

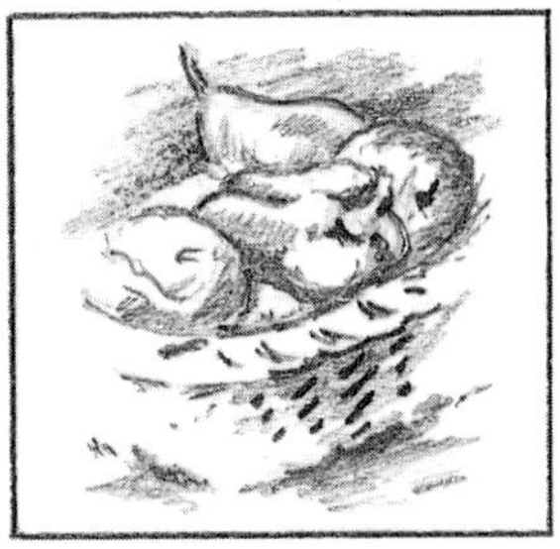

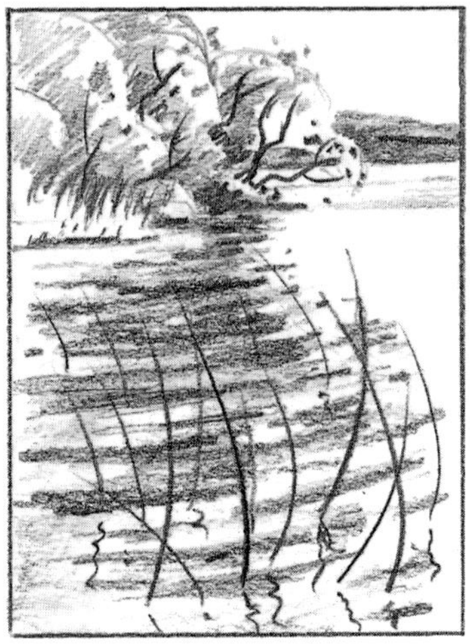

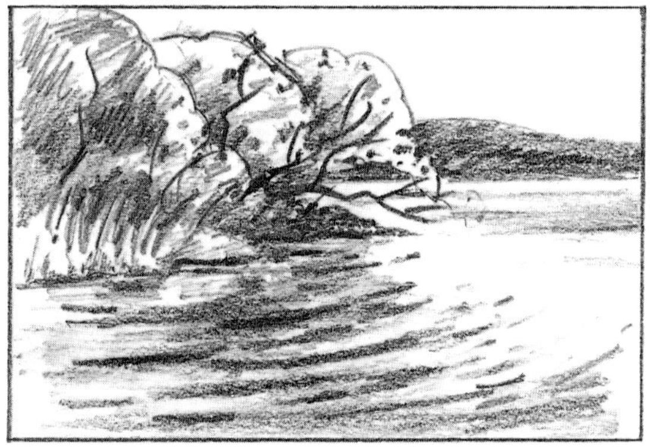

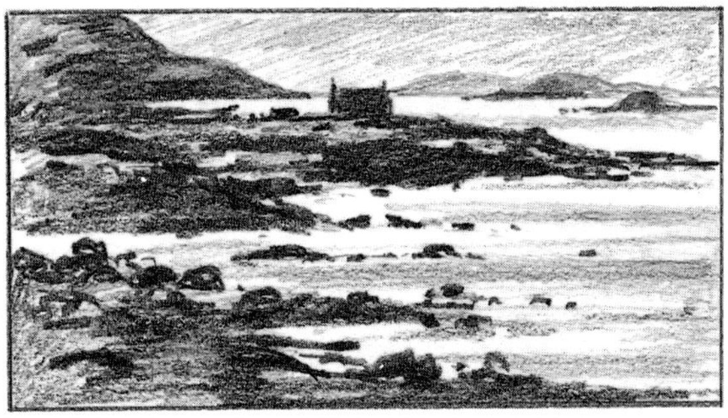

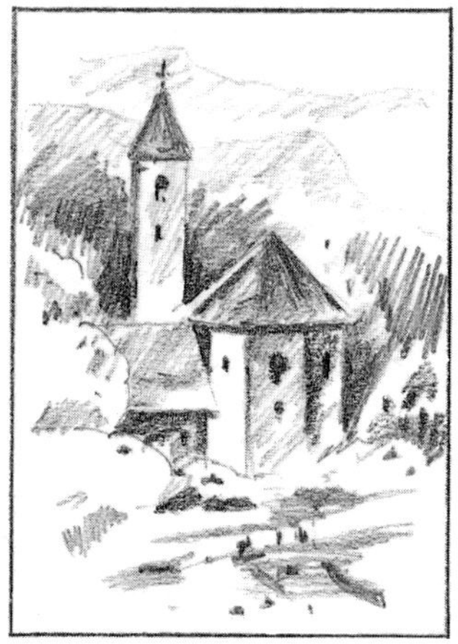

„schönsten Rechteck" entsprechen. Verwenden Sie – wenn möglich – ein größeres Blatt und legen Sie darauf Ihre eigenen Bildgrenzen fest, fühlen Sie sich nicht gezwungen, das Blatt voll auszunutzen. Oft wird ein Motiv erst durch ein unkonventionelles, ungewöhnliches Format interessant. Auf jeden Fall aber sollten die Proportionen in Verbindung mit dem Motiv einen harmonischen Gesamteindruck vermitteln.

5.3 Kompositionsformen

Speziell an Werken Alter Meister ist Ihnen vielleicht schon aufgefallen, daß die Hauptelemente nach einem gewissen Muster oder Plan arrangiert sind. In den meisten Fällen handelt es sich dabei um einfache geometrische Formen. Dadurch, daß die Vielfalt der Dinge im Bild einer bestimmten Ordnung entspricht, entsteht eine Einheit – ein weiteres Hilfsmittel also im Streben nach dem obersten Gesetz der Gestaltung.

Je besser es Ihnen gelingt, das Motiv geometrischen Formen anzupassen, desto harmonischer wirkt Ihre Komposition. Diese Gesetzmäßigkeit trifft nicht nur für traditionelle Kunstwerke zu. Es ist durchaus empfehlenswert, auch moderne Kompositionen auf einfachen Formen aufzubauen.

Der Grund dafür ist einleuchtend: Das Auge bevorzugt das Unkomplizierte, weil es leicht erfaßbar ist. Wie in den Gestaltungsgrundsätzen erwähnt, wirkt übertriebene Vielfalt verwirrend und ermüdend.

Mit Recht werden Sie nun sagen, ich zwänge mein Motiv nicht mit Gewalt in ein Dreieck oder Oval. Doch es muß ja nicht unbedingt eine geometrische Grundform sein, es genügt irgend eine Variation, ein klares und einfaches Muster. Zudem beginnt die Motivsuche oder Zusammenstellung oft schon

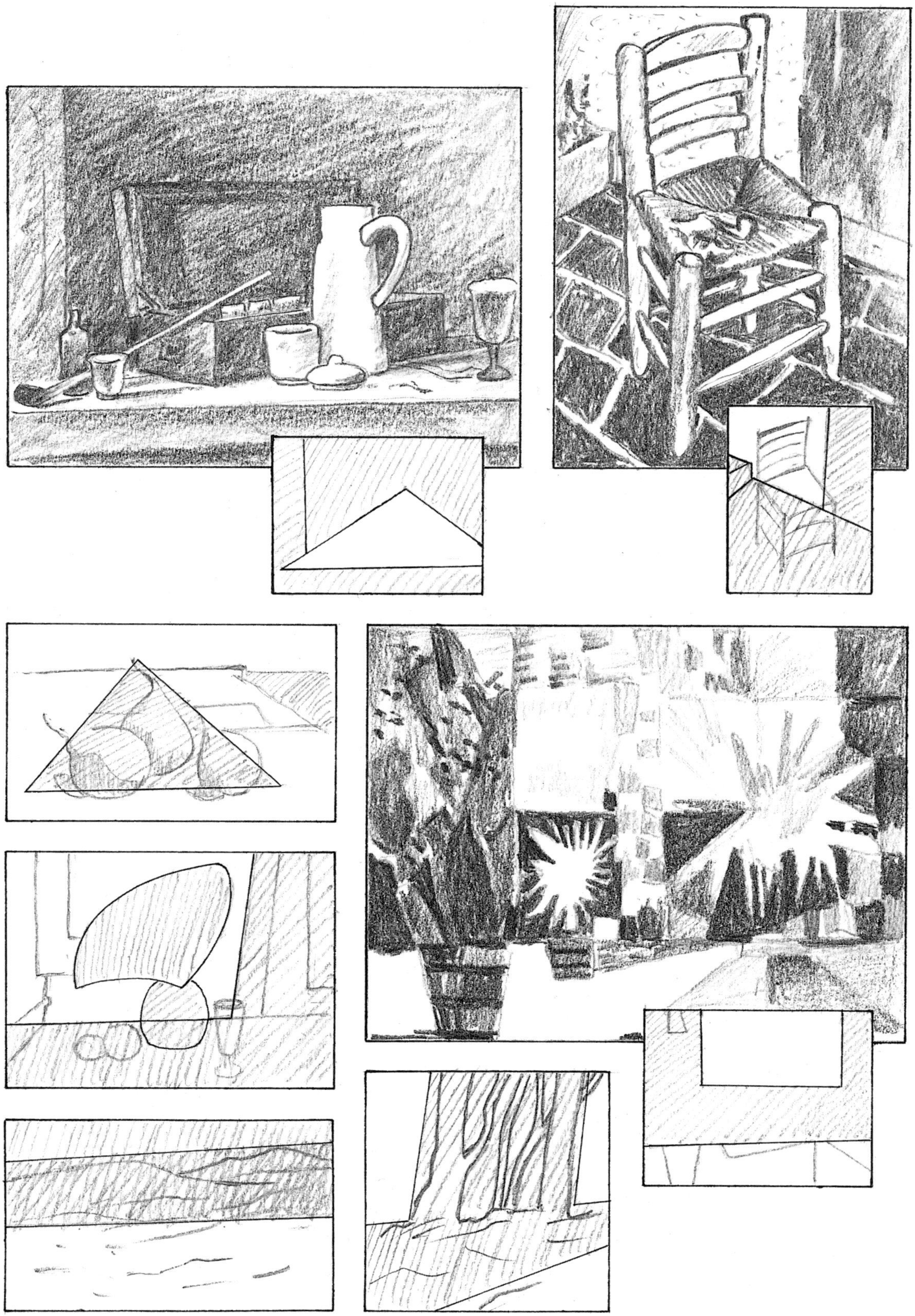

a

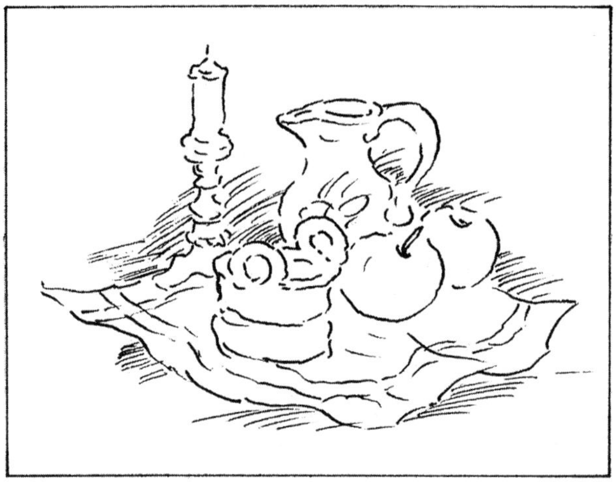

b

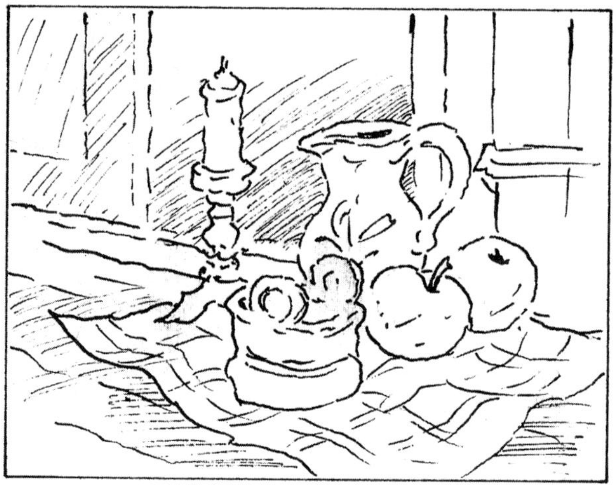

c

a) Diese Skizzen, zum Teil nach bekannten Meisterwerken (Chardin, van Gogh, Macke, Cézanne und Matisse), zeigen wie Kompositionen auf der Grundlage einfacher Schemen geordnet werden können.
b) Geschlossene Komposition.
c) Offene Komposition.

mit dem Blick nach einem dominanten Schema. Dieses kann in der Komposition noch verstärkt oder leicht verändert werden. Natürlich muß die Anordnung der Dinge nicht genau mit den Formen übereinstimmen, sondern nur ganz locker dieser Grundlage entsprechen.
Genauso wie das Format die Wirkung eines Motivs beeinflußt, kann eine charakteristische Kompositionsform dem Thema mehr Ausdruck verleihen. In den Illustrationen sehen Sie dazu einige Anregungen.

Auf eine grundsätzliche Überlegung sollte noch hingewiesen werden, nämlich ob eine Komposition offen oder geschlossen sein sollte. Wenn alle Dinge so angeordnet sind, daß sie nicht über den Bildrand hinausführen, sprechen wir von geschlossener Komposition.

Wenn es sich dagegen um einen Ausschnitt aus der Natur handelt, das Motiv also aus seiner Umgebung „ausgeschnitten" ist, haben wir eine offene Komposition. In den meisten Fällen dreht es sich wohl um die letztere.
Wenn wir uns ein typisches Landschaftsmotiv oder Stilleben mit Hintergrund bzw. Interieur vorstellen, so führen Linien und Dinge unwillkürlich über den Bildrand hinaus.

5.4 Tiefenwirkung

Selbstverständlich ist jedes Aquarell zweidimensional; es besitzt nur Breite und Höhe. Die dritte Dimension, die Tiefe also, ist eine Illusion. Wir sprechen zwar von gegenständlicher Darstellung, doch handelt es sich bei all unseren Bildelementen wie Flächen, Formen, Farben usw. ebenfalls nur um Hilfsmittel, mit denen wir das Auge täuschen. In Wirklichkeit haben wir keine richtige Wiese auf dem Blatt, sondern nur die Illusion einer solchen mit Hilfe der bildnerischen Mittel geschaffen.
Dasselbe geschieht bei der Darstellung der räumlichen Tiefe: Mit den zur Verfügung stehenden Mitteln müssen wir den besten Weg finden, die Tiefenwirkung so überzeugend wie möglich zu inszenieren. Wir gestalten also nicht nur die Bildfläche, sondern auch den Raum.
Beginnen wir, um die Sache etwas zu vereinfachen, mit der Aufteilung des Bildraums in drei Ebenen: Vordergrund, Mittelgrund und Hintergrund. Wenn wir nun logisch denken, sind wir der Lösung schon nahe: Es ist wohl selbstverständlich, daß alle Dinge im Vordergrund, also direkt vor uns am größten und deutlichsten erkennbar sind, daher klare Farben und starke Kontraste aufweisen. Im Gegensatz dazu erscheinen Dinge aus der Ferne kleiner, manchmal sogar verschwommen, mit wenig Kontrast, und die Farben sind meist etwas bläulicher oder vergraut durch die Atmosphäre. Im Mittelgrund sollte die Verbindung, also der Übergang der zwei Extremen stattfinden. Wenn

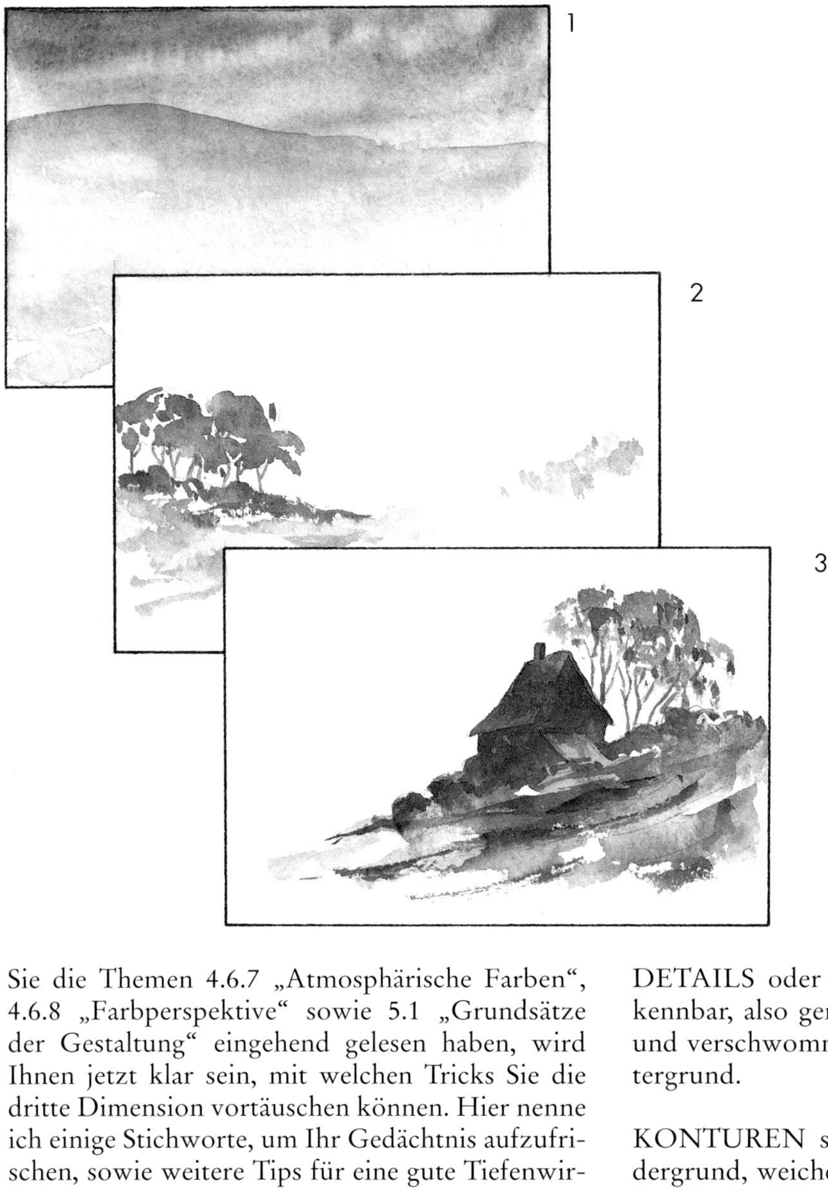

Hier eine typische Gliederung der dritten Dimension:
1) Hintergrund, 2) Mittelgrund, 3) Vordergrund.
Diese Aufteilung entspricht etwa dem Arbeitsablauf beim Aquarellieren in derselben Reihenfolge.

Sie die Themen 4.6.7 „Atmosphärische Farben“, 4.6.8 „Farbperspektive“ sowie 5.1 „Grundsätze der Gestaltung“ eingehend gelesen haben, wird Ihnen jetzt klar sein, mit welchen Tricks Sie die dritte Dimension vortäuschen können. Hier nenne ich einige Stichworte, um Ihr Gedächtnis aufzufrischen, sowie weitere Tips für eine gute Tiefenwirkung.

FARBEN im Vordergrund sind intensiver, wärmer und kontrastreicher, im Hintergrund heller, vergraut, kälter und kontrastarm.

TONWERTE sind ebenfalls sehr kontrastreich im Vordergrund und werden mit zunehmender Entfernung gleichmäßiger und heller.

FORMEN bzw. Gegenstände sind größer im Vordergrund. Je kleiner sie dargestellt sind, desto mehr vermitteln sie den Eindruck von räumlicher Tiefe.

DETAILS oder Einzelheiten sind deutlicher erkennbar, also genauer dargestellt im Vordergrund und verschwommen bis nicht vorhanden im Hintergrund.

KONTUREN sind schärfer, deutlicher im Vordergrund, weicher, verschwommener bis nicht erkennbar im Hintergrund.

VERJÜNGUNG: Dünner oder schmaler werdende Dinge sowie zunehmend enger verlaufende Linien und Konturen scheinen sich zu entfernen.

ÜBERSCHNEIDUNG: Gegenstände, die teilweise verdeckt sind, scheinen in den Raum zurückgesetzt. Ein interessanter Punkt für die Gestaltung von Stilleben.

ABSTUFUNGEN von dunkel nach hell, kontrastreich zu kontrastarm, warm nach kalt, groß bis klein usw. schaffen Tiefenwirkung.

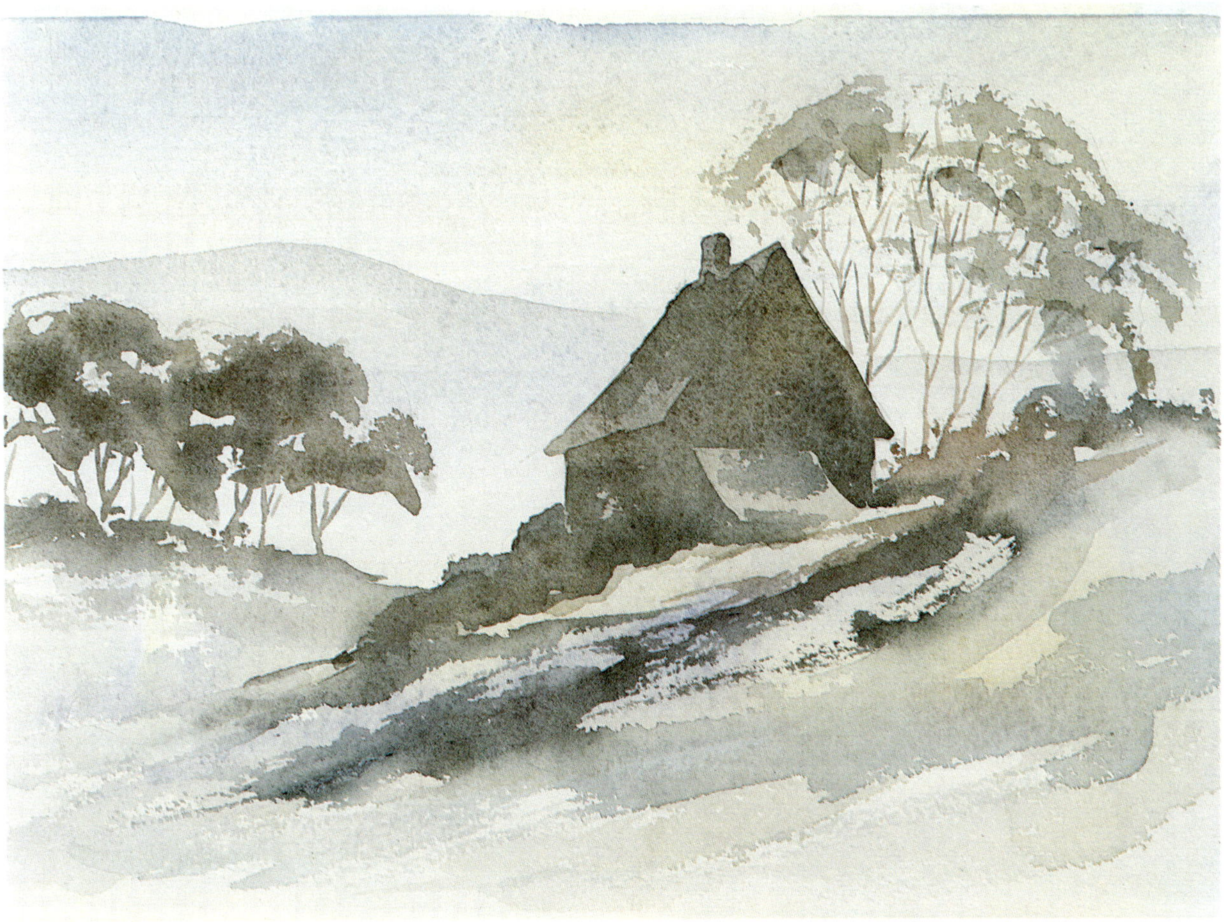

Ein Aquarell mit nur drei Farben gemalt: Lichter Ocker, Siena gebrannt und Ultramarinblau.

PERSPEKTIVE: Die korrekte, zeichnerische Darstellung der Perspektive ist Voraussetzung für die Schaffung der räumlichen Wirkung.

Zum Schluß sei noch erwähnt, daß viele der hier genannten Punkte in der Natur nicht auf den ersten Blick oder nur schwer erkennbar sind. Eine gute Tiefenwirkung hängt daher vom bewußten Einsatz oder gar von einer Übertreibung dieser Ansätze ab.

5.5 Farbe in der Komposition

Malen ist keine Angelegenheit, bei der man einfach drauflos arbeitet. Es gibt viel zu beachten, hauptsächlich die Bildgestaltung betreffend. Manche Fehler sind nicht so augenfällig, und ich möchte fast sagen, die perfekte Komposition wird uns nie gelingen. Das soll uns nicht davon abhalten, unser Bestes zu versuchen. Ein guter Ansatz dafür ist die Farbe und das nicht ohne Grund. Die Farbe wird als das wichtigste bildnerische Mittel in der Aquarellmalerei gesehen und gerade deshalb fallen hier die Mängel besonders ins Gewicht. Zugegeben, Farbe ist eine komplizierte Sache, aber dies rechtfertigt keine willkürliche Vorgehensweise. Nur weil der Farbkasten 36 Farben enthält,

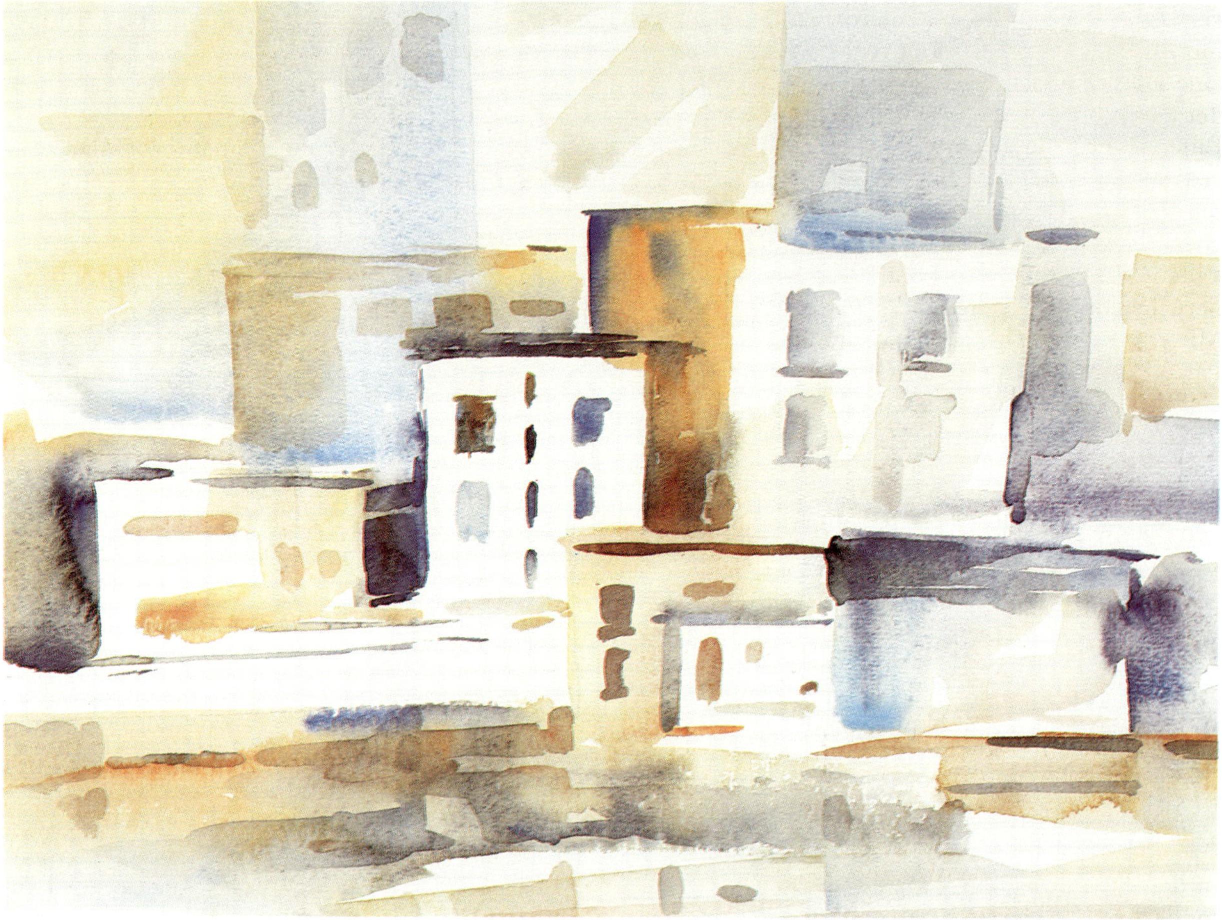

In dieser Aquarellstudie wurden die weißen Fassaden im ersten Farbauftrag ausgespart. Danach wurde alles weitere mit der Absicht so ausgearbeitet, daß das eine Haus besonders deutlich hervortritt.
Betrachten Sie dazu auch das Bild im vorherigen Thema, in dem auch ein Gebäude das Interessenzentrum bildet, jedoch dunkel dargestellt wurde.

muß man sie nicht unbedingt alle in einem Bild verwenden. Nehmen Sie sich berühmte Meister wie Turner zum Vorbild. In vielen seiner bekannten Aquarelle hat er durch dominierende Farbschemen eine erstaunliche Harmonie geschaffen. Es ist überhaupt bemerkenswert, daß Aquarellmaler mit fortschreitender Erfahrung mit immer weniger Farben auskommen. Machen Sie es sich einfacher und beginnen Sie mit einer reduzierten Palette. Wählen Sie ganz bewußt gut harmonierende Farben und Ihre Aquarelle gelingen besser.

Einige Tips und Anregungen für bessere Farbkompositionen seien hier noch genannt: Versuchen Sie ein Aquarell in nur drei Farben nach Ihrer Vorstellung zu malen, beispielsweise Ocker, Siena gebrannt und Paynesgrau. Legen Sie dabei auf interessante Hell-Dunkel-Kontraste Wert und achten Sie nicht so sehr auf genaue Reproduktion der Lokalfarben. Bei diesen drei Farben handelt es sich um Töne, die im Farbkreis ein Dreieck bilden. Mit ihnen oder irgend einer anderen Dreieckskombination kann man die Illusion einer kompletten Farbskala schaffen.
Der Versuch, alle Körper- und Lokalfarben im Bild genau zu reproduzieren, endet meist in einem Farbenchaos – ein Fehler, der typisch ist für Anfänger. Im Kapitel Lokalfarbe wurde erwähnt, daß Körperfarben fast immer von ihrer Umgebung, Licht, Schatten und Atmosphäre beeinflußt werden. Es ist also meist ein bestimmter Farbton bei jedem Motiv vorherrschend. Versuchen Sie ihn zu erkennen und machen Sie Gebrauch von dieser Tatsache; dadurch bringen Sie Harmonie in Ihr Aquarell. In diesem Zusammenhang möchte ich auf das Kapitel „Atmosphärische Farben“ 4.6.7

verweisen. Vermeiden Sie allerdings bei der Harmonisierung durch den dominierenden Farbton eine langweilige Eintönigkeit (siehe „Grundsätze der Gestaltung“ 5.1).
Eine weitere Möglichkeit, Farben zu harmonisieren, ist die Unterscheidung von warmen und kalten Farben (siehe „Farbtemperatur“ 4.6.5). Versuchen Sie festzustellen, ob in einem Motiv mehr die kalten oder warmen Töne vorherrschen, und berücksichtigen Sie dies in der Farbkomposition.
Mit etwas mehr Erfahrung können Sie dann Ihre Palette erweitern und wie Klee oder Macke auch einmal in die Vollen greifen. Bedenken Sie jedoch, daß es äußerst schwierig ist, mit sehr intensiven und kontrastreichen Farben eine harmonische Komposition zu schaffen. Der Trick dabei ist, Farben über das ganze Bild zu wiederholen, wodurch sie in die Komposition integriert werden.

5.6 Interessenzentrum

In den meisten Bildern gibt es eine Stelle, die besonders ins Auge fällt: das Interessenzentrum. Hier findet die Handlung statt wie im Brennpunkt des Scheinwerferlichts auf einer Theaterbühne. Ganz absichtlich wird hier das Thema des Bildes betont bzw. das wichtigste Element hervorgehoben.
Gleichgültig, worum es sich dabei handelt; auf jeden Fall sollte das Interessenzentrum die Aufmerksamkeit auf sich ziehen und interessant genug sein, um sie auch halten zu können. Meistens wird der wichtigste oder interessanteste Teil des Motivs zum Interessenzentrum gemacht, andererseits gibt es auch Situationen, in denen es nicht so offensichtlich ist, was in den Brennpunkt gerückt werden soll. Hier muß eine bestimmte Stelle oder ein Gegenstand gewählt und hervorgehoben werden. Achten Sie schon bei der Motivsuche darauf, halten Sie Ausschau nach interessanten Dingen, die sich als Interessenzentrum und damit als Grundlage für Ihre Bildgestaltung eignen. Dies kann z. B. ein besonderer Baum, eine idyllische Hütte oder für Stilleben irgendein liebgewonnenes, beachtenswertes Sammlerstück ebenso wie ein alltäglicher Gebrauchsgegenstand sein. Dinge, die das Auge des Betrachters anziehen sollen, müssen durch ihre Form, Farbe, Tonwert, Anordnung usw. auffallen. D. h. sie sollten sich durch Kontrast oder Plazierung von ihrer Umgebung unterscheiden. Mehr dazu erfahren Sie im Kapitel 5.1.3 „Hervorhebung“.

5.7 Wechselwirkung

Es gibt kaum eine bessere Möglichkeit, Spannung in ein Aquarell zu bringen, als durch die Darstellung von Positiv und Negativ, dem Unterschied zwischen Dunkel und Hell, Gemaltem und Ausgespartem, Vorhandensein und Nichtvorhandensein. Als Aquarellisten sind wir immer auf der Suche nach Möglichkeiten, Stellen im Bild hell oder weiß zu lassen.
Es gibt eindeutige Ansätze dafür wie beispielsweise Schnee, weiße Fassaden oder irgendwelche hellen Dinge. Um uns herum sind genug Anhaltspunkte für diese gestalterische Möglichkeit, wenn sie auch nicht auf den ersten Blick erkennbar sind. Natürlich ist es manchmal erforderlich, die Hell-

Die Lithographie „Die Stickerinnen“ von Théodore Fantin-Latour, nach der diese Skizze gemacht wurde, ist ein wunderbares Beispiel für Wechselwirkung: eine interessante Abwechslung und Verflechtung von hellen und dunklen Stellen.

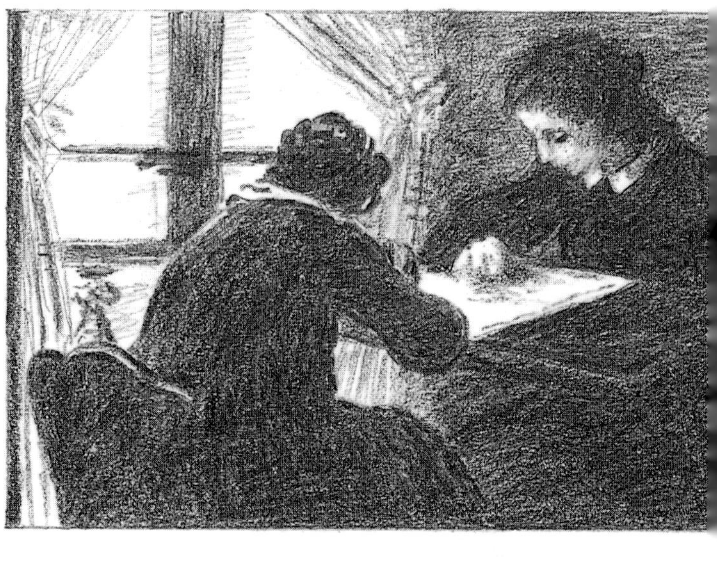

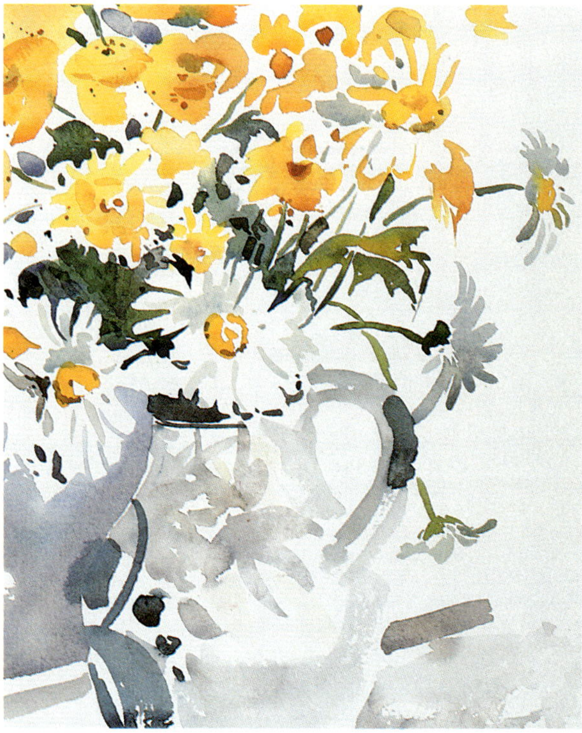

Ausschnitt aus „Geburtstagsstrauß", Aquarell 31 × 49 cm von Seite 8.
Hier eine Möglichkeit, wie das Prinzip der Wechselwirkung im Aquarell angewendet werden kann.

Dunkel-Unterschiede zu übertreiben, also Dinge heller bzw. dunkler darzustellen, als sie in Wirklichkeit sind, oder ganz wegzulassen, um so die Wechselwirkung zu forcieren.
Machen Sie es sich zur Gewohnheit, die Dinge daraufhin zu untersuchen, ob sie heller oder dunkler sind als ihre direkte Umgebung, und Sie werden feststellen, es findet eine konstante Abwechslung, eine „Wechselwirkung" statt. Dieses Phänomen zu nutzen, ist eine der größten Herausforderungen der Aquarellmalerei.
Da es aber nicht damit getan ist, irgendeine Stelle des Papiers weiß bzw. hell zu lassen, und es andererseits sehr gewöhnlich, wenn nicht gar einfallslos wirkt, wenn das ganze Bild zugemalt wird, sollten wir auf eine interessante Wechselwirkung achten. Es ist also wichtig, daß ein abwechslungsreiches Muster entsteht von Dunkel und Hell, von Gemaltem und Ausgespartem, das alle Elemente zu einem Ganzen verflicht und eine rhythmische Wirkung vermittelt. Das Aquarell lebt von solchen Gegengewichten, deren Beziehungen erfrischend kreativ wirken.

5.8 Verbindungen

Unter 5.1.5 „Bewegung" wurde erwähnt, wie wichtig es ist, optische Pfade zu schaffen. Ungeübte Hobbymaler tendieren häufig dazu, einzelne Dinge zu malen. Es entsteht ein Chaos von in sich abgegrenzten „Inseln". Um dies zu vermeiden, sollte man versuchen, Zusammenhänge und Passagen darzustellen. D. h. „Brücken" und „Kanäle" müssen gebaut werden, um einzelne Elemente und Bildstellen miteinander zu verbinden. Speziell der Aquarelltechnik kommt es entgegen, mehrere Dinge zu einem Arbeitsgang zusammenzufassen. Es wäre sehr umständlich, immer ein Element für sich zu malen, abzuwarten, bis es trocken ist, um dann fortfahren zu können, ohne daß die Konturen verfließen. Warum machen wir also nicht gleich aus der Not eine Tugend, verbinden mehrere Elemente miteinander und erreichen dadurch, daß wir das Motiv vereinfachen, sehr rasch arbeiten können und ein zusammenhängendes, einheitliches Bild erhalten. Natürlich kann auch das nicht willkürlich geschehen. Wir müssen uns schon im voraus Gedanken darüber machen, welche Dinge miteinander verbunden werden könnten, ob es nun aufgrund ihrer Farbe oder Helligkeit vergleichbare Elemente sind oder eine Gruppe von mehreren unwichtigen Formen im Hintergrund, die zu einer neuen, größeren Form zusammengefaßt werden können. Eine ständige

Wenn Dinge wie hier Bäume und unterschiedliche Flächen des Gebäudes miteinander verbunden werden, schließen sich viele kleine Formen zu großen zusammen. Das Motiv wirkt einfacher und geordnet. Solche Verbindungen, ob hell oder dunkel, dienen als Brücken für das Auge.

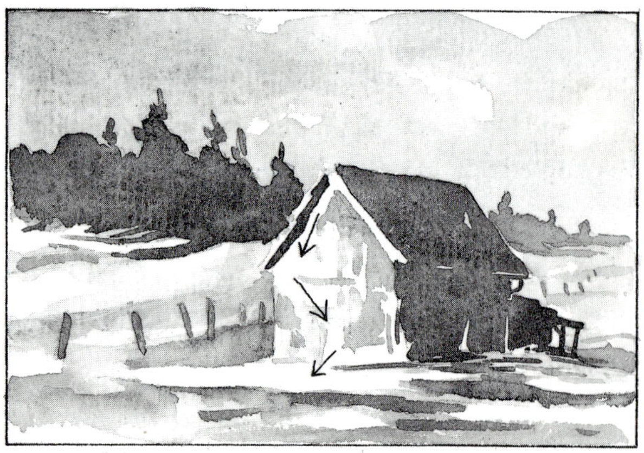

Herausforderung, Dinge zu vereinfachen und zu verbinden, finden wir oft schon im Motiv selbst. Nicht immer sind Anhaltspunkte dafür in der Natur vorhanden, manchmal müssen wir uns auf die künstlerische Freiheit berufen und Verbindungen scheinbar willkürlich herstellen. Dabei kommt uns das Wesen der Aquarelltechnik entgegen: Wenn an einer bestimmten Stelle die aufgetragene Farbe noch nicht ganz trocken ist und diese beim Bemalen der anschließenden Fläche mit dem Pinsel berührt wird, schwappt die Farbe über. Es entsteht eine scheinbar zufällige Verbindung, eine spontane Brücke. In unserem Streben nach hellen oder weißen Stellen im Aquarell können wir natürlich auch mit unbemalten Flächen Passagen für das Auge schaffen. Wichtig dabei ist deren Anordnung. Lesen Sie dazu die Grundsätze 5.1.4 „Wiederholung“ und 5.1.5 „Bewegung“. Kleine Unterbrechungen in den Passagen sorgen für Abwechslung; das Auge überspringt sie und folgt weiter dem vorgegebenen Pfad. Fassen wir zusammen: Verbindungen schaffen Passagen und vereinen oder vereinfachen Bildelemente.

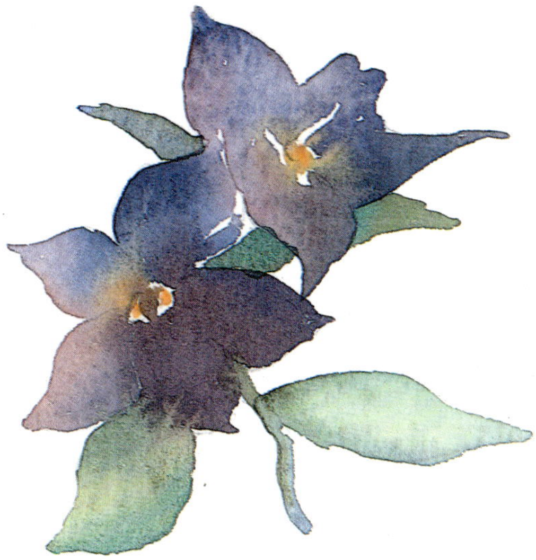

Durch Verbindungen werden einzelne Elemente zu einer interessanten Einheit.

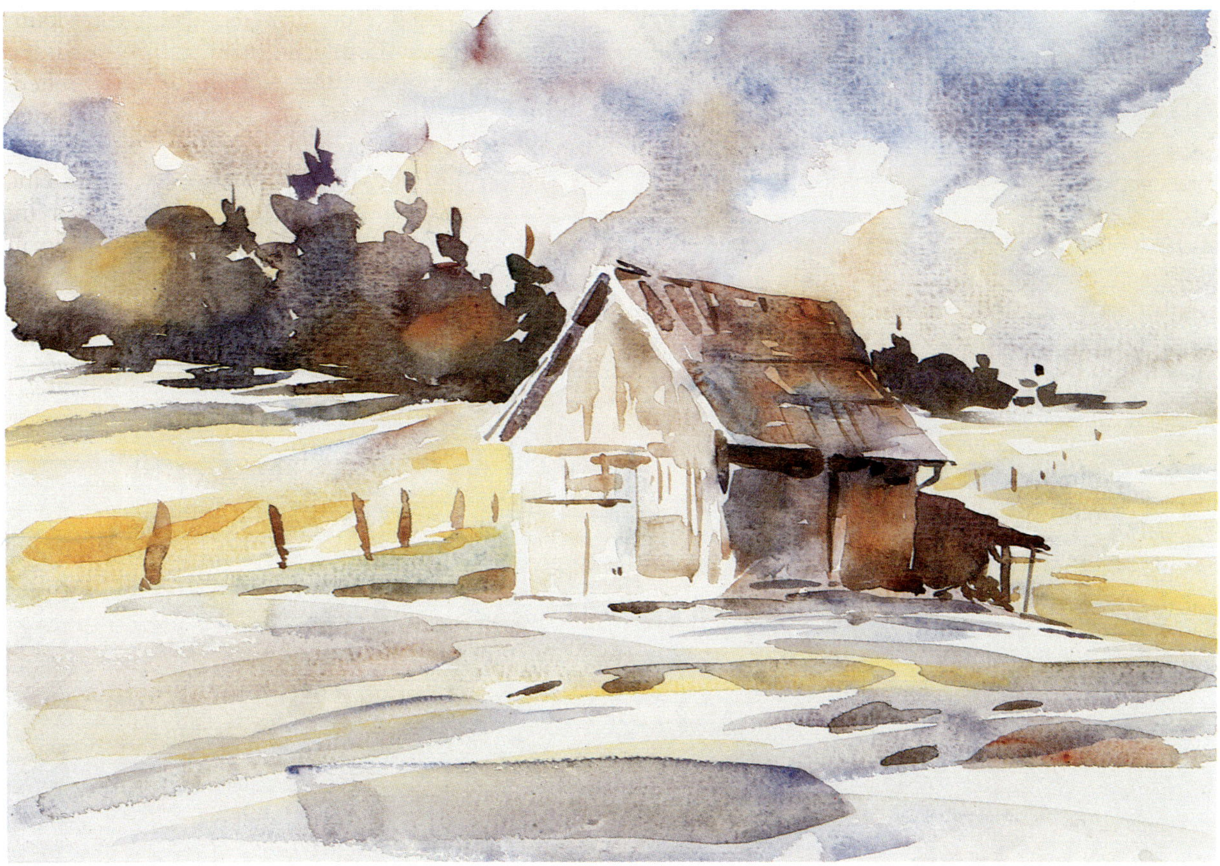

5.9 Komposition und Intuition

Sobald wir eine Linie oder einen Punkt auf das Papier bringen, beginnt die Gestaltung, denn wir machen uns Gedanken, was richtig und was falsch sein könnte. Seit jeher sind Künstler auf der Suche nach Regeln und verborgenen Gesetzen, die unseren Gefühlen entsprechen. Aber selbst die ausführlichsten Theorien können uns keine Lösungen für alle Gestaltungsfragen bieten.
Zugegeben, Kenntnisse von Harmoniegesetzen wie der „Goldene Schnitt" und den hier besprochenen Gestaltungsgrundsätzen können sehr hilfreich sein und die kreative Arbeit erleichtern. Die Gestaltung eines Bildes bleibt trotzdem eine sehr individuelle Angelegenheit und nicht zuletzt auch Gefühlssache.
Auch eine noch so ausgefeilte Technik kann eine schlechte Komposition nicht aufwiegen. Deshalb finde ich es unumgänglich, daß Anfänger, nachdem sie etwas geübter im Umgang mit der Aquarelltechnik sind, sich an Fragen der Gestaltung wagen. Mit zunehmender Erfahrung wird sich dann von selbst ein Bedürfnis nach mehr Wissen, nach der einen oder anderen theoretischen Richtschnur entwickeln.
Es ist schwierig, die Gesetzmäßigkeiten der Gestaltung in Worte zu fassen, denn letztendlich beruht visuelle Harmonie auf gefühlsmäßiger Beurteilung. Es sollen hier auch keine allgemeingültigen Regeln angeboten werden, mit denen jedes Problem gelöst werden kann. Ein Bild kann nicht ausschließlich auf der Grundlage von theoretischen Kenntnissen zusammengestellt werden. Also lassen Sie sich nicht davon abhalten, auch einmal ganz ungezwungen nach Ihrem Gefühl zu entscheiden, haben Sie Spaß und sammeln Sie praktische Erfahrung. Die in diesem Buch beschriebenen Gestaltungsgrundlagen sollen Ihnen einen Einblick in die Welt der Komposition geben, zu grundsätzlichen Überlegungen auffordern und als Anregung für Ihre eigene Arbeit dienen. Befassen Sie sich immer wieder mit den Grundsätzen der Gestaltung, und versuchen Sie, neue Erkenntnisse zu erlangen. Es wird Ihre intuitive Fähigkeiten fördern.

6. DIE ZEICHNUNG

6.1 Das Fundament des Aquarells

Würde dem Thema Zeichnen der Platz eingeräumt, der ihm seiner Bedeutung entsprechend zusteht, so würde das den Rahmen dieses Buches sprengen. Der Umfang oder die Tiefe dieses Kapitels ist also nicht repräsentativ für die Wichtigkeit des Themas. Es wäre nicht im Sinne eines Aquarellbuches, Zeichentechniken so umfassend zu behandeln, wie dies erforderlich wäre. Dennoch will ich den Stellenwert der Zeichnung im Aquarell umreißen und einige Hinweise zu speziellen Techniken geben.
Warum also fällt der Zeichnung solch große Bedeutung zu, weshalb ist sie das Fundament des Aquarells? Ein Fundament steht vor allem anderen, und von ihm ist die Beschaffenheit der darauf gebauten Dinge abhängig. Es wurde im vorhergehenden Thema ausführlich besprochen, daß Bilder nicht von selbst entstehen. Um ein Aquarell zu entwerfen, müssen oft mehrere Skizzen angefertigt werden. Dies erfordert Zeichenkenntnisse, ohne die man nie die nötige Freiheit hätte, seine Vorstellungen zu formulieren.
Aber gehen wir noch weiter zurück, zur Inspiration, zum Erkennen des Motivs: Zeichnen ist sehen. Beim Zeichnen lernt man sein Motiv kennen und verstehen. Man wählt aus und notiert seine Erkenntnisse. Auch beim Aquarellieren selbst sind zeichnerische Fähigkeiten von unschätzbarem Vorteil. Eine einfache und übersichtliche Vorzeichnung ist die Grundlage für spontanes und sicheres Arbeiten in einer Technik, die kaum Möglichkeiten zur Korrektur bietet.
Speziell für das freie Aquarell – ganz ohne Vorzeichnung – ist eine sichere Pinselführung not-

„Brunnen im Tessin", Aquarell, 30 × 40 cm

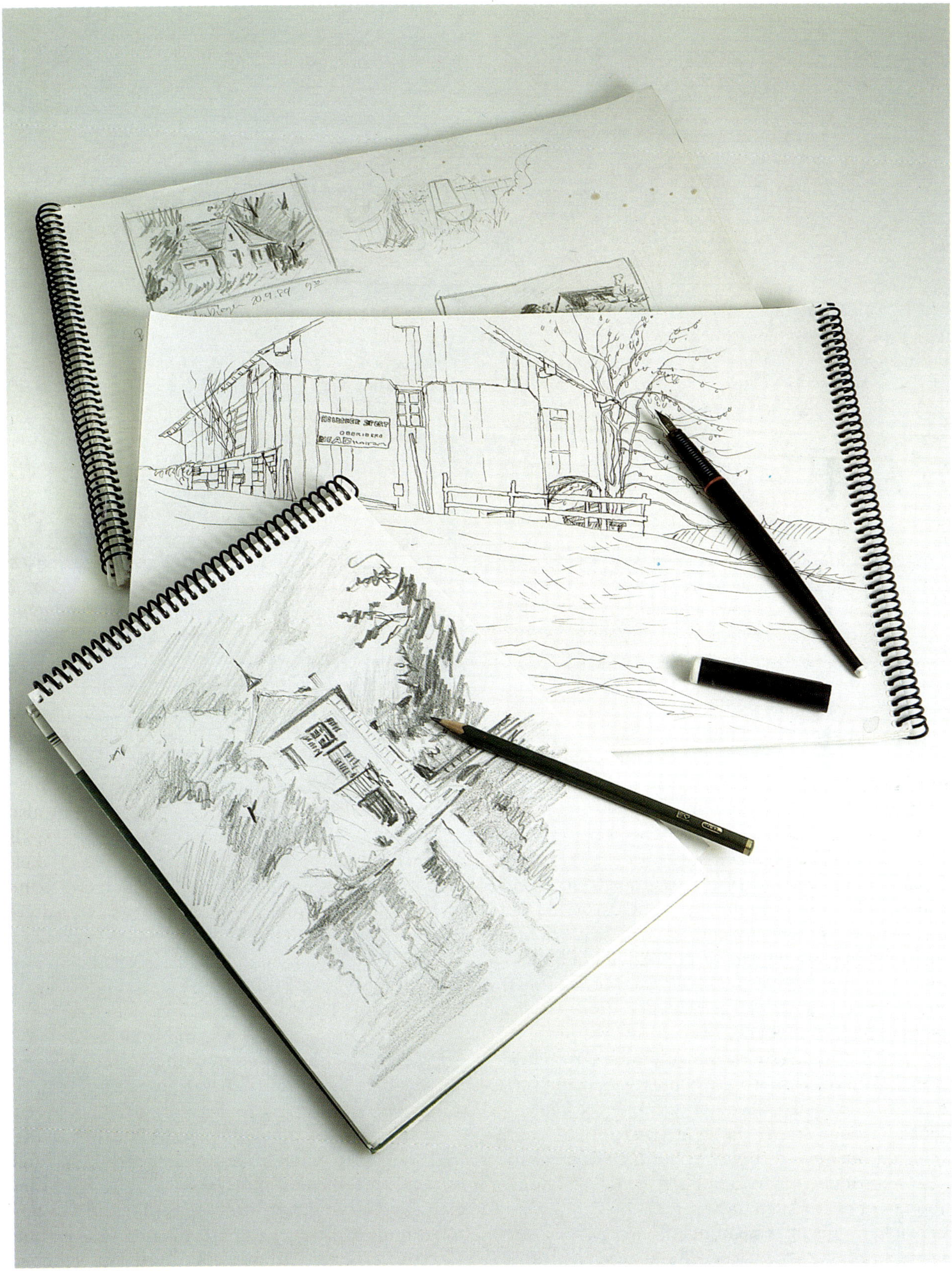

komplett sein wie eine Zeichnung, für die man mehr Zeit aufgewendet hat. Das soll allerdings keine Aufforderung zu schlampiger und unkonzentrierter Arbeit sein. Im Gegenteil, um das Wesentliche eines Motivs in wenigen Strichen zu erfassen, muß man sich ganz auf den Moment einstellen.

Neben dem Sammeln von Eindrücken ist es auch ein gutes Training für Auge und Hand und sehr nützlich für das Aquarellmalen. Häufiges Skizzieren baut die „Angst vor dem leeren Papier" ab und fördert dadurch Spontaneität. Hemmungen beim Malen stammen meistens von der Befürchtung, durch einen Fehler das relativ teure Aquarellpapier zu verbrauchen. Beim Skizzenblock dagegen schlagen Sie einfach die nächste Seite auf und fangen neu an.

Legen Sie sich einen Skizzenblock an, und nehmen Sie ihn mit, wohin Sie gehen, so wie manche eine Kamera mitnehmen. Es ist zwar praktisch, wenn er aufgrund seiner Größe leicht eingepackt werden kann; aber achten Sie darauf, daß er nicht zu klein ist und dadurch aus dem Bewußtsein verschwindet. Spiralheftungen haben den Vorteil, daß Blätter herausgenommen werden können, aber handeln Sie nicht voreilig mit dem Wegwerfen von Skizzen, die Ihnen im Moment nicht gefallen. Oft entdeckt man erst viel später die Qualität von Skizzen, sie bilden eine wertvolle Sammlung für Bildideen und dokumentieren die eigene Entwicklung.

Leider ist es nicht immer möglich, die Ausdruckskraft von Skizzen, die vor Ort gemacht wurden und daher oft besonders frisch wirken, auf ein Bild zu übertragen. Das ist also ein weiterer Grund, auch mit Aquarellfarben mehr spontan und unbekümmert in der Natur zu arbeiten. Es kann nicht oft genug betont werden, wie wichtig es ist, regelmäßig zu zeichnen, auch wenn Sie nur zehn Minuten zur Verfügung haben. Motive findet man überall, auf der Arbeit, in der Freizeit oder Zuhause. Lassen Sie sich nicht stören, wenn Ihnen jemand über die Schulter schaut, auch das gehört zum Erlebnis beim Arbeiten in der Natur. Nehmen Sie sich einige Minuten Zeit, bevor Sie mit dem Zeichnen beginnen, konzentrieren Sie sich auf das Motiv, und sammeln Sie Ihre Gedanken. Das Skizzieren selbst kann als Konzentrationsübung vor dem Malen dienen.

Versuchen Sie herauszufinden, worauf es ankommt, erfassen Sie die Grundzüge des Motivs, und arbeiten Sie es aus, soweit Sie gerade Lust und Zeit haben. Arbeiten Sie in Linie oder Ton, groß oder klein je nach Laune. Verwenden Sie einen harten, weichen oder eine Kombination von Bleistiften; Füller, Faser- oder Kugelschreiber bieten eine interessante Abwechslung. Bedenken Sie, die Erfahrung zählt, das Resultat ist ein willkommenes Nebenprodukt.

6.1.4 DAUMENNAGELSKIZZE

Diese Art von Skizze wird nicht auf den Daumennagel gezeichnet, sie wird so benannt, weil sie nur wenig größer ist als ein Daumennagel. Im wesentlichen handelt es sich dabei um eine Skizze mit denselben Merkmalen wie im Kapitel 6.1.3 „Skizzieren" erwähnt, nur mit dem Unterschied, daß sie generell klein ist.

Natürlich ist es bei dieser Größe nicht mehr möglich, viele Einzelheiten aufzuzeichnen. Doch gerade das zu vermeiden, ist der Sinn dieser Beschränkung. Die Daumennagelskizze dient also weniger der Dokumentation oder detaillierten Aufzeichnung von Dingen als der Planung eines Bildes. Natürlich braucht sie nicht so klein wie ein Daumennagel sein, wichtig ist nur, daß man durch die geringe Größe zum Weglassen gezwungen wird. Es steht also nicht das Motiv an erster Stelle, sondern die Komposition, die Proportionen und Aufteilung der Bildfläche, die Verteilung der Hell-Dunkel-Werte usw. In dieser Größenordnung wird die Wirkung jedes Punktes oder Kontrastes in bezug auf das Gesamtbild sofort deutlich.

Daumennagelskizzen können aus Linien und Tonwerten oder nur aus Tonwerten bestehen. Auf jeden Fall muß am Anfang die Bildfläche mit einer Kontur festgelegt werden, um alle Elemente in Bezug auf das ganze Bild zu sehen. Fahren Sie dann fort wie im Thema 6.1.2 „Linie und Ton" beschrieben. Der Vorteil der Daumennagelstudie ist die kleine Fläche, die Sie schraffieren müssen, um die entsprechende Wirkung zu erzielen. Dies ermöglicht es, eine ganze Serie von Skizzen mit demselben Motiv zu machen, eine Idee führt zur nächsten, man kann richtiggehend experimentieren und verschiedene Kompositionen testen. Es ist eine gute Übung, um das Auge für gute Gestaltung und Motivsuche zu trainieren. Legen Sie Wert auf einfache Formen und Tonwerte, reduzie-

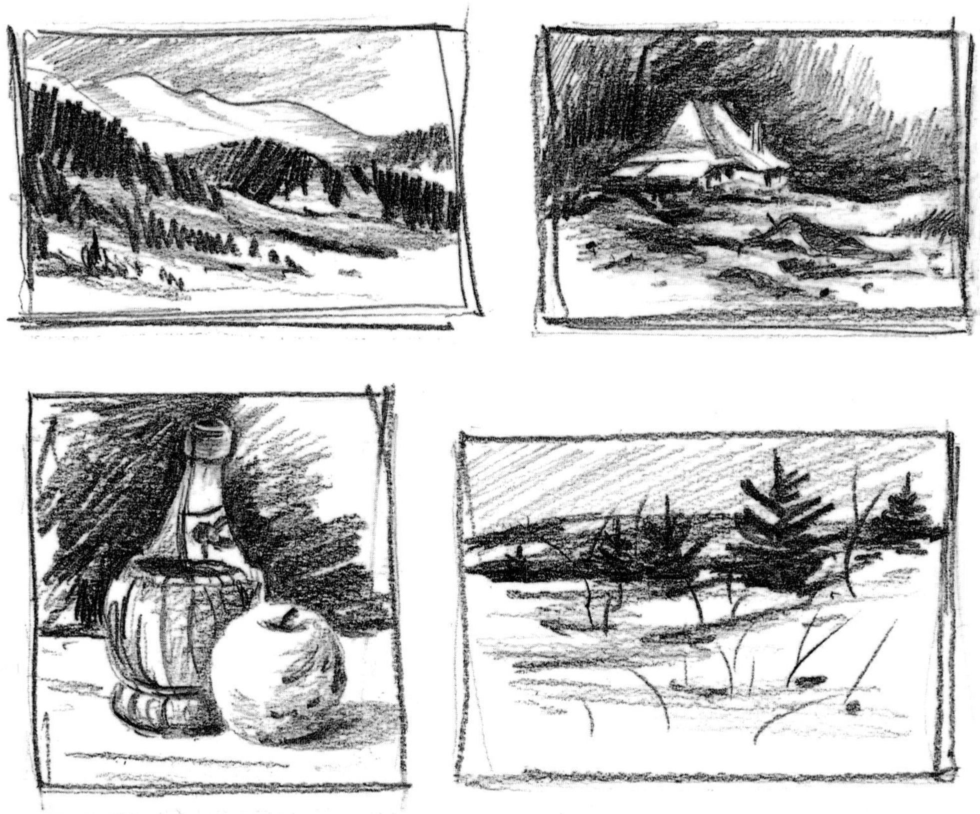

Mit kleinen Daumennagelskizzen kann ein Motiv schnell auf seine kompositionelle Möglichkeiten analysiert werden.

ren Sie das Motiv auf drei bis vier Grauwerte plus Weiß. Achten Sie auf interessante und einfache Hell-Dunkel-Muster. Durch diese Vorarbeit haben Sie eine gute Grundlage, den Plan für ein Aquarell.

Oft hat man sehr wenig Zeit, um Stimmungen und schnell wechselnde Lichtverhältnisse zu malen, doch ein gutes Aquarell erfordert nun einmal eine gewisse Vorplanung und ein Gefühl für das Motiv. Dafür ist die schnelle Daumennagelskizze ein ideales Medium. Mit etwas Übung gelingt es sogar, Bilder nur nach einer Daumennagelskizze und der Erinnerung zu malen.

6.1.5 PERSPEKTIVE

Das Zeichnen ist ein umfangreiches Thema, und ein Teil davon sollte zwangsläufig der perspektivischen Darstellung gewidmet sein. Allein dies könnte viel Platz in Anspruch nehmen, mehr als hier zugestanden werden kann, doch diese Einschränkung fällt nicht so sehr ins Gewicht. Es ist zwar empfehlenswert, sich mit perspektivischen Darstellungsverfahren zu beschäftigen, aber es besteht auch die Gefahr, speziell in der Aquarellmalerei, daß die Spontaneität verlorengeht, wenn die Zeichnung zu technisch wirkt.

Die räumliche Tiefe und die dreidimensionale Wirkung von Körpern kann mit geometrischen Methoden konstruiert werden. Auf einer zweidimensionalen Ebene, der Bildfläche, ist es möglich, mit Hilfe der Perspektivkonstruktion die Illusion der Dreidimensionalität zu vermitteln. Das ist eine große Hilfe für architektonische Illustrationen, aber für freies Zeichnen und Malen genügen meist schon Grundkenntnisse und natürlich ein gutes Auge.

Das Prinzip der linearen Perspektive beruht auf der Tatsache, daß parallel laufende Linien für das Auge scheinbar zusammenlaufen, je mehr sie sich vom Betrachter entfernen. Verlängert man sie in einer gedachten Linie, dann treffen sie am Fluchtpunkt zusammen. Entsprechend dieser gedachten Fluchtlinien verkleinern sich alle Dinge, je weiter sie zurückweichen.

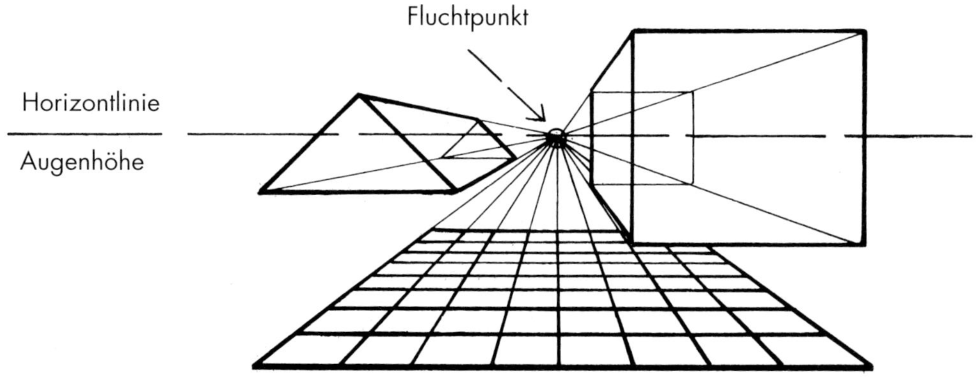

a

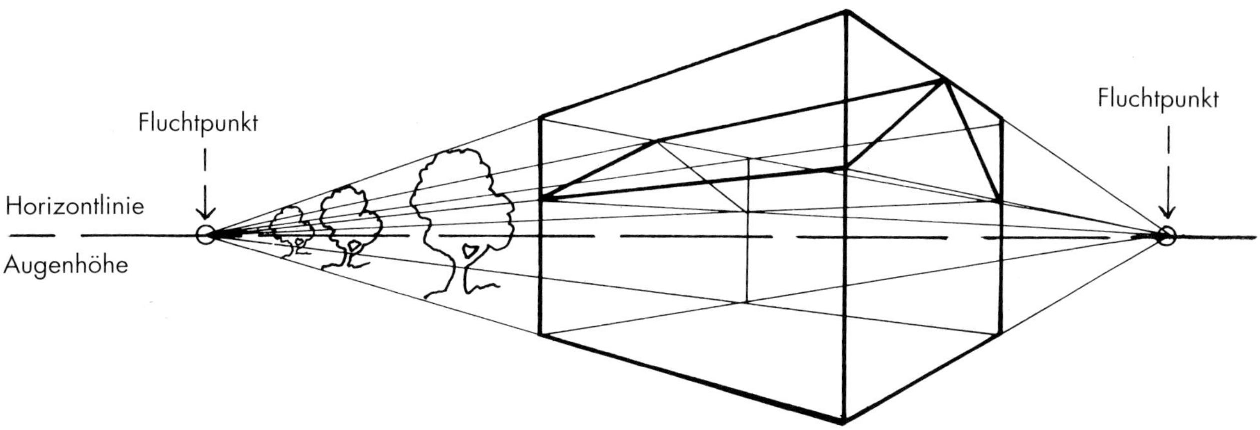

b

Der oder die Fluchtpunkte liegen auf der Horizontlinie, womit allerdings nicht der Horizont einer Landschaft gemeint ist. Die Horizontlinie ist eine gedachte Linie, die horizontal durchs Motiv läuft, und zwar auf Augenhöhe des Betrachters. In der Natur verändert sie sich mit dem Standpunkt des Betrachters. Im Bild wird sie vom Zeichner festgelegt, und alle Fluchtlinien richten sich danach.
Sollten Sie mehr über dieses Thema wissen wollen, speziell wenn Sie gerne Gebäude oder Stilleben malen, empfehle ich Ihnen die entsprechende Fachliteratur. Eine einfache und in den meisten Situationen anwendbare Hilfe will ich Ihnen allerdings nicht vorenthalten.
Um die Horizontlinie zu finden, halten Sie den Block waagrecht vor Ihre Augen, so daß Sie nur noch die Kante sehen. Sie befindet sich jetzt direkt auf der gedachten Horizontlinie. Alle Linien, die sich über der Augenhöhe befinden, sinken zum Fluchtpunkt, die darunterliegenden steigen.
Im Zweifelsfall nehmen Sie einfach Ihren Bleistift, halten ihn senkrecht oder waagrecht vor Ihre Augen und stellen den Neigungsgrad der betreffenden Linie fest, indem Sie die Abweichung von der Vertikalen bzw. Horizontalen beachten. In der Zeichnung entsprechen die Senkrechten und Waagrechten dem Bildrand.
Durch regelmäßiges Zeichnen und Skizzieren entwickeln Sie schnell ein Gefühl oder – besser gesagt – ein sicheres Auge für Perspektive. Es wird nicht mehr nötig sein, auf irgendwelche Fluchtpunkte Bezug zu nehmen.

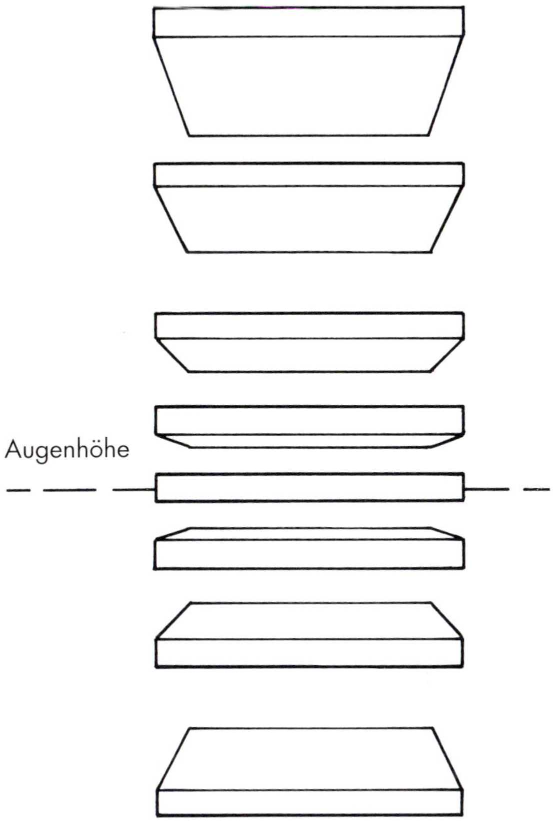

c

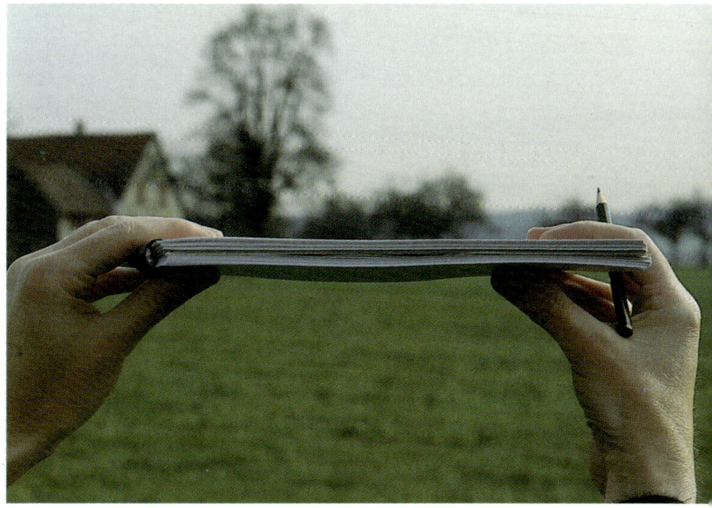

d

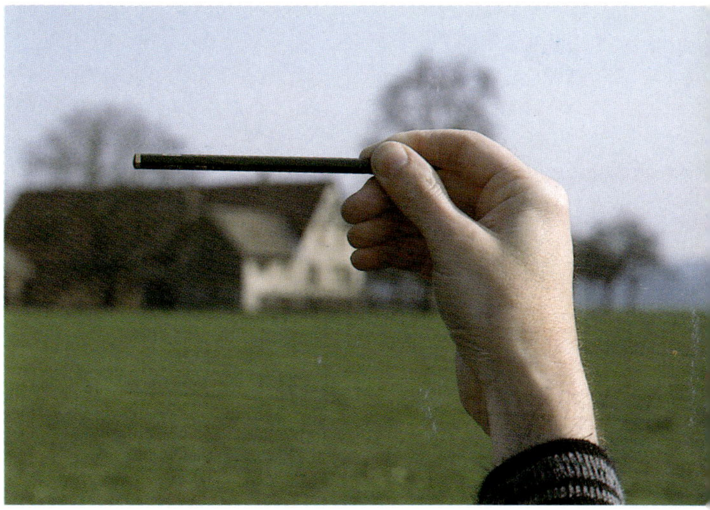

e

a) Zentral- oder Parallelperspektive mit einem Fluchtpunkt.

b) Schrägperspektive mit zwei Fluchtpunkten.

c) Beobachten Sie, wie Dinge sich verändern, je weiter sie oberhalb oder unterhalb der Augenhöhe liegen.

d) Um die Horizontlinie in der Natur zu finden, halten Sie den Block so vor die Augen, daß Sie nur noch die Kante sehen. Diese befindet sich nun direkt auf der gedachten Linie.

e) Um die Abweichung einer Linie von der Horizontalen festzustellen, benutzt man den Bleistift, wie im Bild gezeigt. Bei Vertikalen verfährt man entsprechend.

6.1.6 DIE VORZEICHNUNG

Mit Vorzeichnung ist die Skizze oder Zeichnung gemeint, die vor dem Malen direkt auf das Aquarellpapier gebracht wird und beim Malen selbst als Orientierungshilfe dient.
Nun gibt es unterschiedliche Ansichten über die Ausführlichkeit der Vorzeichnung und ob sie im fertigen Aquarell sichtbar bleiben soll. Dies sind persönliche Entscheidungen, die nicht zuletzt von Ihrer Arbeitsweise und Vorstellung abhängig sind. Grundsätzlich ist zu unterscheiden zwischen präzisen Darstellungen wie etwa Illustrationen einerseits und dem spontanen Aquarell andererseits. Die Vorzeichnung kann also eine detaillierte Grundlage für sehr genaue Arbeiten sein.

Im spontanen Aquarell jedoch sollte sie lediglich als Orientierungshilfe dienen. Es besteht sonst die Gefahr, daß sie den Maler einschränkt oder gar behindert, wodurch das Resultat zwangsläufig etwas steif wirkt. Dies kann bedeuten, daß man nur die wichtigsten Linien andeutet, speziell die auszusparenden Stellen, um sie nicht versehentlich zu übermalen.
Sehen Sie die Vorzeichnung aber nicht als Begrenzung oder Kontur, die Sie ausfüllen wie in einem Malbuch (erinnern Sie sich an das Thema 5.8 „Verbindungen"). Fühlen Sie sich frei auch einmal von der Vorzeichnung abzuweichen, wenn es die Situation beim Malen erfordert. Die Spontaneität im Aquarell lebt vom freien Pinselstrich, der natürlich etwas zeichnerische Sicherheit verlangt.

Verwenden Sie einen Bleistift mit mittlerem Härtegrad, ein zu weicher hinterläßt losen Graphitstaub, der beim Malen verschmiert. Harte Minen beschädigen das Aquarellpapier ebenso wie übermäßiges Radieren. Wenn Sie unbedingt einen Strich entfernen wollen, benutzen Sie einen weichen Radiergummi.
Um dieses Problem zu umgehen, können Sie Ihre Zeichnung auch auf Transparentpapier entwerfen und dann auf das Aquarellpapier übertragen. Für umfangreiche Motive und ungeübte Zeichner ist dies eine empfehlenswerte Methode. Sie können korrigieren und radieren, soviel Sie wollen. Sobald Sie mit dem Entwurf zufrieden sind, drehen Sie das Transparentpapier um und ziehen die Zeichnung auf der Rückseite mit einem weichen Bleistift nach. Als nächstes legen Sie das Papier mit der rechten Seite wieder nach oben auf das Aquarellpapier, nun fahren Sie der Zeichnung erneut nach und übertragen dadurch den Graphitstaub auf das Aquarellpapier. Diese Übertragung kann sehr leicht ausgeführt werden und ist im fertigen Bild kaum zu erkennen.
Ob und wie eine Vorzeichnung im Aquarell sichtbar sein soll, bleibt Ihnen überlassen. Wenn Sie den Bleistift beim Zeichnen nicht mit zuviel Druck geführt haben, liegt der Strich lediglich auf den Erhöhungen des Papiers und kann ohne Probleme mit einem weichen Radiergummi entfernt werden. Achtung! Radieren Sie nur leicht über das Aquarell, um eine Beschädigung der aufgetragenen Farbe zu verhindern.
Grundsätzlich finde ich es nicht störend, wenn die Vorzeichnung zu erkennen ist, im Gegenteil, manchmal hat man das Gefühl, gerade dadurch einen tieferen Einblick in die Arbeits- und Denkweise des Künstlers zu erhalten. Die Vorzeichnung ist also Teil des Bildes.
Erwähnen möchte ich, daß eine Vorzeichnung nicht aufdringlich sein darf. Verwenden Sie schon aus diesem Grund keinen sehr weichen Bleistift. Das mehrfache Nachziehen derselben Linien kann ebenso störend sein und zeugt von Unsicherheit. Deshalb verweise ich auf Kapitel 6.1.1 „Konturenzeichnung". Das regelmäßige Skizzieren kommt Ihnen auch hier zugute, erstens im Erkennen der wichtigsten Linien und zweitens in der Sicherheit beim Vorzeichnen.
Wenn Sie sich entscheiden, die Bleistiftstriche als Teil des Aquarells auf dem fertigen Bild zu belassen, müssen Sie darauf achten, daß die Zeichnung harmonisch wirkt. Sie darf nicht zu sehr dominieren und soll sich gut ins Bild einfügen. Das heißt auch, daß sie überall einheitlich ausgearbeitet bzw. erkennbar ist. Als Alternative bietet sich das Arbeiten ganz ohne Vorzeichnung an. Diese direkte Malweise setzt allerdings ein hohes Maß an Sicherheit voraus, sowohl was die Vorstellung als auch die Pinselführung betrifft. Solche Aquarelle haben ihren ganz besonderen Reiz. Ähnlich wie Bleistiftskizzen haben sie eine sehr frische und lebendige Ausstrahlung. Lesen Sie dazu den Abschnitt „Aquarellskizze" unter Kapitel 7.2.6.

Bilder auf den Seiten 70 bis 73:
Speziell beim Malen von Menschen sind zeichnerische Fähigkeiten von unschätzbarem Vorteil.
Aktstudien in Bleistift, Kohle und Aquarell, wie sie auf den folgenden Seiten zu sehen sind, machen Spaß und sind außerordentlich wertvoll zur Entwicklung dieser Kenntnisse.
Es ist nicht immer notwendig, den ganzen Körper darzustellen, auch Detailstudien können sehr interessant sein.

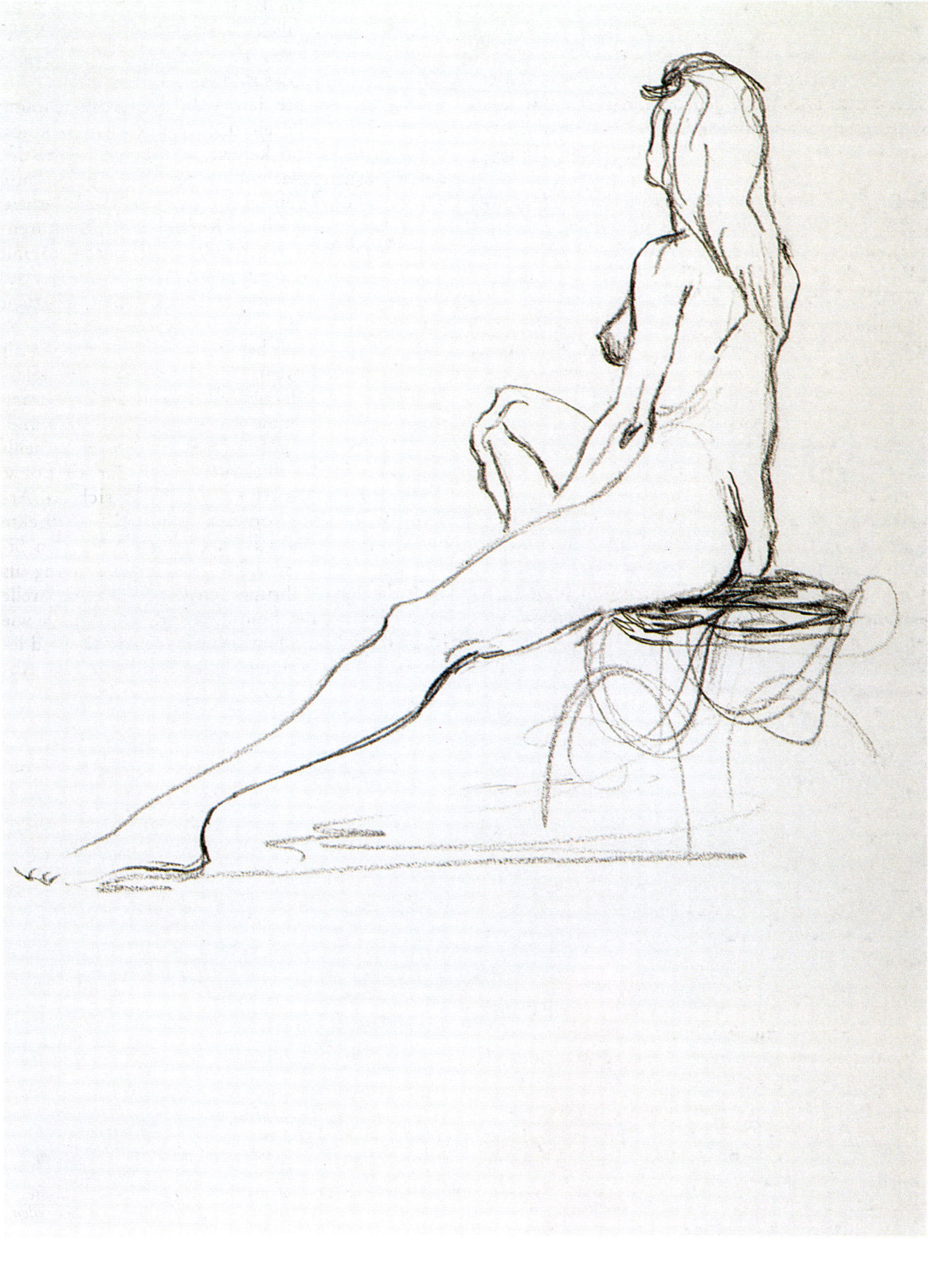

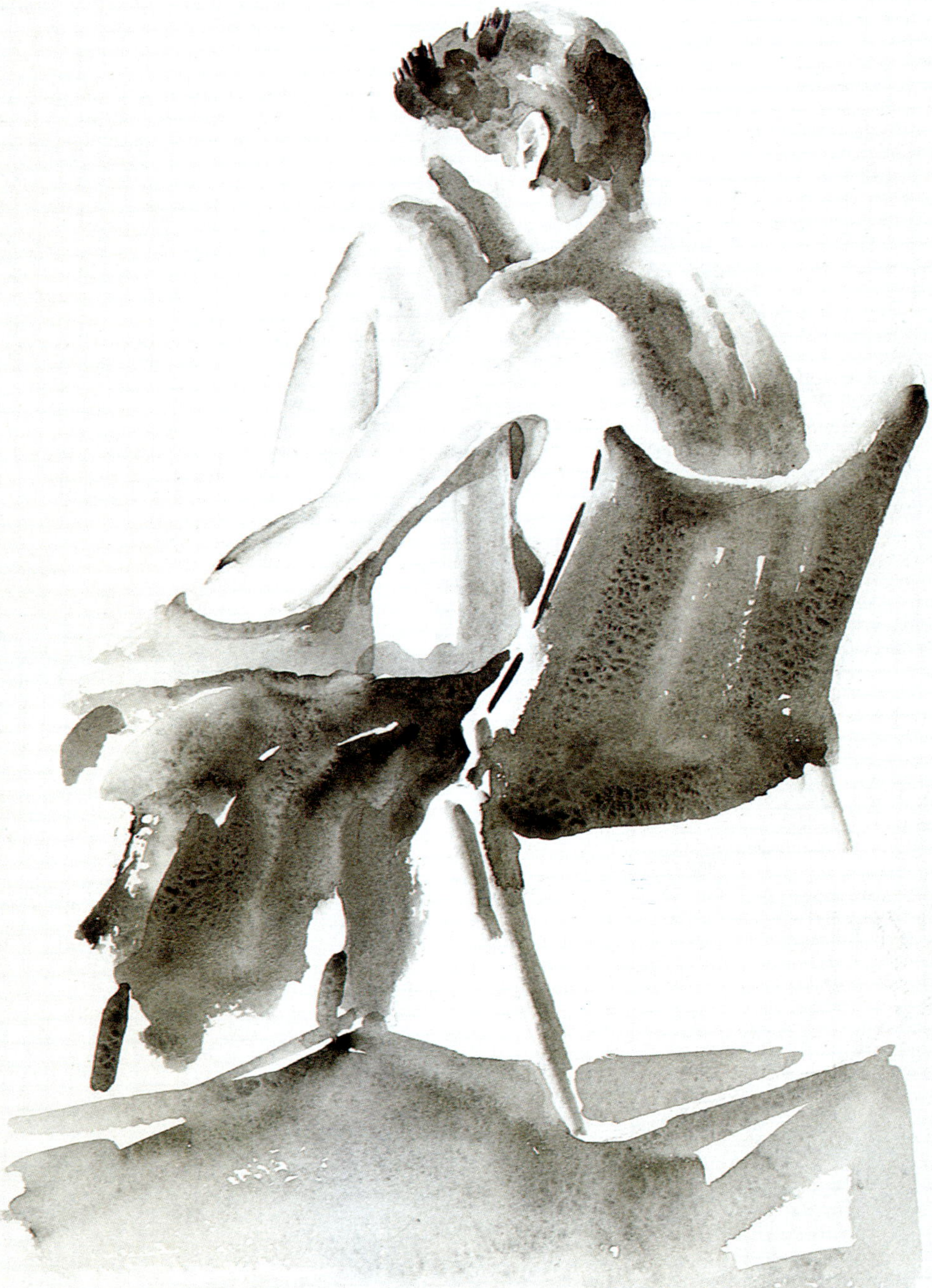

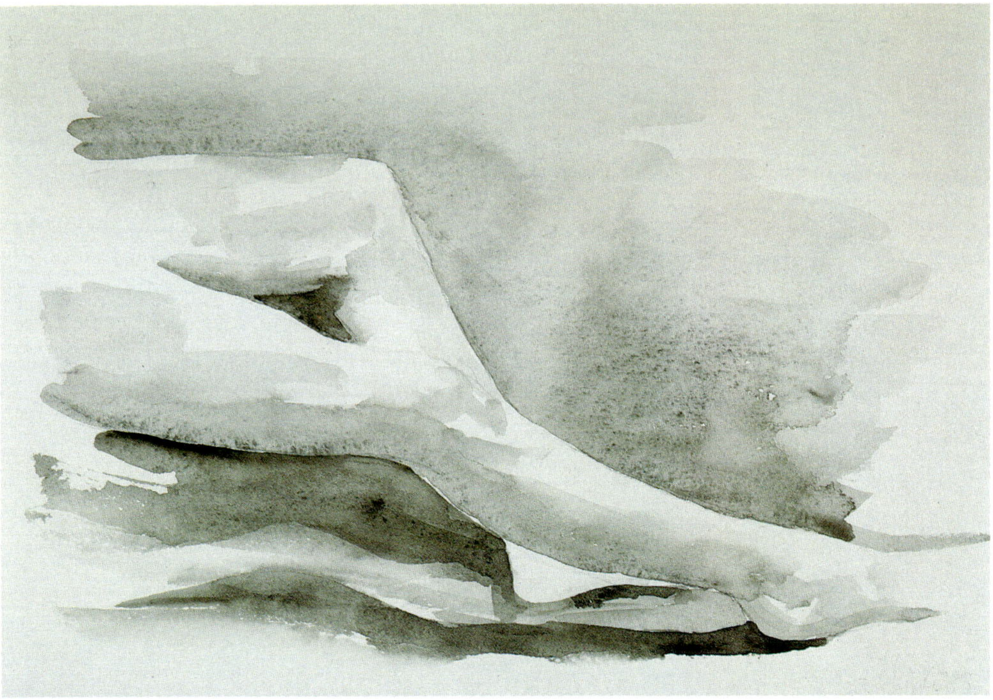

Bild unten:
„Freunde"
53 × 35 cm

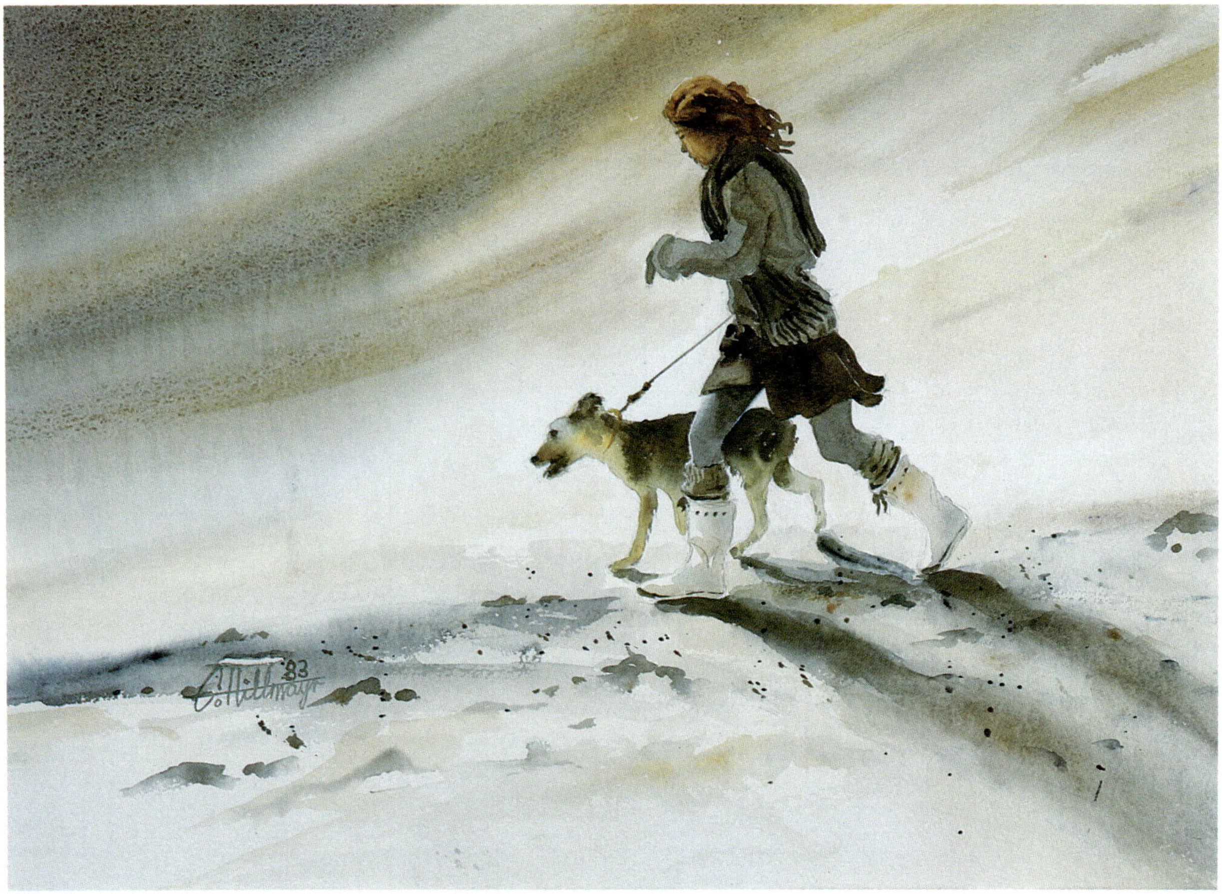

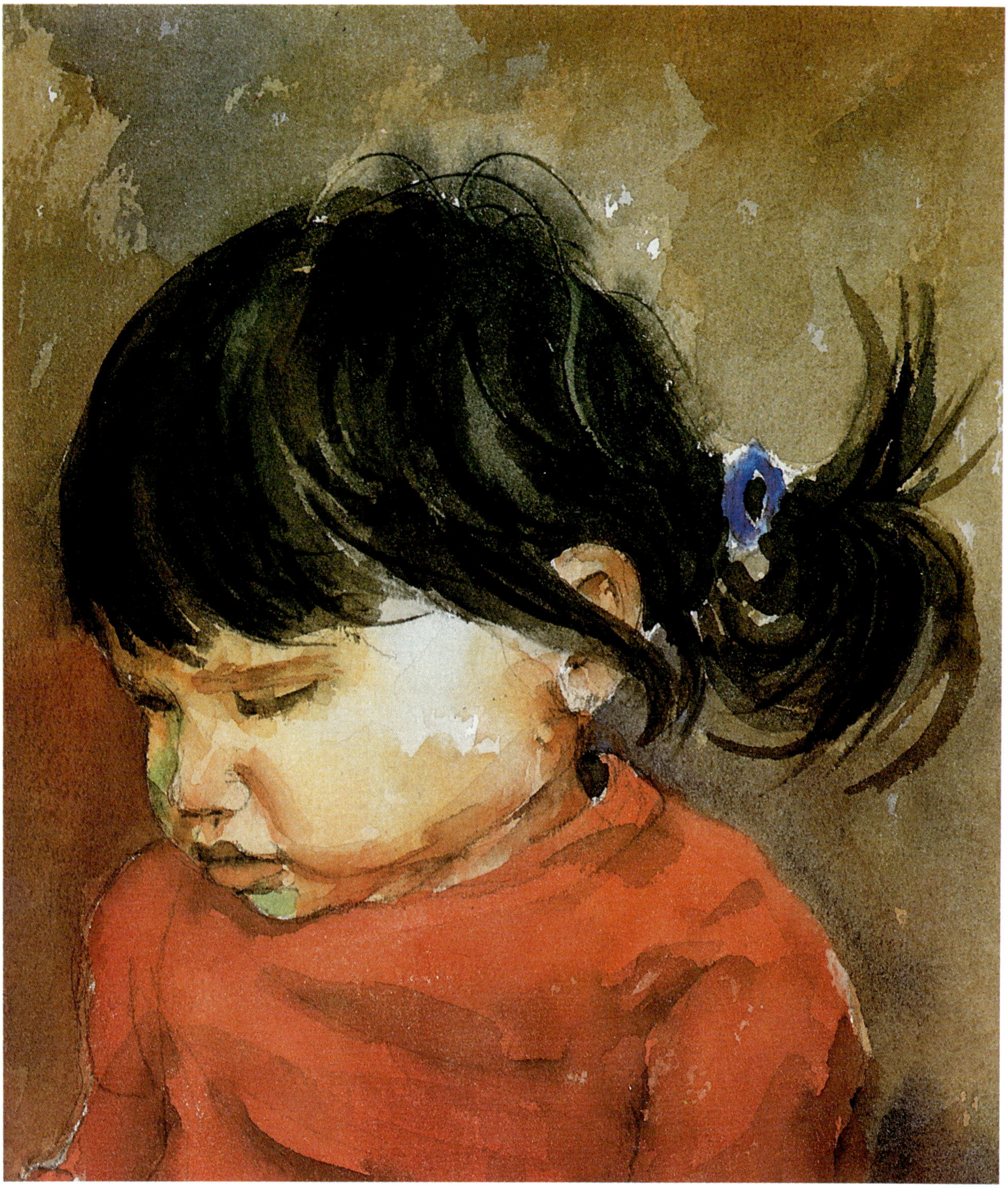

Bild oben:
„Jessica mit blauer Spange", 20 × 21 cm

Bild rechts:
„Der Philosoph", 24 × 35 cm

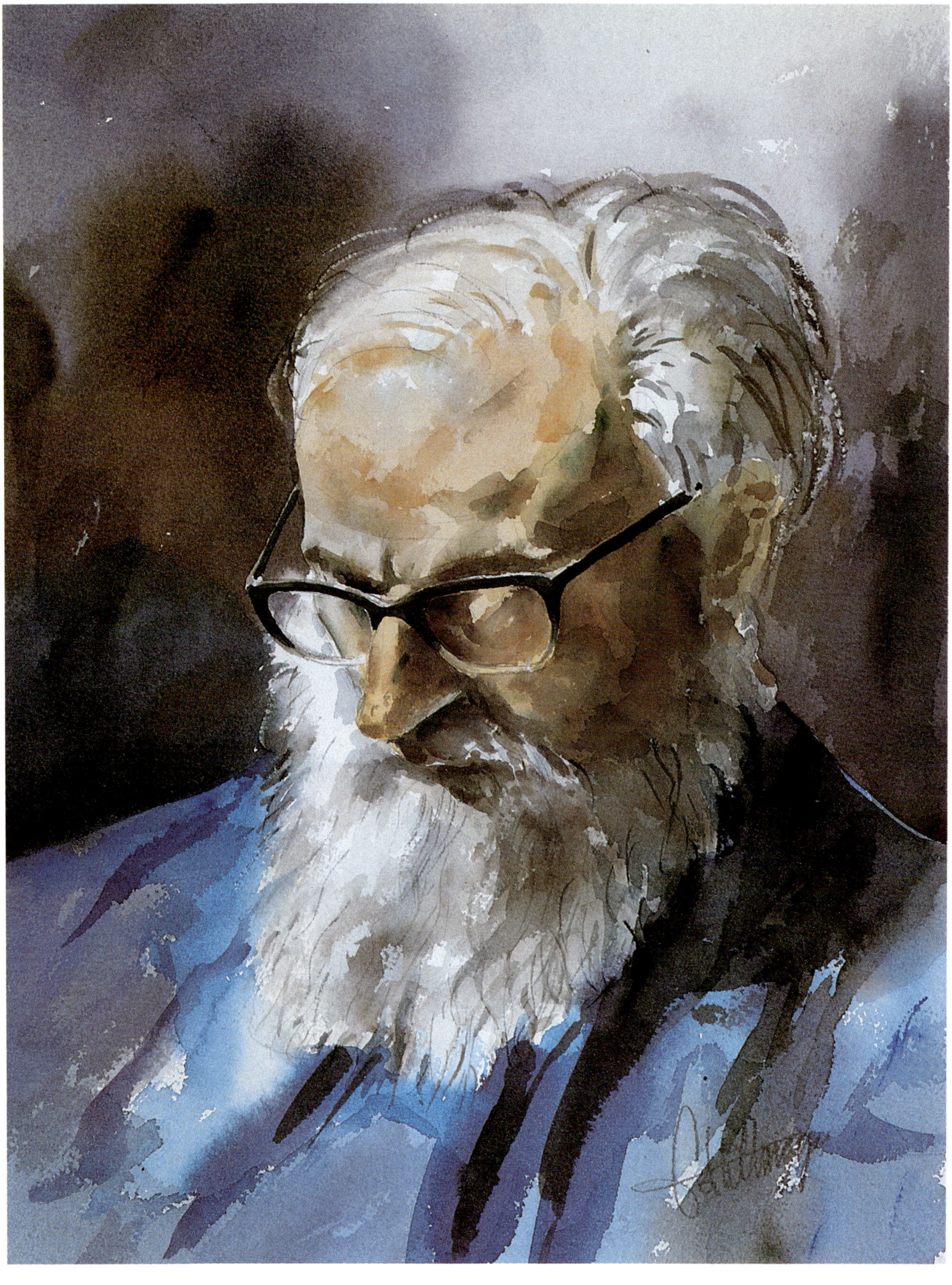

7. DIE TECHNIKEN

Bei der Aquarellmalerei kommt es nicht so sehr auf ein möglichst umfangreiches Material- und Zubehörsortiment an, im Gegenteil, mit einem Minimum an Werkzeug kann man die erstaunlichsten Resultate erzielen.
Gerade jene Eigenschaften wie Leichtigkeit und Zartheit, die das Aquarell auszeichnen, bereiten am meisten Schwierigkeiten. Wird es überarbeitet, bleibt nicht viel mehr als ein Geschmiere, deshalb ist es empfehlenswert, die technischen Möglichkeiten des Aquarells kennenzulernen, um sie dann optimal zu nutzen.
Technische Kenntnisse und Erfahrungen stehen vor dem Erfolgserlebnis. Bewerten Sie die Prioritäten nicht falsch. Die Aquarelltechniken sind zwar eine wichtige Grundlage, aber doch nur Mittel zum Zweck. Der Versuch durch ausgefallene Techniken und technische Tricks zum Erfolg zu kommen, ist von Anfang an zum Scheitern verurteilt.
Ohne die eigene Kreativität nützt auch die Technik nicht viel. Aus diesem Grund ist ein großer Teil dieses Buches der Bildgestaltung gewidmet. Die Beschäftigung mit der Technik und Gestaltung fördert das kreative Vorstellungsvermögen. Was nützen die besten Ideen, wenn man sie mangels technischen Kenntnissen nicht umsetzen kann oder umgekehrt große Fertigkeiten hat, ohne zu wissen, wofür man sie anwenden soll.
Im Aquarell gibt es Arbeitsweisen, die sich enorm voneinander unterscheiden und viele Möglichkeiten bieten für einen ganz individuellen Malstil. Es kann deshalb nicht der Sinn eines Handbuches sein, bestimmte Vorgehensweisen zu propagieren.

Die folgende Gliederung soll Ihnen eine übersichtliche technische Grundlage vermitteln. Durch Üben und Experimentieren werden Sie mit den für das Aquarellmalen erforderlichen Grundtechniken vertraut, so daß Sie nach einer gewissen Zeit fast instinktiv handeln und somit für Ihr Motiv die beste, also persönliche Ausdrucksform finden.

7.1 Farbmischungen

Der Reiz der Aquarellmalerei liegt in den Farbmischungen. Aber welche Farben verwendet man, um diesen oder jenen Ton zu erhalten? Ich erinnere daran, daß die Farbe, ihre Anwendung und Wirkung eine sehr persönliche Sache ist. Aus diesem Grund kann ich hier nicht irgendwelche Rezepte für Mischungen geben. Anhand von Grundsätzlichem sollten Sie Ihre Entscheidung treffen. Über Farbtheorie, die die dafür notwendige Grundlage bildet, wurde schon ausreichend gesprochen. Hier also zur Praxis.

7.1.1 MISCHEN AUF DEM PAPIER

Bei dieser Übung kommt es vor allem darauf an, daß Ihnen bewußt wird, welche Möglichkeiten in Ihrem Farbsortiment stecken, und Sie ein Gefühl für Mischverhältnisse, Farbe zu Farbe und Farbe zu Wasser entwickeln. Orientieren Sie sich bei Ihren Übungen am „Farbkreis" 4.6.1 und an der „Graphik" 3.2.4, die Ihnen zeigen, wo die bestimmten Aquarellfarben auf dem Farbkreis liegen.
Vermischen Sie die Farben mit Wasser jeweils separat in einer Vertiefung des Klappkastendeckels oder in der Mischpalette. Benützen Sie eine ausreichende Menge frisches Wasser, um den Pinsel jedesmal, bevor Sie eine andere Farbe aufnehmen, sauber auszuwaschen.
Setzen Sie nun je nach Wunsch zwei oder drei Farben für einen Mischton mit etwas Abstand auf das trockene Aquarellpapier nebeneinander. Waschen Sie den Pinsel wieder aus, und streifen Sie das überschüssige Wasser am Schwamm ab.
Nun verbinden Sie die noch nassen Farbflecken mit dem feuchten Pinsel. Durch die Berührung vermischen sich die Farben, und es entstehen die interessanten Mischtöne. Notieren Sie neben den

Hier sehen Sie einige Beispiele für Farbmischungen. Sie können die Variationen beliebig fortsetzen. Achten Sie auf die Mischtöne im mittleren Bereich der jeweiligen Kombination. Wenn Sie die Übungen etwas größer anlegen, werden sie noch deutlicher erkennbar. Das Ergebnis hängt wesentlich von der beim Mischen verwendeten Wassermenge ab.

Kad. gelb hell
Cölinblau

Kad. gelb hell
Phthaloblau

Kad. gelb mittel
Ultramarinblau

Kad. gelb mittel
Phthaloblau

Phthalogrün
Phthaloblau

Phthalogrün
Cölinblau

Phthalogrün
Kad. gelb hell

Phthalogrün
Kad. gelb mittel

Kad. rot hell
Phthalogrün

Kad. orange
Phthaloblau

Kad. orange
Ultramarinblau

Krapplack dunkel
Phthalogrün

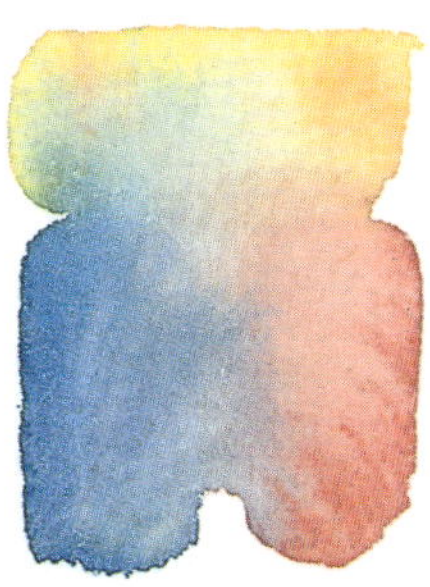

Kad. gelb mittel
Phthaloblau
Krapplack dunkel

Kad. gelb hell
Ultramarinblau
Kad. rot hell

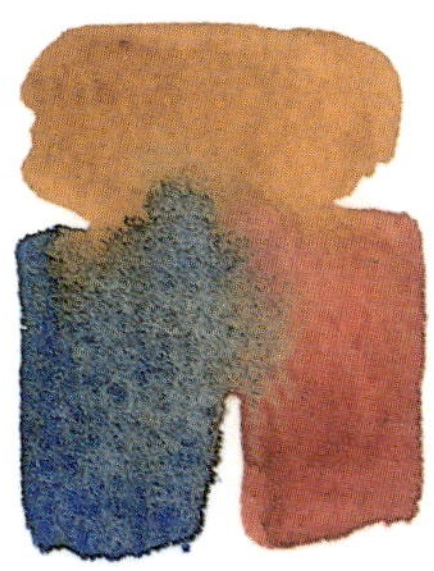

Siena gebr.
Ultramarinblau
Krapplack dunkel

Lichter Ocker
Siena gebr.
Paynesgrau

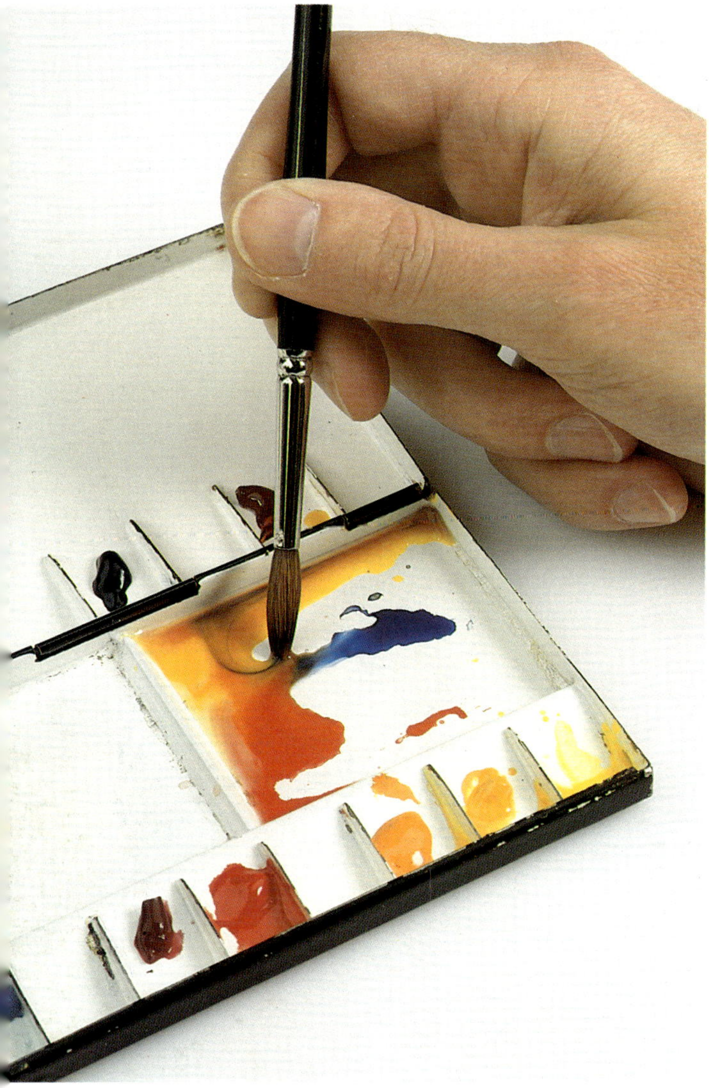

Setzen Sie die Farben nebeneinander, und entnehmen Sie die Mischung an der gewünschten Stelle.

verwendeten Farben Ihre entsprechenden Bezeichnungen, damit Sie nachvollziehen können, wie die Mischungen zustande kamen.
Variieren Sie das Verhältnis von Wasser zu Farbe und Farbe zu Farbe, bis Sie schöne Resultate erhalten. Verwenden Sie nicht mehr als zwei oder drei Farben, sonst wird die Mischung schmutzig. Sobald Sie die Farbflecken miteinander verbunden haben, sollten sie nicht mehr berührt werden. Die schönsten Mischungen erhalten Sie, wenn die Farben von selbst ineinanderfließen und nicht mit dem Pinsel geschrubbt werden. Für Anfänger ist es ratsam, ein Blatt mit solchen Mischbeispielen stets neben sich zu haben.

Hier einige Anregungen für Ihre Übung: Beginnen Sie mit auf dem Farbkreis nebeneinander liegenden Farben. Durch unterschiedliche Blau-Gelb-Kombinationen erhalten Sie verschiedene Grüntöne. Zwei Primärfarben ergeben eine Sekundärfarbe.
Als nächstes testen Sie die Kombination Blau mit Grün, also Primär- und Sekundärfarbe. Führen Sie diese Übungen rund um den Farbkreis fort.
Anschließend mischen Sie zwei Komplementärfarben miteinander, z. B. Phtalogrün und Kadmiumrot, und Sie erhalten ein kaltes Grau.
Dann testen Sie Kombinationen mit Farben, die ein Dreieck auf dem Farbkreis bilden z. B. Ultramarinblau, Kadmiumrot und Kadmiumgelb mittel. Das Resultat in diesem Fall ist ein warmes Grau.

Im Mischen von Grautönen sollte überhaupt der Schwerpunkt dieser Übung liegen, denn sie wirken viel lebendiger als Grautöne aus dem Sortiment. Der Phantasie sind keine Grenzen gesetzt, und Sie werden staunen, wieviele Möglichkeiten in nur wenigen Farben stecken.

7.1.2 MISCHEN AUF DER PALETTE

Um die Farben so klar und leuchtend wie möglich zu halten, ist es sicher eine gute Idee, direkt auf dem Papier zu mischen. Doch es hängt nicht zuletzt von der Malweise ab, wie man die Farben mischt. So kann es erforderlich sein, einen Mischton schon auf der Palette vorzubereiten. Gehen Sie ähnlich vor wie beim Mischen auf dem Blatt. Setzen Sie die Farben in der Unterteilung Ihrer Palette nebeneinander, so daß sie sich bei gegenseitigem Kontakt selbst vermischen. Rühren Sie die Mischung nicht durch wie eine Soße, das Resultat wäre ein einheitlicher Ton. So aber können Sie die Mischung an der Stelle entnehmen, an der die gewünschte Nuance auftritt.
Wenn Sie nun größere Flächen in einem Farbton malen wollen, ist es erforderlich, eine dafür ausreichende Mischung vorzubereiten. Bedingt durch die große Wassermenge wird dies natürlich ein einheitlicher Ton sein. Achten Sie aber darauf, daß Sie nicht zuviele unterschiedliche Farben in einer Mischung verwenden, um auch in diesem Fall ein schmutziges Resultat zu vermeiden.

7.2 Grundtechniken

7.2.1 VERWASCHEN

Verwaschen oder Lavieren bedeutet, daß man mit Wasser verdünnte Farbe auf dem Papier verteilt. Mit waagerechten, zusammenhängenden Pinselstrichen zieht man die Farbe auf trockenem Papier aus. Wichtig ist, mit einem möglichst großen Pinsel so schnell zu arbeiten, daß die Ränder nicht stehen bleiben bzw. trocknen, bevor man mit dem nächsten Pinselstrich anschließt.
Die Arbeitsfläche sollte eine leichte Neigung haben, damit sich das überschüssige Wasser am unteren Rand des Farbauftrages ansammelt. Dadurch wird verhindert, daß sich zu schnell Konturen bilden oder das Wasser in den oberen Bereich zurückfließt, in dem die Farbe schon begonnen hat zu trocknen.
Man muß also von oben nach unten arbeiten und vermeiden, in die aufgetragene Farbe zurückzugehen, sonst entstehen Wasserflecken; Korrekturen sind nicht möglich.
Nach Beendigung des Farbauftrages waschen Sie den Pinsel, drücken ihn aus und saugen damit die restliche Farb-Wasser-Mischung ab.
Die in dieser Arbeitsweise angelegten Farbflächen können gleichförmig, abgestuft oder in Schichten übereinandergelegt sein. Bedenken Sie, daß es sich hier um eine übersichtliche Gliederung der Grundtechniken handelt. In der Praxis wird man je nach Malweise variieren oder verschiedene Techniken miteinander kombinieren.

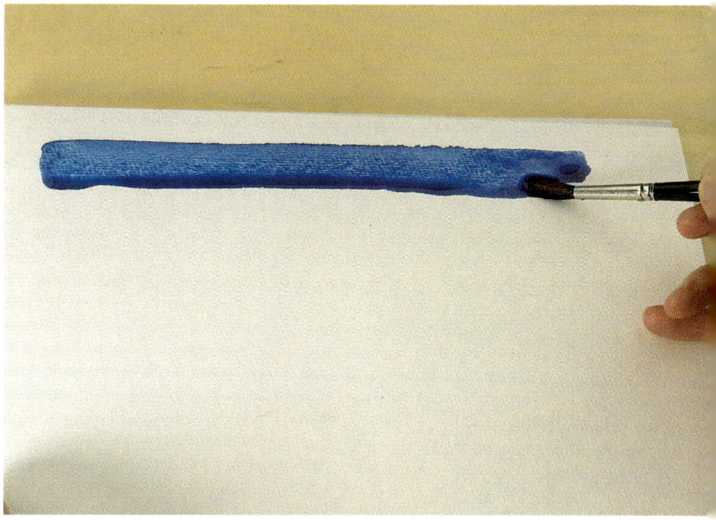

a

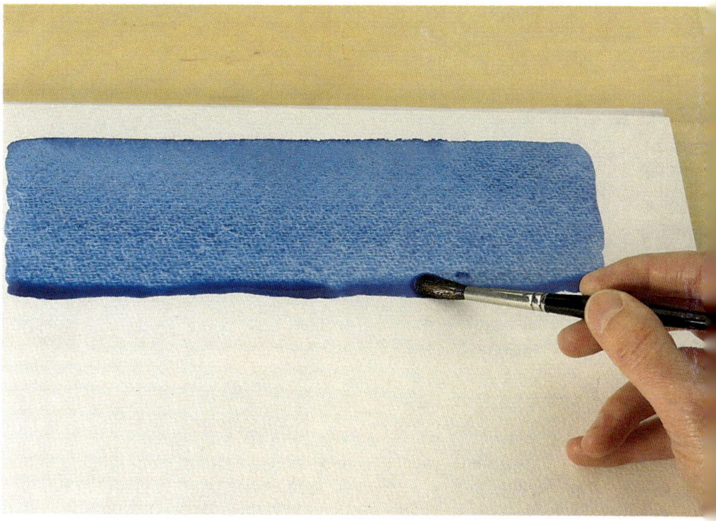

b

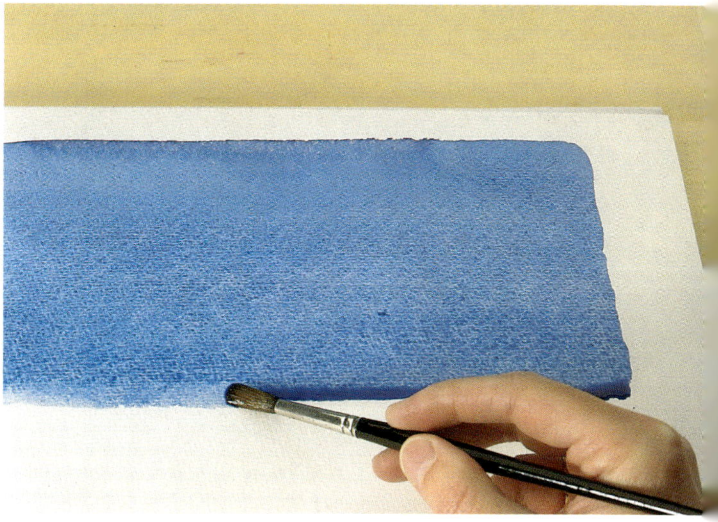

c

a) Beginnen Sie mit dem Farbauftrag am oberen Rand.

b) Verwaschen Sie die Farbe mit horizontalen Pinselstrichen. Arbeiten Sie mit soviel Wasser, daß Sie am unteren Rand immer eine Feuchtigkeitsansammlung haben.

c) Zum Schluß drücken Sie den Pinsel aus und saugen damit die überschüssige Feuchtigkeit auf.

Gleichmäßiger Farbauftrag.

Abgestufter Farbauftrag.

7.2.2 GLEICHMÄSSIGER FARBAUFTRAG

Hierbei handelt es sich um eine gleichmäßige Farbfläche, die keine Streifen, Pinselspuren, Wasserflecken oder Unregelmäßigkeiten im Tonwert aufweisen sollte.
Beginnen Sie mit der Vorbereitung einer Farb-Wasser-Mischung, die für die geplante Fläche ausreicht. Bei einem eventuellen Nachmischen ist es schwierig, den Ton anzugleichen. Zusätzlich trocknet in der Zwischenzeit die aufgetragene Farbe, und es entstehen Ränder.
Falls die Vertiefungen im Deckel Ihres Kastens zu klein sind, benutzen Sie ein Gefäß. Arbeiten Sie mit einem möglichst großen Pinsel und mit soviel Wasser, daß sich am unteren Rand die Feuchtigkeit ansammelt. Ziehen Sie den ersten Pinselstrich am oberen Rand der zu malenden Fläche entlang und fahren Sie fort wie unter 7.2.1 „Verwaschen" beschrieben. Füllen Sie Ihren Pinsel so oft wie notwendig mit der Farbmischung, ohne ihn dazwischen in das Wassergefäß zu tauchen, denn dadurch verdünnen Sie das Gemisch.
Ziehen Sie die Farbe mit horizontalen Bewegungen aus, ein Strich an den anderen, bis Sie am unteren Rand angekommen sind. Mit dem ausgedrückten Pinsel saugen Sie nun das überschüssige Wasser ab. Lassen Sie das Blatt, ohne es in seiner Schräglage zu verändern, trocknen. Erinnern Sie sich, keine Korrekturen zu machen. Legen Sie gleichmäßige Flächen in unterschiedlichen Farben und Tonwerten an.
Bei dieser Übung lernen Sie rasch und korrekt zu arbeiten. Testen Sie verschiedene Papiersorten, Sie werden feststellen, wie schwierig es bei manchen ist, einen gleichmäßigen Farbauftrag zu erzielen.

7.2.3 ABGESTUFTER FARBAUFTRAG

Mit einem abgestuften Farbauftrag ist eine von dunkel nach hell verlaufende Farbfläche gemeint. Die Arbeitsweise ist dieselbe wie beim gleichmäßigen Farbauftrag, mit einem Unterschied: Man mischt immer mehr klares Wasser hinzu, solange bis man die gewünschte Helligkeit erreicht hat. Ziehen Sie wieder den ersten Farbstreifen am oberen Rand entlang. Für einen kurzen Verlauf waschen Sie sofort den Pinsel in klarem Wasser aus, streifen ihn am Rande des Wassergefäßes ab und schließen mit dem nächsten Pinselstrich direkt unterhalb der aufgetragenen Farbe an.
Fahren Sie fort mit weiteren horizontalen Pinselzügen, bis Sie einen nahtlosen Übergang zum Papierweiß erzielt haben. Dabei ist es wichtig, den Pinsel häufig auszuwaschen. Achten Sie auf die Dosierung der Wassermenge: Arbeiten Sie zu naß, fließt soviel Farbe von oben nach, daß es schwierig ist, einen kurzen Verlauf zu schaffen; arbeiten Sie zu trocken, fließt die Farbe nicht oder nur schlecht, und es bilden sich Ränder.
Wenn Sie eine große Fläche mit längerem Verlauf anlegen wollen, gehen Sie folgendermaßen vor: Bereiten Sie eine ausreichende Farb-Wasser-Mischung vor. Ziehen Sie damit wieder die ersten Farbstreifen oben beginnend aus.
Nun verdünnen Sie die Farbmischung in der Palette durch Zugabe von klarem Wasser, bei jeder Pinselfüllung etwas mehr. Sobald der Farbverlauf eine gewisse Helligkeit erreicht hat, benutzen Sie nur noch klares Wasser und verwaschen den Rest zu einem schönen Übergang, wie zuvor beschrieben. Wichtig ist es, rasch zu arbeiten, die Wassermenge richtig zu dosieren und die Arbeitsfläche auch während des Trocknens schräg zu halten. Auf keinen Fall darf in den oberen Bereich zurückgegangen werden, um Unregelmäßigkeiten zu retuschieren. Sie werden dadurch nur schlimmer.

„Übersinnliche Tiefe“, Aquarell, 22 × 18 cm

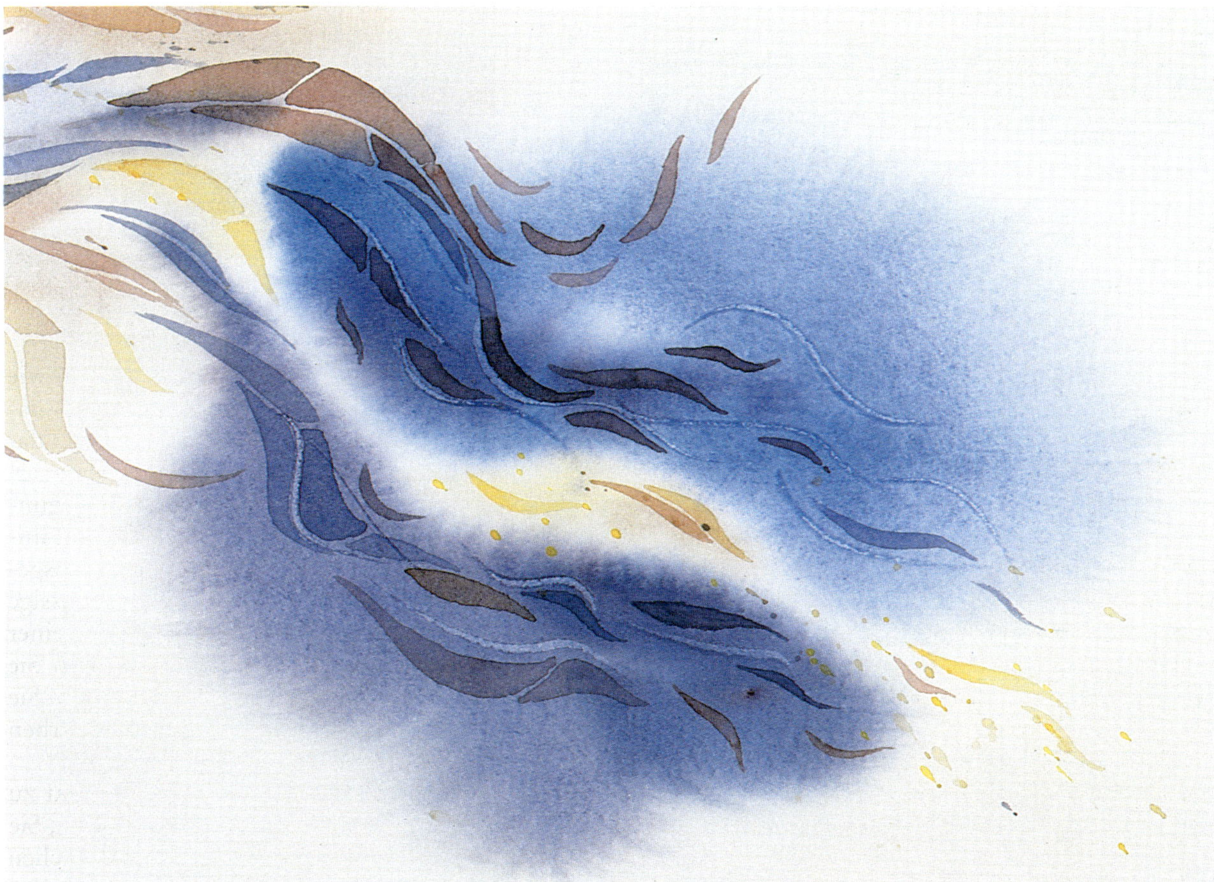

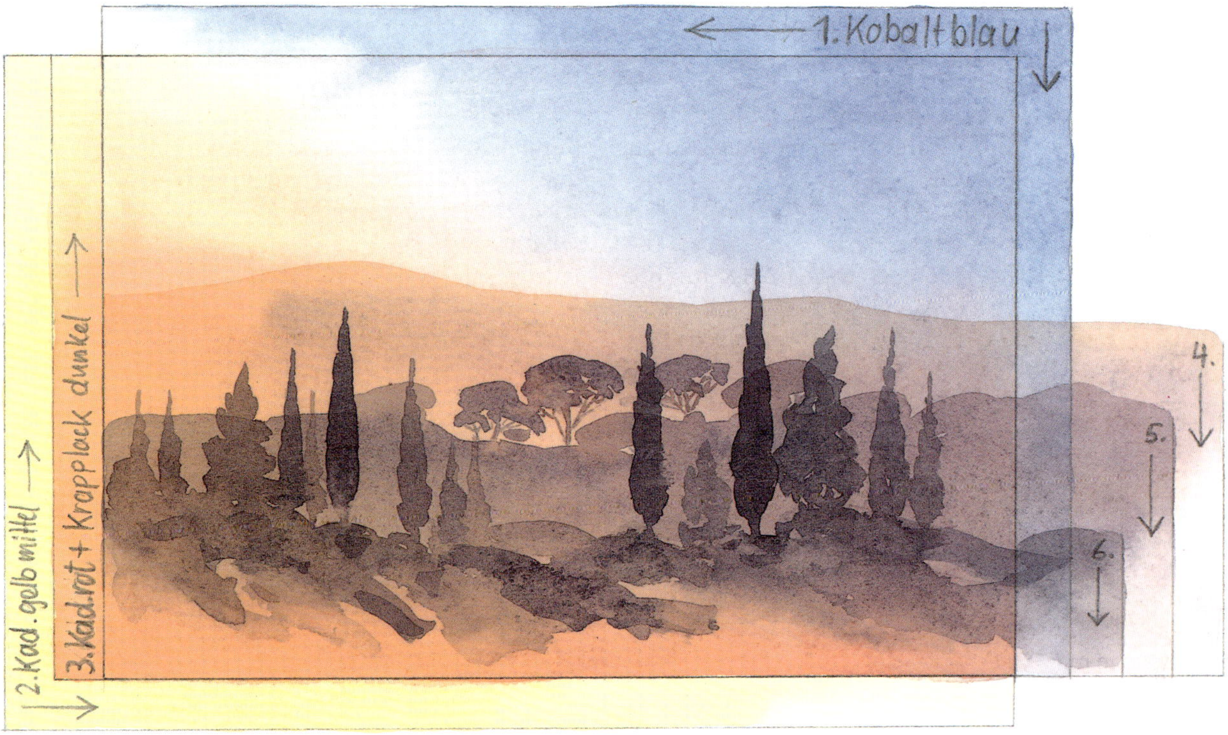

7.2.4 GESCHICHTETER FARBAUFTRAG ODER LASURTECHNIK

Mit der Lasurtechnik lassen sich Lichteffekte erzielen, die an Leuchtkraft kaum zu übertreffen sind. Die Zahlen zeigen die Reihenfolge, in der die Farbschichten übereinander lasiert wurden. Die Pfeile zeigen den Verlauf der Abstufung. Die Farbaufträge 4, 5 und 6 sind Mischungen, bestehend aus den Farben, die für die Hintergrund-Lasuren verwendet wurden. In den dunklen Tönen ist zusätzlich Ultramarinblau enthalten.

Die Lasurmalerei, bei der mehrere zarte Farbschichten übereinandergelegt werden, ist eine traditionelle Technik, mit der die Alten Meister ganz spezielle Licht- und Farbeffekte zauberten. Durch die eher aufwendige Arbeitsweise ist sie heutzutage etwas in Vergessenheit geraten.

Wie Sie im Kapitel 2. „Das Aquarell" lesen können, durchdringt das Licht die transparente Aquarellfarbe und wird vom Papier reflektiert. Natürlich wird die Lichtwirkung dabei von jeder Farbschicht entsprechend beeinflußt. Es ist auf diese Weise möglich, sehr komplexe Mischtöne zu erzielen, ohne daß die Farbe schmutzig wird, wie dies der Fall bei der direkten Mischung ist. Durch das Lasieren bleibt die Farbe klarer.

Die Lasurtechnik eignet sich nicht so sehr für spontanes Arbeiten, denn jede Farbschicht will gut überlegt sein, und die Arbeit zieht sich über mehrere Trocknungsphasen hin. Trotzdem kann man die Vorteile dieser Technik in den spontanen, modernen Malweisen nutzen, solange die Farbaufträge transparent bleiben. Allerdings wird man hier in der Regel nur zwei oder drei Schichten übereinander malen. Ein Beispiel dafür sind großflächige Untermalungen bzw. Grundierungen, die dem Bild einen harmonischen Farbstich verleihen. Lesen Sie dazu Kapitel 5.5 „Farbe in der Komposition".

Durch die Übermalung erreichen wir zwei Dinge: Die Farben werden gemischt und der Tonwert verändert sich; er wird dunkler. Erinnern Sie sich an die Farbenlehre: Mischtöne sind immer dunkler als ihre Ausgangstöne. Daher ist es sinnvoll, zuerst die hellen Stellen zu malen, um sich dann zu den dunkleren und mehr konkreten Darstellungen vorzutasten. So gesehen eignet sich die Lasurtechnik auch für impulsives Arbeiten.

Selbstverständlich können gleichmäßige und abgestufte Farbflächen übereinander geschichtet werden, daher entspricht die Arbeitsweise im wesentlichen diesen beiden Grundtechniken. Allerdings ist es äußerst wichtig, daß man jeden Farbauftrag vor dem Übermalen gut trocknen läßt und daß man beim Lasieren zügig und mit leichtem Pinseldruck arbeitet. Es besteht sonst die Gefahr, daß die unteren Schichten aufweichen und beschädigen. Testen Sie die Wirkung verschiedener Farben in der Lasurtechnik. Erinnern Sie sich an die Pigmentcharakteristik: Manche Aquarellfarben sind sehr transparent, andere wiederum etwas deckender – eine Tatsache, die entscheidend ist für die Wirkung einer Lasur. Achten Sie besonders bei Farben, die etwas deckender sind, auf gute Verdünnung, damit sie sich transparent verwaschen lassen.

7.2.5 NASS-IN-NASS-TECHNIK

Grundsätzlich unterscheidet man zwischen malen auf trockenem und angefeuchtetem Papier. Genauso wie man in den Trockentechniken nicht nur auf dem weißen Papier, sondern auch auf angetrockneten Farbaufträgen arbeitet, ist es in der Naßtechnik möglich, auf nasses Papier und auf noch feuchte Farbe zu malen.
Die Beherrschung dieser Technik erfordert allerdings Geduld und Erfahrung. Dafür stehen dem Aquarellisten Ausdrucksmöglichkeiten zur Verfügung, die ihresgleichen suchen. Nicht umsonst wird oft das in der Naßtechnik gemalte Bild als der Inbegriff eines typischen Aquarells gesehen.
Das Schwierige bei dieser Malweise ist die Kontrolle des Verfließens von Konturen und Umrissen. Ist das Papier zu naß, verschwindet jegliche Definition. Wartet man zu lange, und das Papier ist zu trocken, bleiben scharfe Ränder stehen.
Nicht nur der Feuchtigkeitsgrad des Papiers ist maßgebend, ebenso spielt das Wasser-Farb-Verhältnis der Mischung sowie die Menge der Mischung im Pinsel eine große Rolle. Letzteres hängt natürlich auch von der Pinselgröße ab.
Das Gefühl für die Abstimmung dieser Dinge sowie die Qualität des Papiers ist von entscheidender Bedeutung. Je stärker das Papier ist, desto mehr Wasser nimmt es auf, ohne sich zu wellen. Es ist sehr frustrierend, wenn nicht gar unmöglich, auf einem gewellten Blatt zu arbeiten.
Eine Möglichkeit, dies zu vermeiden, ist das Aufspannen (siehe 3.7.2). Testen Sie verschiedene Papiersorten, Sie werden erstaunt sein, wie unterschiedlich diese reagieren.

Befeuchten Sie das Papier mit einem Schwamm oder einem großen Pinsel. Beobachten Sie nun den Feuchtigkeitsgrad. Sobald die Oberfläche etwas von ihrem Glanz verliert, ist der richtige Zeitpunkt zum Malen gekommen. Setzen Sie gut überlegte Pinselstriche mit einer relativ konzentrierten Farbmischung zügig auf das feuchte Blatt. Je konzentrierter Ihre Mischung ist und je weniger feucht das Papier, desto besser bleiben die Striche bestehen.
Ein anfängliches Problem liegt darin, daß man zuviel Wasser oder eine zu dünne Farbmischung verwendet. Wenn Sie nun weitere dunkle Stellen auf das Blatt setzen wollen, sollten Sie wieder den richtigen Zeitpunkt abwarten und dann mit noch kräftigerer Farbmischung arbeiten. Malen Sie zuerst die großen und hellen Formen und, wenn die Feuchtigkeit schon ziemlich verschwunden ist, die kleineren und konkreten Dinge.

Der Farbfluß kann kontrolliert werden, indem das Papier nur bis zu einer bestimmten Stelle wie hier zu der diagonalen Linie befeuchtet wird. In diesem Beispiel wurde das Blatt mit klarem Wasser angefeuchtet.

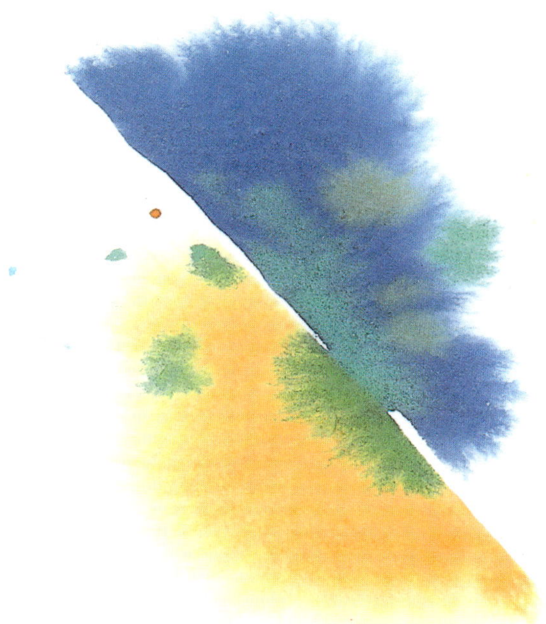

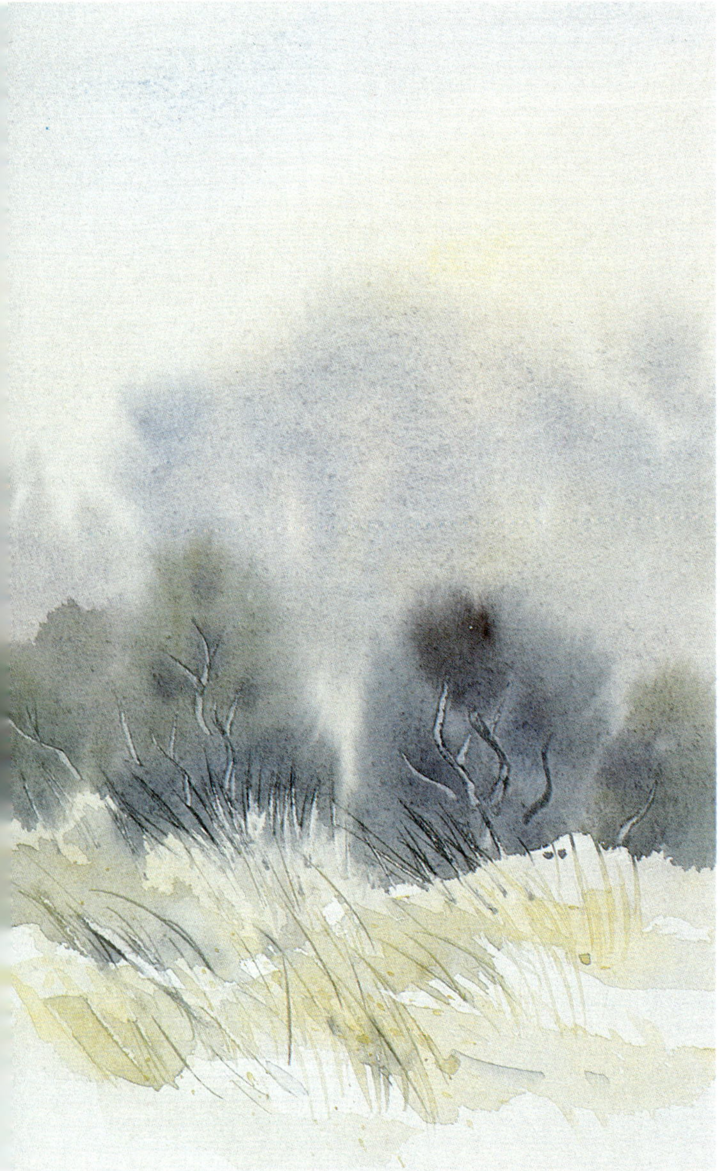

„Riedstimmung", 18 × 26 cm
Die Bäume in diesem Bild wurden in den bis zu den Gräsern feuchten Hintergrund gemalt. Wie weit die Farbe verfließt, hängt vom Feuchtigkeitsgrad des Untergrundes und von der Konzentration der Mischung im Pinsel ab. Techniken für Äste und Gräser sehen Sie unter 7.6 beschrieben.

Zu Übungszwecken sollten Sie mehrere Versuchsblätter anlegen und verschiedene Papiere in unterschiedlichem Feuchtigkeitszustand testen. Achten Sie auf die Schräglage der Arbeitsplatte. Je mehr Neigung sie hat, desto mehr fließt die Farbe. Hier soll nochmals darauf hingewiesen werden, daß man in den meisten Fällen auch diese Technik in Kombination mit anderen verwendet.

7.2.6 PRIMA-MALEREI

Diese Art zu malen, entspricht dem heutigen Zeitgeist am meisten und ist wohl mit ein Grund für die Beliebtheit des Aquarells. Im wesentlichen geht es darum, ein Bild direkt in der Natur in einer Sitzung zu malen, wozu sich die Aquarelltechnik hervorragend eignet.
Bei der direkten Malweise setzt man Eindrücke spontan um – ohne aufwendige Vorstudien und mehrschichtige Lasuren. Leichtigkeit und eine gewisse Frische zeichnen Aquarelle dieser Art aus. Auch wenn nicht alles genau „stimmt" oder exakt der Realität entspricht, haben diese Bilder doch eine ganz lebendige Ausdruckskraft. Im Vergleich zur Fotografie sind es Schnappschüsse. Aber gerade die lockere und ungezwungene Wirkung führt zu der Fehleinschätzung, die Prima-Malerei sei die einfachste Art zu malen und es geschehe alles dabei rein zufällig. In Wirklichkeit erfordert diese Malweise einige Erfahrung und Sicherheit im Erfassen und Umsetzen des Motivs, denn viele Dinge müssen gleichzeitig beachtet werden. Es ist deshalb äußerst wichtig, das Zeichnen und Skizzieren, die Pinseltechniken, Farbmischungen, Farbaufträge und Konturentechniken zu üben.
Die Arbeitsweise bei dieser direkten Methode kann natürlich sehr unterschiedlich aussehen. Entscheidend ist die für eine Sitzung zur Verfügung stehende Zeit und nicht zuletzt Ihr persönlicher Stil und Ihre Gewohnheiten.
Nehmen wir an, es handelt sich um eine Stimmung mit rasch veränderlichen Lichtverhältnissen oder man möchte nicht lange an einem sehr belebten Ort sitzen, dann bleibt nicht viel Zeit für die Planung. Man darf nicht enttäuscht sein, wenn das Resultat nicht immer den Vorstellungen entspricht. In den meisten Fällen ist jedoch genügend Zeit für kurze Skizzen (siehe 6.1.4 „Daumennagelskizze").
Sobald Sie sich – den Umständen entsprechend – Gedanken über den Bildausschnitt und die Farbzusammenstellung gemacht haben, beginnen Sie Farbe auf das trockene Papier zu setzen.
In der Regel malt man zuerst die hellen und großen Passagen, dann mit zunehmend dunkleren

„Begonien", 19 × 24 cm
Ein typisches Beispiel für Prima-Malerei.

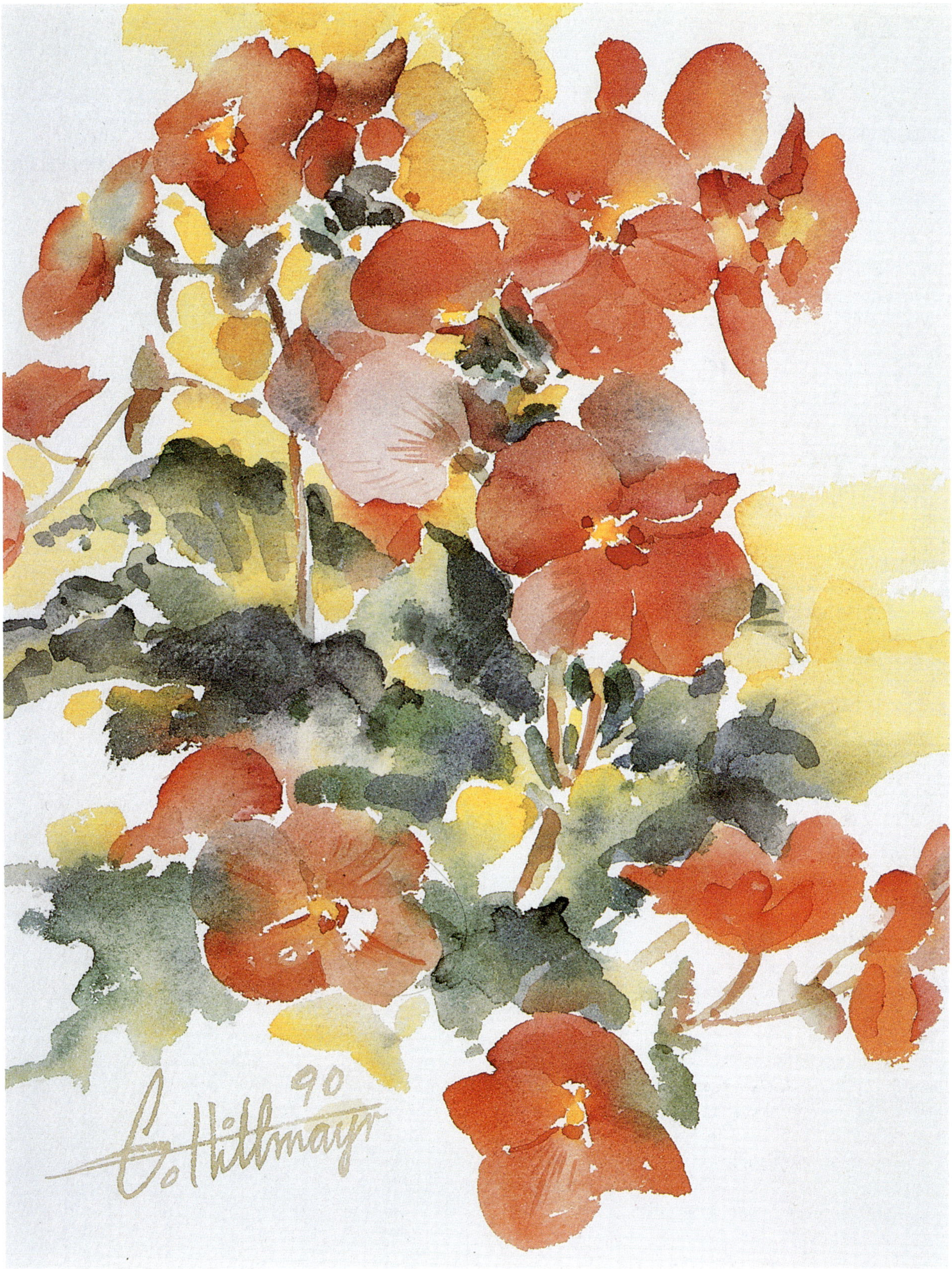
90
G. Hillmayr

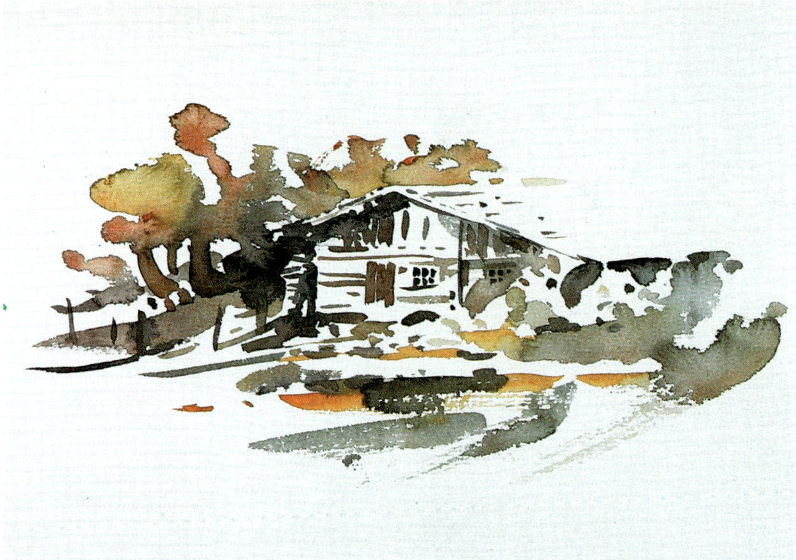

linke Seite:
Solche spontane Studien sind eine gute Übung und erfordern wenig Zeit. Es kommt nicht darauf an, ein vollständiges Bild zu malen.

rechte Seite:
„Jessica", 33 × 45 cm
Kinder sind tolle Motive für eine Aquarellskizze. Da sie aber ungern lange stillhalten, sollte man es mit der Farbe nicht so genau nehmen.

Mischungen die genaueren Dinge und Details. Eine andere Vorgehensweise ist, zuerst die wichtigsten Dinge oder Farben zu malen und dann, sich vortastend, den Rest zu ergänzen.
Bei zügigem Arbeiten kann es natürlich vorkommen, daß die Farben verfließen, wenn man sie nebeneinander bzw. ineinander setzt. Das sollte Sie aber nicht stören, da es ein Merkmal der Prima-Malerei ist. Außerdem ergeben sich dadurch interessante Verbindungen und Mischungen.

Versuchen Sie einmal, die Farben ganz bewußt auf dem Papier zu mischen. Um spontan auf Dinge, die sich auf dem Blatt ergeben, reagieren zu können, sollte die Vorzeichnung nicht zu ausführlich sein. Manchmal kann es sogar sehr befreiend wirken, ganz ohne Vorzeichnung zu arbeiten. bewahren Sie die Arbeiten, mit denen Sie nicht zufrieden sind, auf. Mit etwas Zeitabstand werden Sie zu einem anderen Urteil kommen.

AQUARELLSKIZZE

Ohne die Erwähnung der Aquarellskizze wäre das Thema Prima-Malerei nicht abzuschließen. Eigentlich ist es schwierig, das eine vom anderen zu unterscheiden. Bei einer Skizze handelt es sich um eine ebenso direkte Arbeitsweise wie bei der Prima-Malerei. Der Unterschied sollte in der Erwartungshaltung liegen. Wie beim Skizzieren mit dem Bleistift kommt es hier nicht so sehr auf das Resultat oder Erfolgserlebnis an, sondern auf das Sammeln von Erfahrungen. Um Hemmungen abzubauen und freies, ungezwungenes Malen zu fördern, ist es empfehlenswert, sich ab und zu Zeit für eine Aquarellskizze zu nehmen. Zudem schult man sein künstlerisches Auge und erlangt Sicherheit im Umgang mit dem Pinsel. (Lesen Sie dazu Kapitel 7.3 „Pinseltechniken")

Wie bei der Bleistiftskizze beschränken wir uns auch hier auf die Andeutung von Eindrücken. Es braucht kein ganzes Motiv zu sein, das Sie darstellen. Bruchstückartige Studien erfüllen den Zweck genauso. Im Gegensatz zum Bleistift bietet der Pinsel mehr Ausdrucksmöglichkeiten: einen variablen Strich durch mehr oder weniger Druck aufs Papier, leichteres Anlegen von Flächen und Abstufungen sowie das Arbeiten in Farbe.
Auf jeden Fall sollten Sie ohne Vorzeichnung malen, denn darin liegt der Sinn der Aquarellskizze. Benutzen Sie Aquarellpapier, Skizzenblöcke oder die Rückseite von bemalten Blättern. Beginnen Sie irgendwo am Motiv, und versuchen Sie die Studie in einem Arbeitsgang fertigzustellen. Bemühen Sie sich nicht zu sehr um korrekte Farbmischungen. Malen Sie nicht nur einzelne Dinge; eine gleichmäßige Ausarbeitung von Gegenständen und Hintergrund sollte angestrebt werden. Keine genaue Darstellung bis ins Detail ist hier gefragt; der Reiz liegt nämlich in der durch Spontaneität erzeugten Spannung. Beginnen Sie einfachere Dinge zu skizzieren, und lassen Sie sich nicht durch Mißerfolge entmutigen.

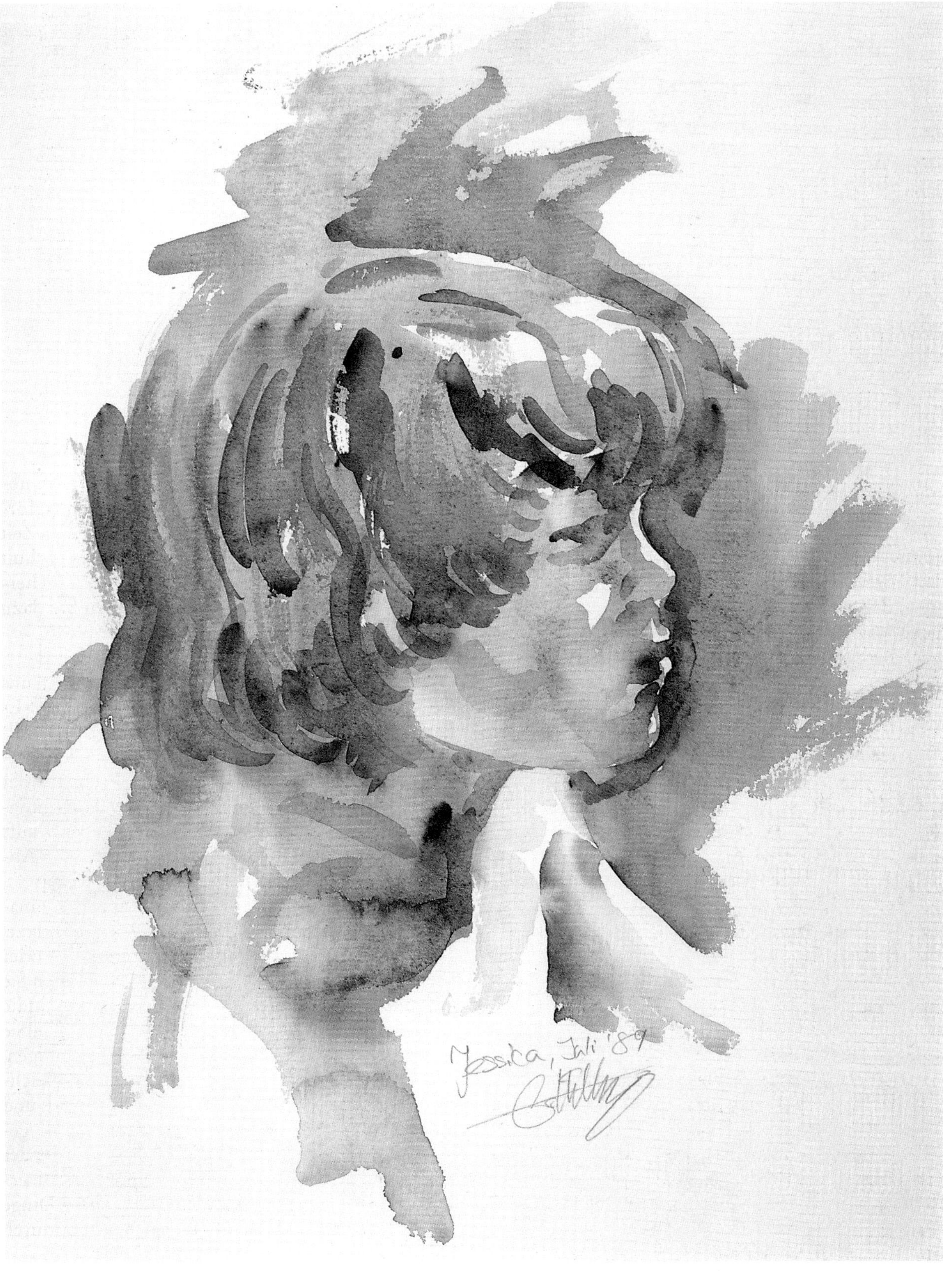
Jessica, Juli '89

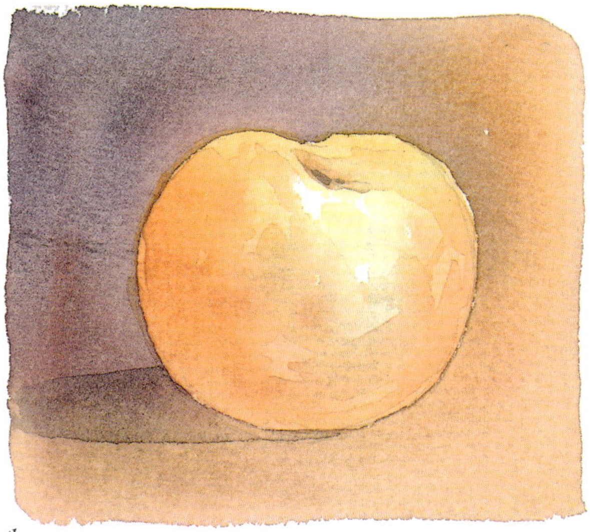

a

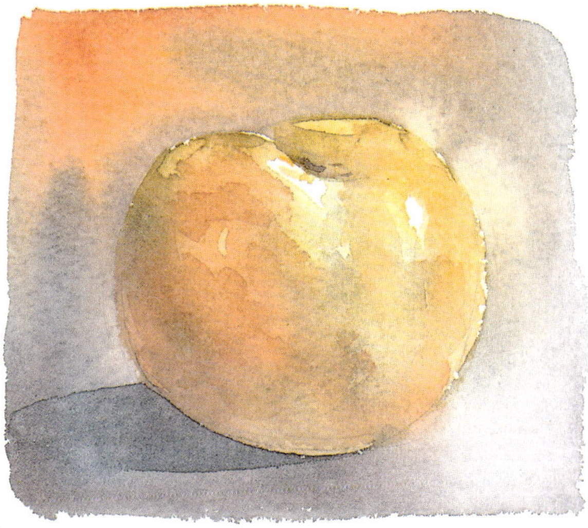

b

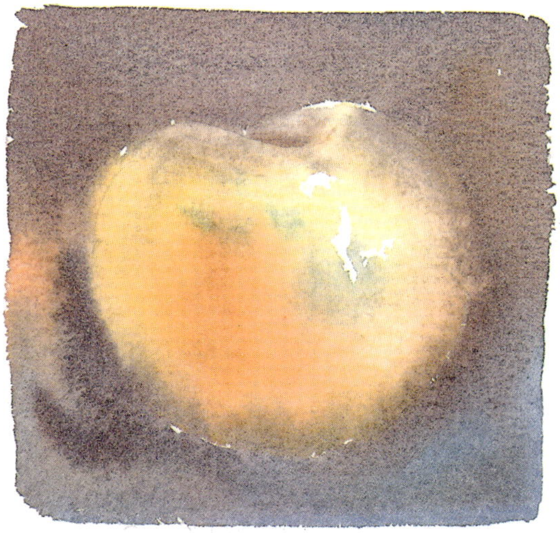

c

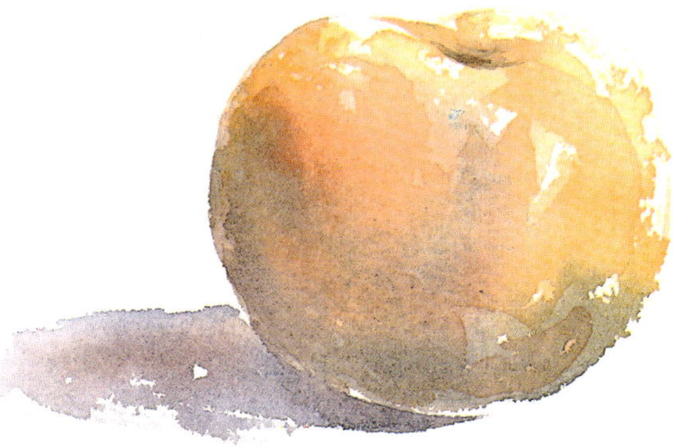

d

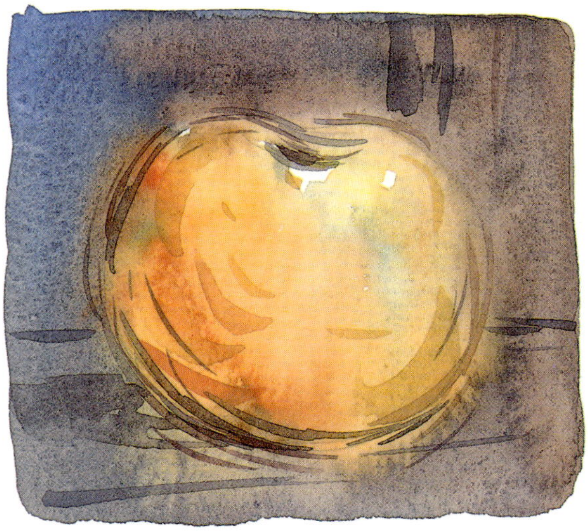

e

a) Harte Kontur: Der Apfel wurde zuerst gemalt, als die Farbe trocken war, der Hintergrund.

b) Harte und weiche Konturen kombiniert: Die Vorgehensweise war die gleiche wie in Beispiel a) mit dem Unterschied, daß der nur leicht feuchte Pinsel an einigen Stellen des noch feuchten Hintergrundes entlang gezogen wurde (siehe Foto). Dadurch wurde die Farbe vom Hintergrund, speziell an der Schattenseite in die Apfelform gezogen und eine weiche Kontur geschaffen.

c) Die weiche Kontur in diesem Beispiel entstand, indem der Hintergrund gemalt wurde, solange die Farbe des Apfels noch feucht war.

d) Strukturierte Kontur: Hier wurde der Pinsel über die rauhe Oberfläche des Papiers gezogen. Dadurch entstand speziell an der dem Licht zugewandten Seite eine unterbrochene Kontur.

e) Lineare Kontur: Hier wurde die Apfelform durch Pinselstriche begrenzt.

7.2.7 KONTURENTECHNIKEN

Wie man Konturen darstellt, scheint im ersten Moment logisch zu sein. Eine harte Begrenzung oder Trennlinie zeigt an, daß hier ein Gegenstand oder eine Farbfläche aufhört und etwas Neues bzw. der Hintergrund beginnt. Das ist eine Tatsache, die unserer logischen Denkweise entspricht, denn in der Natur verhält es sich ja wirklich so. Aber entspricht es auch unseren Sehgewohnheiten? Beim Malen sollten wir die Dinge so darstellen, wie wir sie sehen und nicht wie sie sind. Im Thema 4.6.6 „Lokalfarbe" wurde erwähnt, daß Gegenstände fast immer von Licht und Schatten beeinflußt werden, und dies trifft natürlich auch für Konturen zu. Im Licht und gegen dunkle Hintergründe sind sie deutlich erkennbar, im Schatten und gegen gleiche Tonwerte scheinen sie sich aufzulösen. Ebenso erscheinen Konturen im Blickpunkt, auf den unser Auge gerichtet ist, deutlicher als die außerhalb. Ein weiterer Punkt ist die Tiefenwirkung. Sie erinnern sich, Begrenzungen werden weicher und verschwimmen, je weiter sie im Raum zurückweichen. Sie sehen, es gibt viele Gründe, sich über die Darstellung von Konturen Gedanken zu machen. Selbst in der gegenstandslosen, freien Malerei spielen Konturentechniken eine große Rolle.

Harte Konturen sind am einfachsten zu malen. Man legt den helleren Ton zuerst an, läßt ihn trocknen und definiert die Kontur mit dunkler Farbe.

Weiche Konturen kann man auf unterschiedliche Art gestalten: Sie malen eine harte Kontur, waschen und drücken den Pinsel aus und ziehen ihn an der noch feuchten Kontur entlang. Dies muß von der trockenen Seite her geschehen, damit die Farbe nach außen fließt. Eine weitere Möglichkeit, Dinge durch weiche Begrenzungen mit dem Hintergrund zu verbinden, ist die Naß-in-Naß-Technik. Lesen Sie dazu Kapitel 7.2.5.

Strukturierte Konturen werden mit raschem Pinselstrich ausgeführt, der dabei nur über die Erhöhungen von rauhem Papier streift (oder in der Trockenpinseltechnik, siehe Kapitel 7.3 „Pinseltechniken"). Eine typische Anwendung dieser Technik findet man in der Darstellung von Büschen und Bäumen.

Lineare Konturen haben die gleiche Funktion wie in einer Zeichnung. Sie können Dinge ganz oder nur bruchstückartig umgrenzen. Diese Art der Konturendarstellung kann sehr unterschiedlich aussehen, je nach Charakter der Linie. Feine und zarte Linien, breite und kraftvolle Linien, genau darstellende oder flüchtig angedeutete Linien, Schwarz oder farbig, die Linie als Kontur bringt Ausdruck und Bewegung in das Bild. Es ist egal, wie Sie die Konturen gestalten, sie sollten auf jeden Fall ausgewogen sein und zu einem harmonischen Ganzen beitragen. In den meisten Bildern wird man mehrere Techniken kombinieren, vergleichen Sie dazu verschiedene Aquarelle.

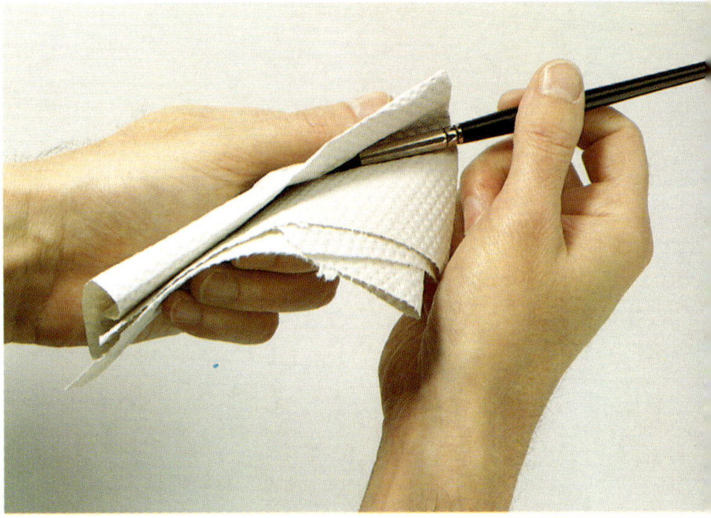

f

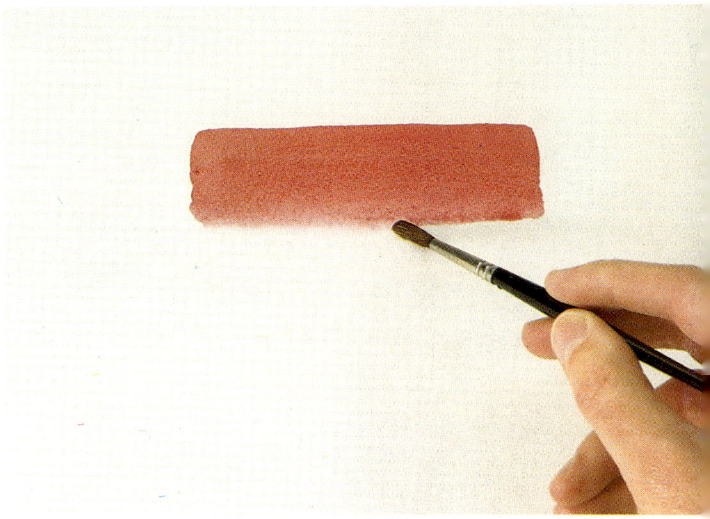

g

f) Um Konturen zu verwischen, drückt man den nassen Pinsel in einem Küchenkrepp aus

g) und zieht ihn wie im Foto an der Außenseite des Farbauftrages entlang.

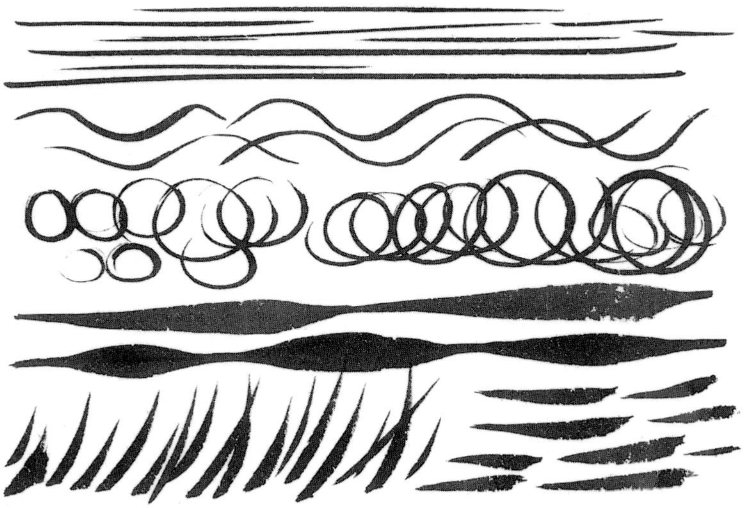

Pinselstrich-Variationen mit Rundpinsel.

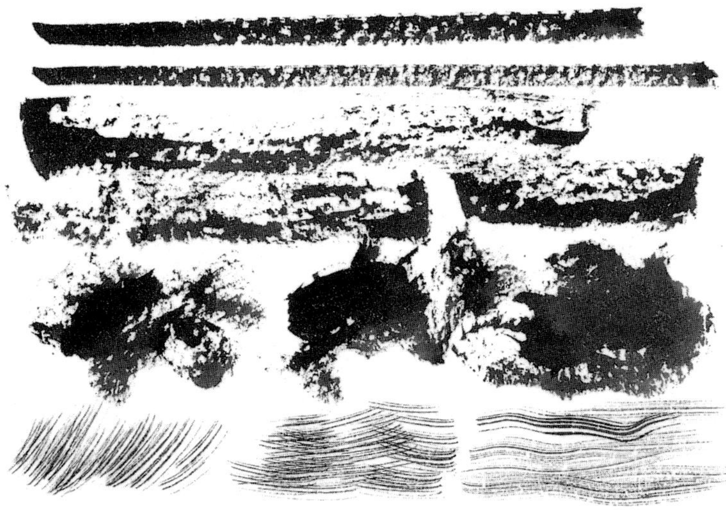

Struktur-Beispiele mit Rundpinsel
Untere Reihe: Trockenpinseltechnik
Mit den flach auf das Papier gedrückten Pinselhaaren können unterschiedliche Strukturen gemalt werden.

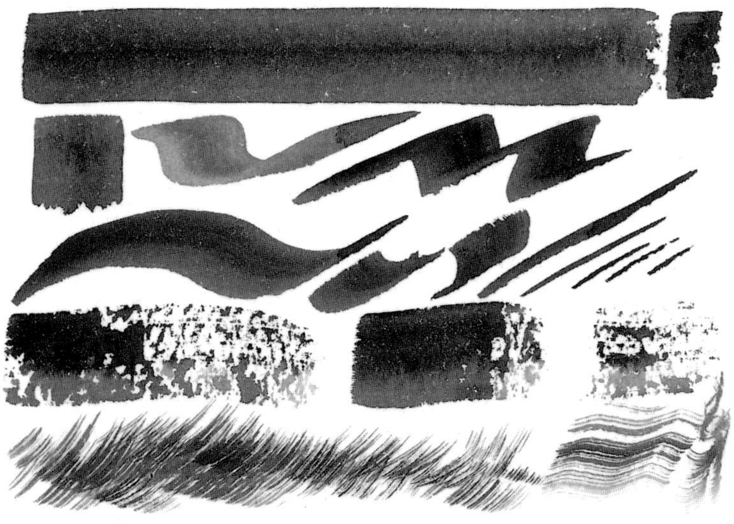

Striche und Strukturen mit Flachpinsel.

7.3 Pinseltechniken

In der Aquarellmalerei fällt dem Pinsel eine besondere Bedeutung zu. Er dient nicht nur als Arbeitsgerät zum Auftragen und Verteilen von Farbe, oft bleibt der Pinselstrich im Aquarell sichtbar stehen.

Schwierigkeiten in der Handhabung lassen sich nicht verbergen. Der Pinsel ist die Verlängerung der Hand und bringt die Emotionen des Malers zum Ausdruck wie kein anderes Zeicheninstrument.

Pinseltechniken sind das A und O des Aquarells und sollten reichlich geübt werden, um die Vielseitigkeit und Ausdrucksmöglichkeiten des Pinsels kennenzulernen.

7.3.1 PINSELSTRICHE

Nehmen Sie einen Rundpinsel von mittlerer Größe mit feiner Spitze und einige Blätter Skizzen- oder Schreibpapier. Halten Sie den Pinsel senkrecht – nicht schräg wie beim Malen –, damit Sie nach allen Seiten beweglich sind. Mit einer nicht zu dünnen Farbmischung und nur mit der Pinselspitze das Papier berührend, versuchen Sie, sehr feine, gleichmäßige Linien zu ziehen.

Als nächstes üben Sie kurze und lange geschwungene Wellenlinien sowie Kreise und Spiralen.

Dann versuchen Sie, ein Gefühl für Variationen der Linienstärke zu bekommen. Halten Sie den Pinsel wieder senkrecht, aber variieren Sie jetzt den Druck auf das Papier, wenn Sie den Strich ausführen. Es sollte eine abwechslungsweise dicke und dünne Linie entstehen.

Weiter geht es mit kurzen Strichen, von dick zu dünn. Setzen Sie den Pinsel mit etwas Druck auf das Papier. Mit einem kurzen Schwung aus dem Handgelenk und gleichzeitigem Anheben des Pinsels erhalten Sie einen Strich, der einem Grashalm gleicht.

Versuchen Sie die gleiche Übung in umgekehrter Reihenfolge, von dünn zu dick.

7.3.2 STRUKTUREN

Für diese Übungen benötigen Sie rauhes Aquarellpapier. Ziehen Sie den leicht schräg gehaltenen Pinsel schnell über das Papier. Durch die rasche Bewegung streifen die Pinselhaare nur über die Erhöhungen des Papiers und hinterlassen so den Struktureffekt.

Für die nächste Übung halten Sie Ihren Pinsel so flach, daß die Haare in ihrer ganzen Länge das Papier berühren. Mit viel Druck manipulieren Sie nun den Pinsel über das Papier, um die unterschiedlichsten strukturierten Formen zu erzielen. Der Erfolg hängt nicht nur von der Papieroberfläche, sondern auch von der Dosierung der Farb-Wasser-Mischung ab.

7.3.3 TROCKENPINSELTECHNIK

Mit dieser Technik ist es möglich, etwas genauere Strukturen herzustellen als mit der zuletzt beschriebenen Methode. Allerdings wirken sie nicht so spontan und schnell überladen. Es wird zwar mit sehr wenig Feuchtigkeit, aber nicht wirklich mit einem trockenen Pinsel gearbeitet.

Drücken Sie den Pinsel auf ein Schmierblatt und bewegen Sie ihn so lange hin und her, bis die Haare sich spreizen und in diesem Zustand bleiben. Mit der so auseinandergestellten Pinselspitze streifen Sie nun über das Papier und schaffen die typischen Trockenpinsel-Effekte.

Praktische Anwendung finden Sie beispielsweise bei Gräsern und Holzmaserungen.

7.3.4 FLACHPINSEL

Meistens verwendet man Flachpinsel zum Anlegen größerer Flächen, aber sie eignen sich auch hervorragend für detailliertes Malen. Der Strich mit dem winkligen Charakter ist ideal für Gebäude und Landschaften. Viele Übungen, die Sie mit dem Rundpinsel gemacht haben, lassen sich auch mit dem Flachpinsel durchführen: breite und feine Linien (dabei kommt es auf die Pinselhaltung an!), Zick-Zack-Linien, Wellenlinien, Strukturen und Trockenpinseltechnik.

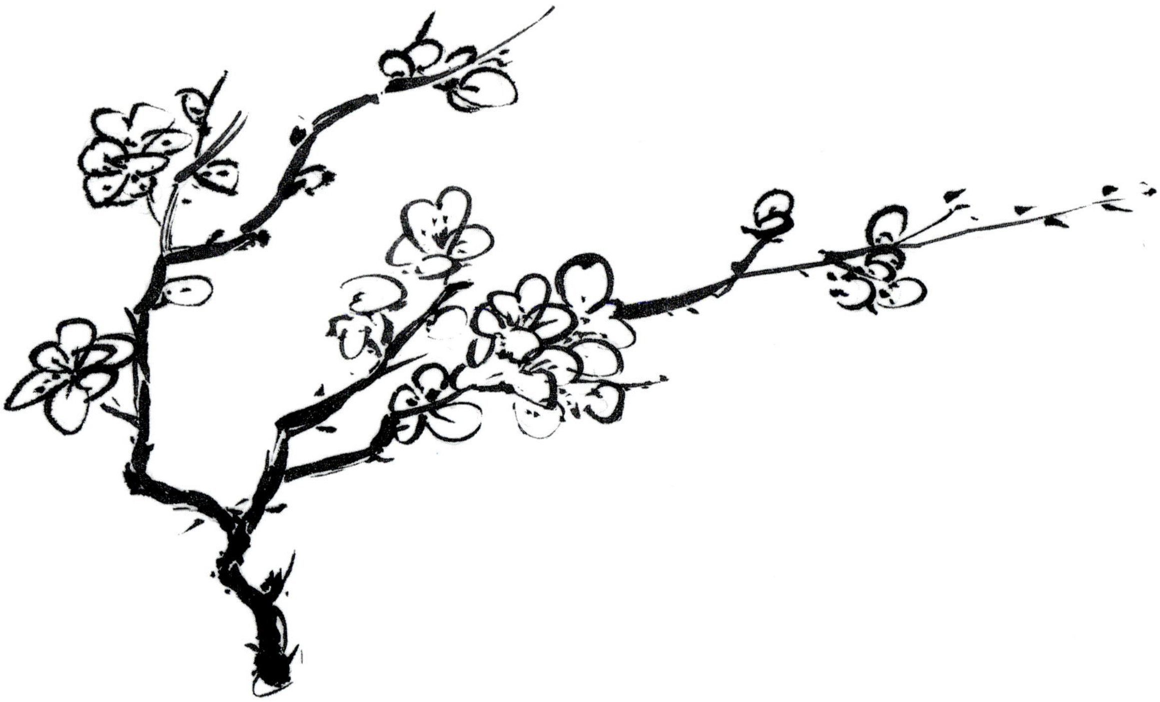

7.3.5 PINSELZEICHNUNG

oben: Pinselzeichnung im Stil der chinesischen Tuschmalerei.
unten: Zum Zeichnen muß der Pinsel im rechten Winkel zum Papier gehalten werden.

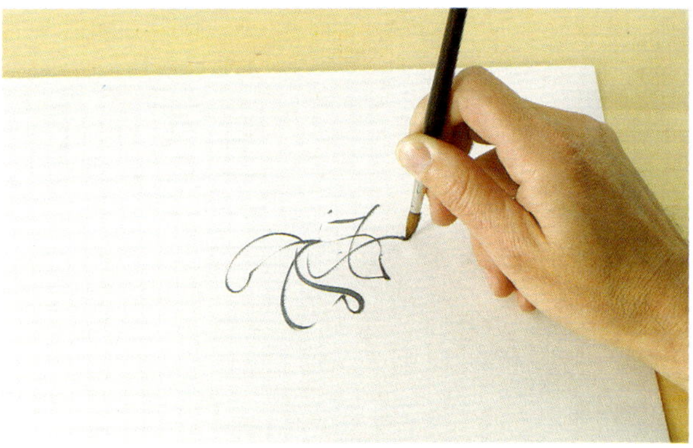

Der Pinsel dient nicht nur zum Auftragen der Farbe, er ist auch ein hervorragendes Schreib- und Zeichengerät. Die beeindruckendsten Beispiele für höchste Pinselbeherrschung finden wir in der fernöstlichen Tuschmalerei. Den Umgang mit diesem biegsamen Instrument müssen wir aber erst mühsam erlernen im Gegensatz zu den Chinesen und Japanern, die damit schon von frühester Kindheit vertraut sind. Sind Sie also nicht enttäuscht, wenn Ihnen am Anfang das Zeichnen mit dem Pinsel schwerfällt. Allein die dafür erforderliche Pinselhaltung ist ungewohnt. Der Pinsel muß im rechten Winkel zum Papier sein, damit man uneingeschränkt nach allen Richtungen zeichnen kann. Schreiben und zeichnen Sie mit dem Pinsel, verwenden Sie gewöhnliches Schreib- oder Packpapier. Zeichnen Sie große Buchstaben mit freiem Schwung aus dem Oberarm und Ellbogen, dann immer kleinere Schriften und Zeichnungen nur durch Bewegung des Handgelenks und der Finger. Verwenden Sie große oder kleine Pinsel; aber achten Sie auf eine gute Spitze. Füllen Sie mehrere Blätter mit solchen Übungen, bis Ihnen diese Pinselhaltung etwas leichter fällt und die Striche ungezwungener wirken. Nehmen Sie bei Gelegenheit eine östliche Tuschzeichnung als Vorlage, und versuchen Sie, diese zu kopieren. Sie werden feststellen, welch sensible Ausdrucksmöglichkeiten in einem Pinsel stecken. Die Pinselzeichnung kann eine eigenständige Technik sein, mit der Sie auch Schriftstücke verzieren können. Regelmäßige Übung kommt auf jeden Fall Ihrer Aquarelltechnik zugute.

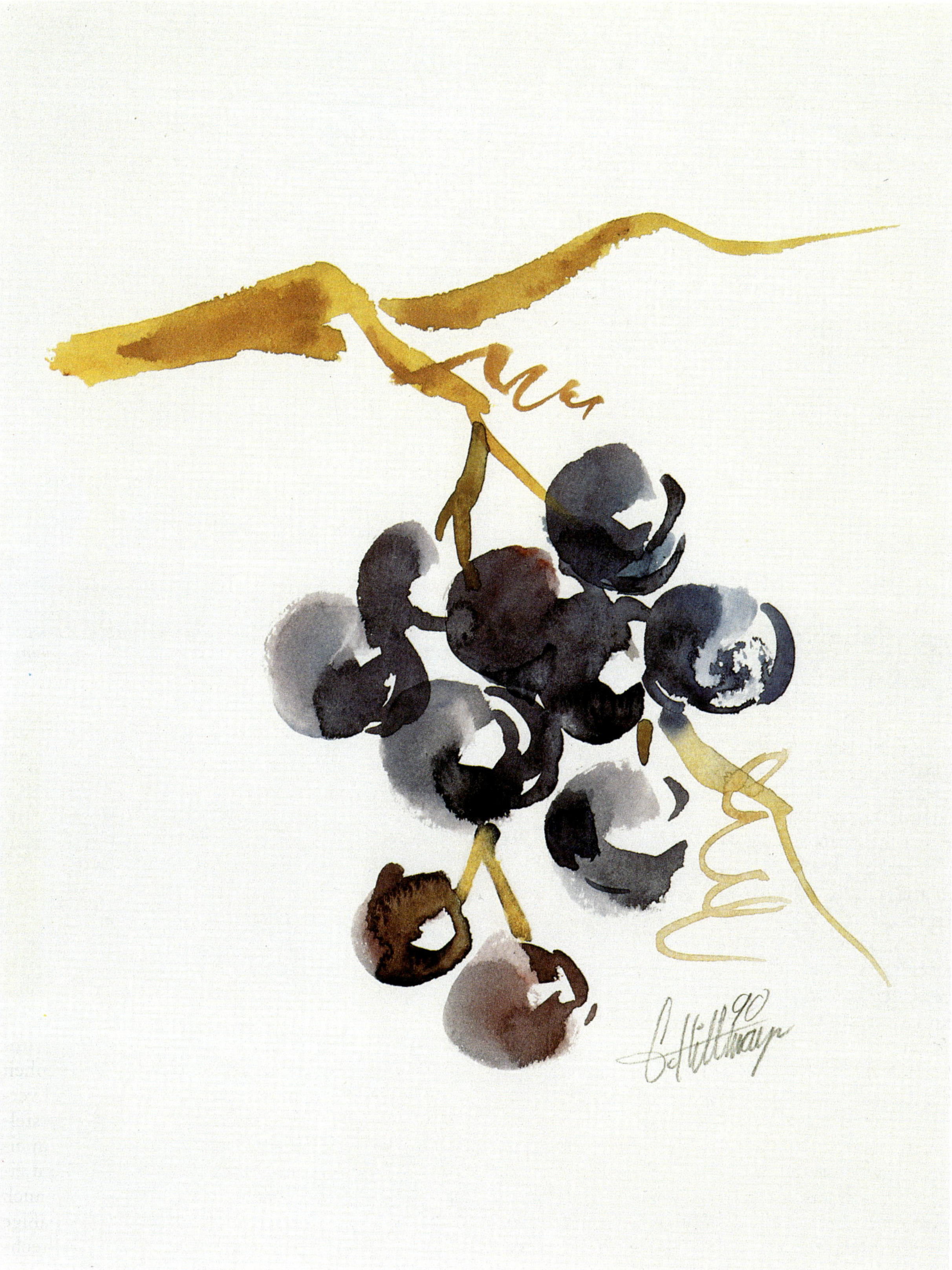

„Trauben", Aquarell, 18 × 18 cm

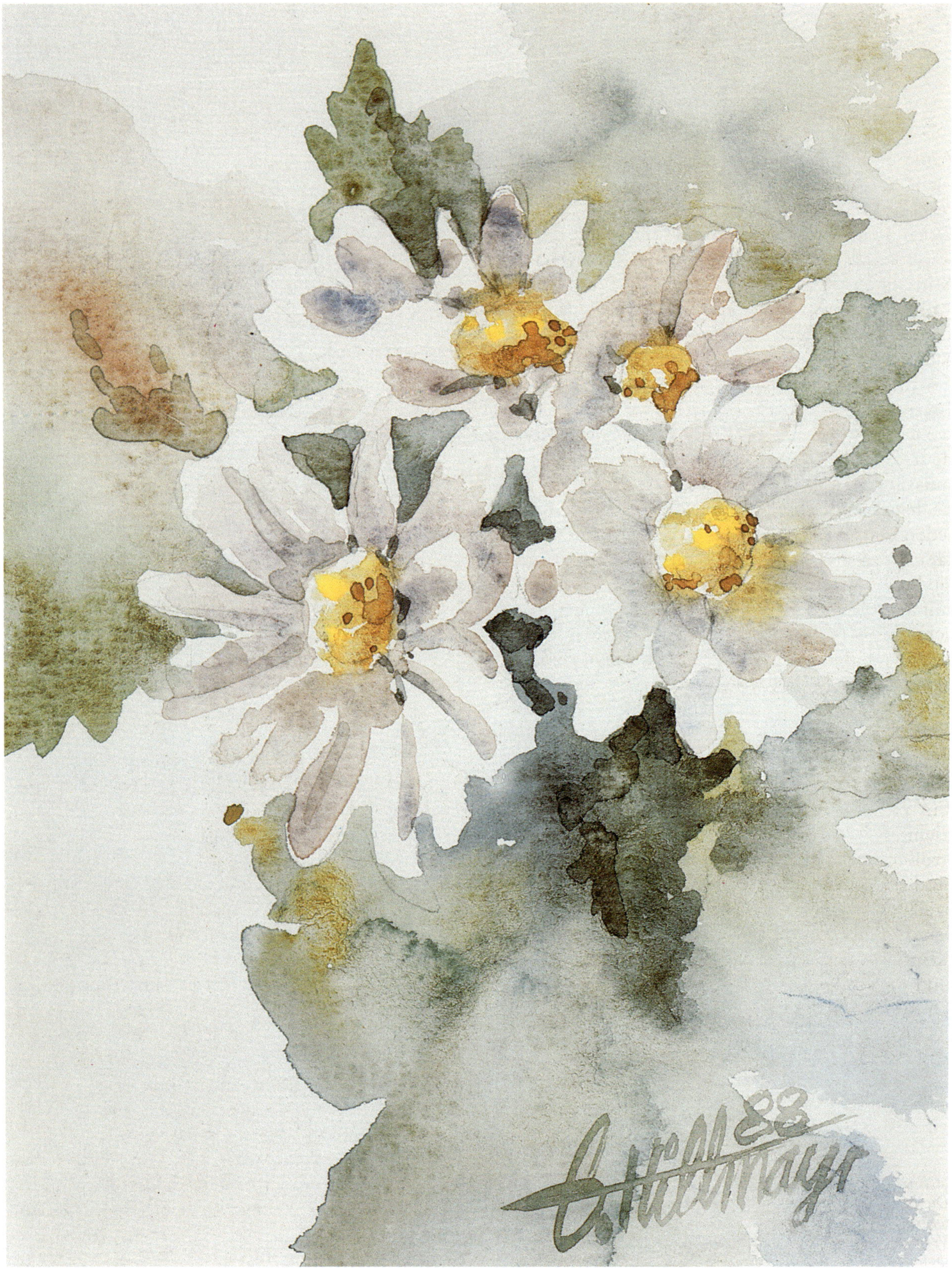

7.4 Aussparung von Weiß

Die Bedeutung der weißen und hellen Stellen im Aquarell wurde immer wieder betont. Wie man sie plant und in ein Bild integriert, lesen Sie im Kapitel 5. „Bildkomposition“.
Doch nicht nur von der Gestaltung hängt das Gelingen eines Aquarells ab, auch die Auswahl der Mittel oder Technik sowie die Sicherheit in der Ausführung sind entscheidend. Beim Malen mit Deckfarben kann man die aufgetragenen Farbschichten übermalen und jederzeit nach Belieben gewünschte Dinge und Passagen aufhellen.
Im transparenten Aquarell allerdings muß man für weiße Stellen das Papier unbemalt lassen. Das bedeutet, daß sie schon im voraus festgelegt werden müssen und andere Arbeitsweisen erfordern. Das nächstliegende und für die direkte Malweise auf jeden Fall empfehlenswerte ist das Ummalen. Man läßt dabei bestimmte Stellen frei, indem man um sie herum malt. Doch es passiert leicht, wenn man mit dem Mischen und Auftragen der Farbe beschäftigt ist, daß man die Stellen, die nicht bemalt werden sollen, übersieht. Es ist logisch, daß man sich auf die Dinge konzentriert, die man gerade malt. Aber beim Aussparen müssen auch die weißen bzw. hellen Stellen im Auge behalten werden, denn sie werden letztendlich durch Ummalen dargestellt.
Für naturnahe Malweisen ist es ratsam, mit einer ziemlich genauen Vorzeichnung zu arbeiten, denn große zeichnerische Sicherheit und Konzentration sind erforderlich, um ohne Orientierungshilfe die weißen Stellen freizulassen. Der Vorteil beim Malen ohne Abdeckmittel besteht darin, daß man die Konturen der ausgesparten Formen sofort sieht und gleich die Möglichkeit hat, sie zu verändern. Diese Technik erfordert etwas Übung, aber das Resultat wirkt frisch.

„Chrysanthemen“, 14 × 19 cm
Die Blumen in diesem Bild wurden dargestellt, indem der Hintergrund um sie herum gemalt wurde. Diese Arbeitsweise, ohne Verwendung von Hilfsmitteln zum Abdecken, erlaubt eine spontane Malweise.

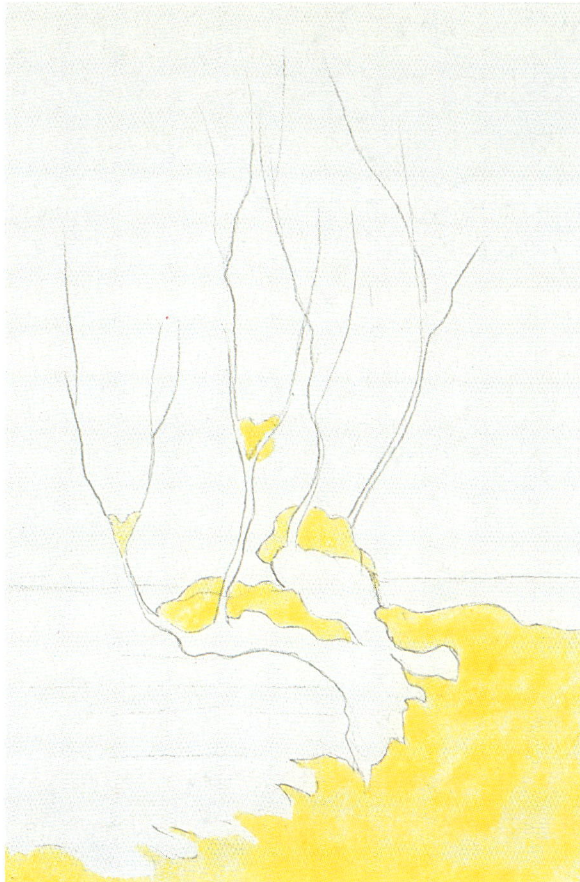

Die geplanten weißen Stellen wurden vor dem Malen mit Maskiergummi abgedeckt.

7.4.1 ABDECKTECHNIKEN

Um den Hintergrund oder die Flächen frei und unbekümmert bemalen zu können und dennoch weiße Stellen auszusparen, verwenden wir Abdeckmittel. Sie halten die Farbe fern von den bedeckten Stellen. Die Nachteile sind, daß sie oft mühsam aufgetragen werden müssen und meist sehr scharfe und steif wirkende Konturen hinterlassen.
Klebefolien oder Klebstreifen: Bevor Sie irgend etwas auf das Aquarellpapier kleben, sollten Sie einen Test durchführen. Es kann vorkommen, daß beim Abziehen von stark haftenden Materialien die Oberfläche des Papiers beschädigt wird.
Schneiden Sie die Maskierfolie nach Bedarf zu und achten Sie darauf, daß die Ränder gut angedrückt sind, sonst könnte die Farbe in die abgedeckte

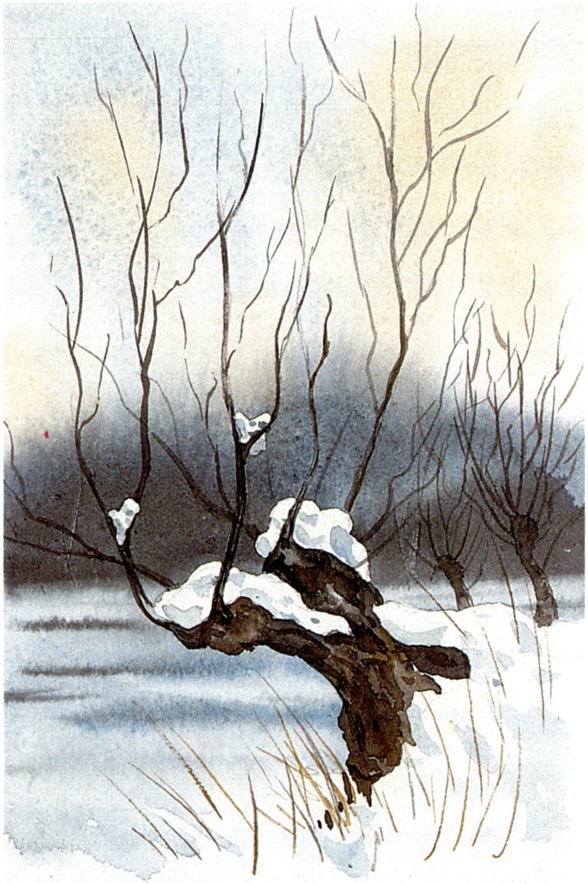

oben: Im fertigen Bild sehen Sie, wie die weißen Stellen durch Schattierungen etwas abgeschwächt wurden. Die Maskiergummi-Methode eignet sich bestens für genaue Arbeiten.

unten: Für die Reflexionen und Wellen wurde vor dem Malen eine Wachskerze über die Stellen gerieben, die weiß bleiben sollen.

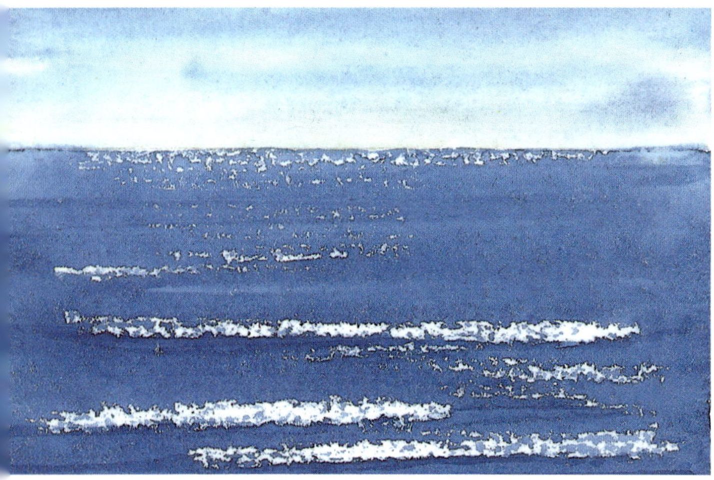

Fläche durchsickern. Klebstreifen kann man zum Einfassen der Bildfläche und zum Abdecken schmaler Streifen benutzen.
Maskiergummi: Dieser flüssige Gummi, auch Rubbelkrepp genannt, ist das gebräuchlichste Abdeckmittel. Er eignet sich hervorragend zum genauen Abdecken von großen und kleinen Flächen und wird deshalb vorwiegend für gegenständliche Arbeiten verwendet. Mit einem Pinsel wird der Flüssiggummi auf die auszusparende Stelle aufgetragen. Sobald er getrocknet ist, kann er mit Farbe übermalt werden, ohne daß das Papier verfärbt. Anschließend wird der Maskiergummi abgerubbelt, und das Papierweiß kommt wieder hervor. Vergewissern Sie sich aber vorher, ob die Farbe trocken ist, denn sonst besteht die Gefahr, daß sie beim Abrubbeln verschmiert. Verwenden Sie nicht Ihren besten Pinsel, denn der Flüssiggummi trocknet sehr schnell und ist dann schwer zu entfernen. Zur Vorbeugung sollten Sie die Pinselhaare vorher auf einem Stück Seife reiben; dadurch läßt sich der Gummi nach beendeter Arbeit wieder leicht auswaschen.
Wachs: Mit Wachsmalstiften und Kerzenwachs kann man das Papier vor Farbe schützen. Auf die gewünschten Stellen aufgetragen, wirken sie wasserabweisend. Man kann damit interessante Glanzlichter und Reflexionen schaffen. Mit Wachsmalstiften abgedeckte Stellen sollten nicht zu oft übermalt werden, da man sonst die weißen Stellen verliert. Das auf das Papier geriebene Kerzenwachs hat den Nachteil, daß es nur mit einem Fließpapier und Bügeleisen entfernt werden kann. Ansonsten können die so abgedeckten Stellen nicht weiter bemalt und verändert werden.
Welche Technik Sie einsetzen, hängt natürlich vom Motiv und von Ihrer Malweise ab. Auf jeden Fall sollten die ausgesparten Stellen nicht zu aufdringlich sein und deshalb nach dem Entfernen der Abdeckmittel durch teilweise Bemalung, d. h. Ausarbeitung von Schattierungen und Details in das Bild integriert werden.

Bild rechts:
„Erosion", 35 × 52 cm

Nicht bei jedem Motiv lassen sich die weißen Stellen im voraus genau planen und abdecken.
Dieses Beispiel zeigt, daß auch bei einem auf Spontanität beruhenden Malstil weiße Stellen sinnvoll plaziert und sehr gut integriert werden können. Allerdings sollte man sich darüber schon vor dem Malen Gedanken machen, um nicht alles dem Zufall zu überlassen.

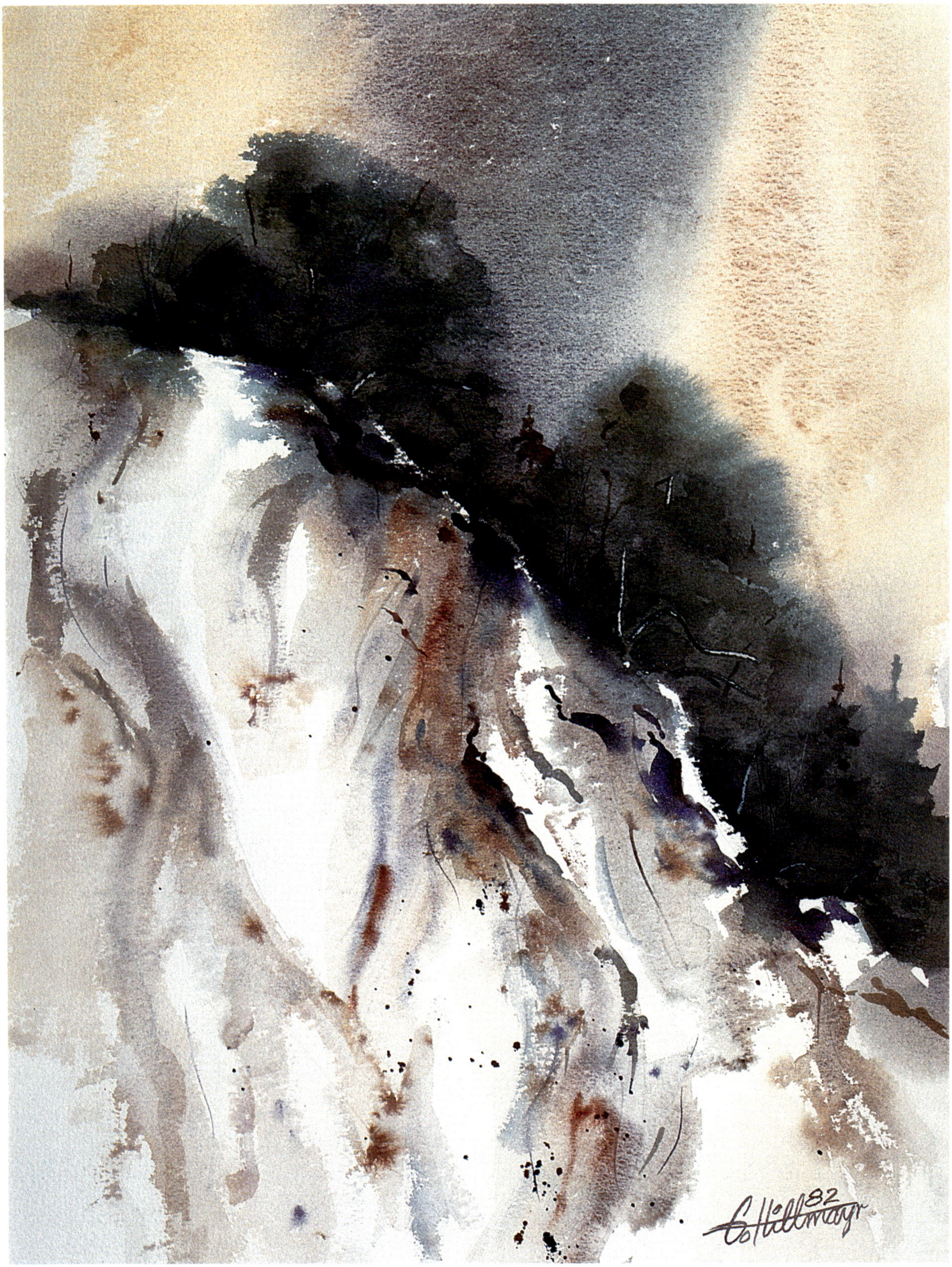
82

7.5 Korrekturmethoden

Wozu gibt es Korrekturtechniken, wenn zuvor die Rede davon war, im transparenten Aquarell bestünden keine Möglichkeiten dazu? Natürlich ist es ideal, auf Anhieb immer alles richtig zu machen. Dann hätten wir kein Bedürfnis nach Verbesserung. Doch gibt es Momente, in denen wir uns unschlüssig sind, wie wir ein Motiv am besten malen. Bevor wir uns entschieden haben, sind wir schon zuweit gegangen und haben etwas auf Papier gebracht, was wir eigentlich nicht wollten. Manche Fehler lassen sich korrigieren, und ein sonst gelungenes Werk kann dadurch gerettet werden.

Abwaschen bzw. Absaugen von noch nasser Farbe: oben mit feuchtem, gut ausgedrücktem Schwamm, unten durch mehrmaliges Absaugen der Farbe mit feuchtem Pinsel.

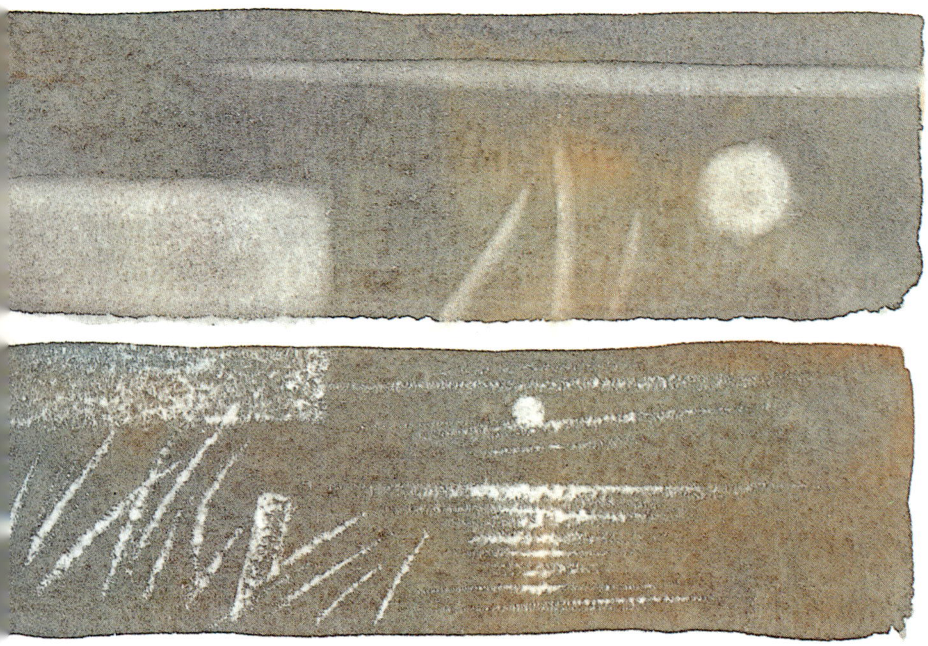

Entfernen von trockener Farbe: oben mit feuchtem Borstenpinsel (siehe Foto), unten Kratzen mit Messer oder Klinge.

Die hier erwähnten Techniken dienen übrigens nicht nur zur Korrektur. Man kann damit auch ganz gezielt bestimmte Effekte schaffen (mehr Beispiele dazu im nächsten Kapitel). Warnen möchte ich trotzdem, gehen Sie behutsam vor. Die Erfahrung zeigt, je mehr man korrigiert, desto schlimmer wird die ganze Sache. Korrekturen sollten nicht zur Stütze werden. Hier möchte ich einige Beispiele geben, die Sie auch illustriert sehen.

Korrektur in feuchter Farbe:
Wenn Sie direkt nach Auftragen der Farbe feststellen, daß das Resultat nicht Ihren Vorstellungen entspricht, nehmen Sie ein saugfähiges Papier oder einen Lappen und tupfen die noch feuchte Farbe ab. Auch der Naturschwamm leistet hier gute Dienste. Sie können damit die Farbe fast ganz entfernen. Waschen Sie ihn dabei häufig in klarem Wasser aus.
Kleinere Helligkeiten können Sie mit dem Pinsel aus dem noch feuchten Farbauftrag hervorholen. Drücken Sie den Pinsel in einem Küchenkrepp aus, und saugen Sie damit an der gewünschten Stelle die Farbe auf. Wiederholen Sie den Vorgang, bis das Papierweiß hervorkommt.

Korrektur in trockener Farbe:
Grundsätzlich kann man getrocknete Farbe wieder anfeuchten und – wenn auch nicht ganz – mit einem saugfähigen Papier oder Pinsel abheben. Allerdings läßt sich diese Korrektur aufgrund der unnatürlichen Ränder, die entstehen, und der etwas matt wirkenden Oberfläche nicht ganz verbergen.
Für die Aufhellung kleiner Details und das Aufweichen zu harter Konturen eignen sich die steifen Borstenpinsel hervorragend. Schrubben Sie mit dem feuchten Pinsel so lange über dieselbe Stelle, bis sie den gewünschten Helligkeitsgrad erreicht hat. Waschen und trocknen Sie dabei den Pinsel häufig.
Mit einem scharfen Messer oder einer Klinge kann man feine Spiegelungen und Glanzlichter auskratzen. Das Papier muß dafür ganz trocken und von guter Qualität sein, sonst wird die Oberfläche zu sehr aufgerauht und wirkt beschädigt.

Totalkorrektur:
Bei einem unbefriedigenden Resultat ist es in der Regel am besten, man nimmt ein frisches Blatt und fängt von neuem an. Es kann allerdings interessant sein, einen Teil des Bildes als Grundton zu erhalten: Legen Sie das Blatt in ein Wasserbecken, bis es aufgeweicht ist. Je nachdem wieviel Sie von der Farbe entfernen wollen, reiben Sie vorsichtig mit einem Schwamm über die Oberfläche oder entnehmen es ohne Behandlung, so wird nur ein Teil der gelösten Farbe vom Wasser abgewaschen. Das Blatt sollte danach wieder aufgespannt werden.

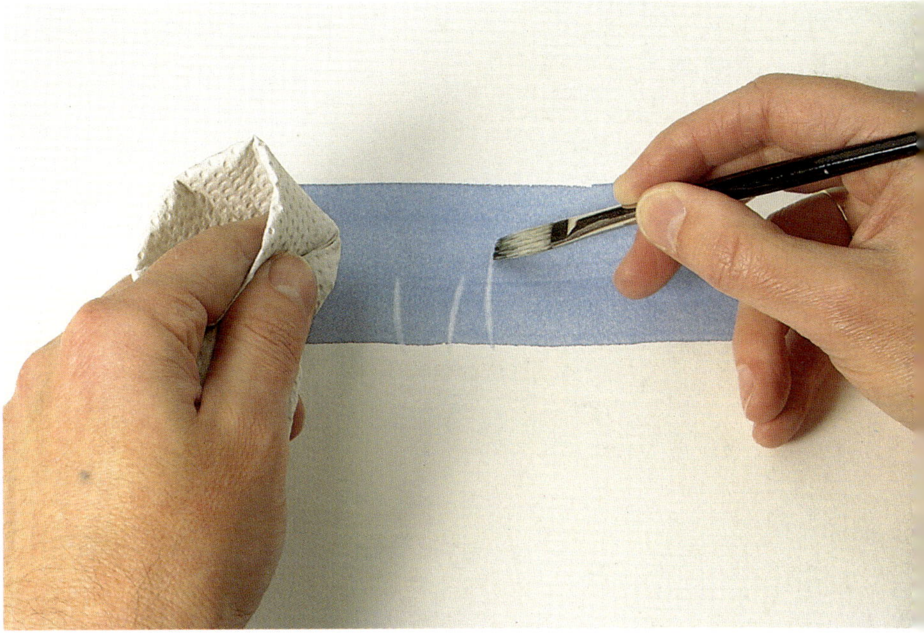

Mit einem feuchten Borstenpinsel kann trockene Farbe aufgeweicht und mit Küchenkrepp abgetupft werden.

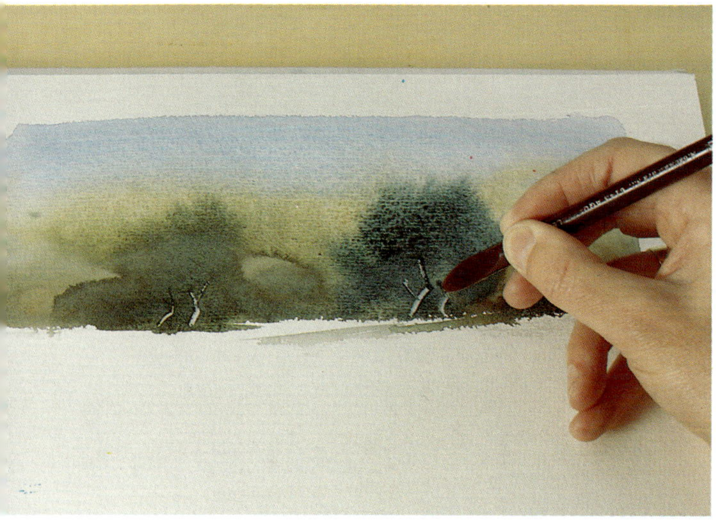

a

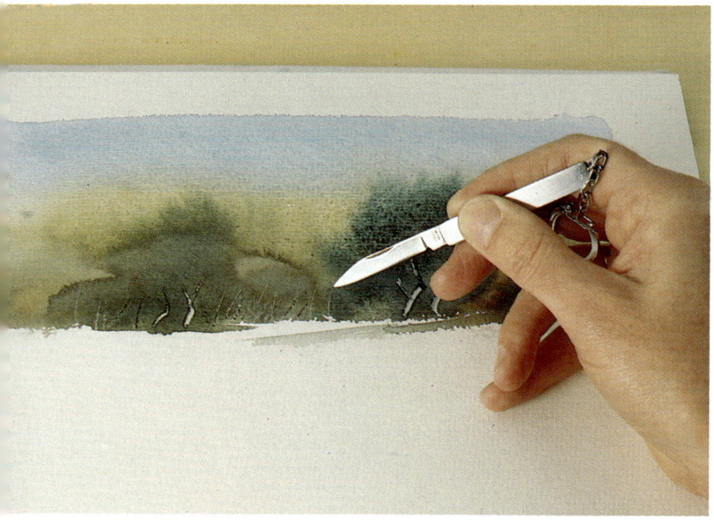

b

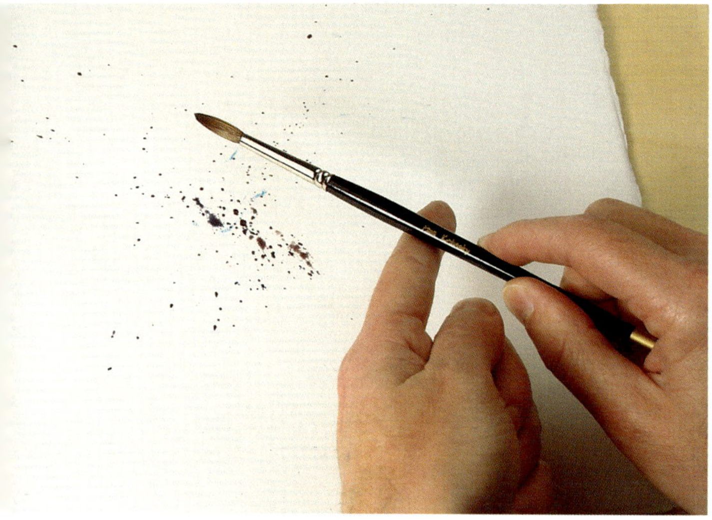

c

7.6 Experimentelle Techniken

Wie aus der Bezeichnung hervorgeht, handelt es sich um Experimente. Man versucht auf manchmal unkonventionelle Weise, spezielle Effekte zu erzielen. Die Möglichkeiten und ihre Anwendung sind so vielfältig, daß man sich ausschließlich diesem Thema widmen könnte. Ich kann hier bestenfalls Anregungen geben.
Ihre Arbeit beruht auf Experimentieren und eigener Phantasie. Auf keinen Fall sollte eine bestimmte Technik so übertrieben werden, daß sie das ganze Bild beherrscht. Effekte wirken störend, wenn sie zu stark hervortreten, und sollten deshalb eine untergeordnete Rolle spielen.

a) Mit dem abgeschrägten Pinselstiel oder irgendeinem stumpfen Gegenstand kann man die noch feuchte Farbe beiseite schieben. Maßgebend ist der richtige Moment im Trocknungsprozeß. Wenn die Farbe noch zu naß ist, fließt sie in die durch das Kratzen geschaffenen Vertiefungen und es entsteht ein dunkler Strich.

b) Feine Gräser oder ähnliche Dinge können mit einem spitzen Messer in die fast trockene Farbe gezeichnet werden. Dies sollte allerdings mit wenig Druck geschehen, da sonst das feuchte Papier beschädigt wird.

c) In manchen Situationen können einige Farbspritzer dem Bild etwas Struktur mit der erwünschten Spontaneität verleihen. Schlagen Sie den gut gefüllten Pinsel gegen Ihren Finger. Aber Vorsicht! Auch dieser Effekt sollte nicht ziellos übertrieben werden.

rechte Seite: „Disteln", 13 × 18 cm
Streut man Salz in die feuchte Farbe, so entstehen während des Trocknens interessante Effekte.
Diese Technik erfordert etwas Übung. Das Resultat ist abhängig von der Feuchtigkeit der Farbe, von der Farbe selbst (Transparente Pigmente reagieren anders als deckende) und von der Salzstruktur (Grobes oder feines Salz ergeben unterschiedliche Effekte).
Streuen Sie nicht zuviel Salz in die Farbe, und legen Sie das Blatt flach, um ein Fließen der Farbe zu vermeiden.
Die Trocknung der Salz-Passagen dauert länger. Danach kann das restliche Salz abgewischt und das Motiv weiter ausgearbeitet werden. Salz-Effekte können sehr unterschiedlich sein und auch die verschiedensten Anwendungen finden.

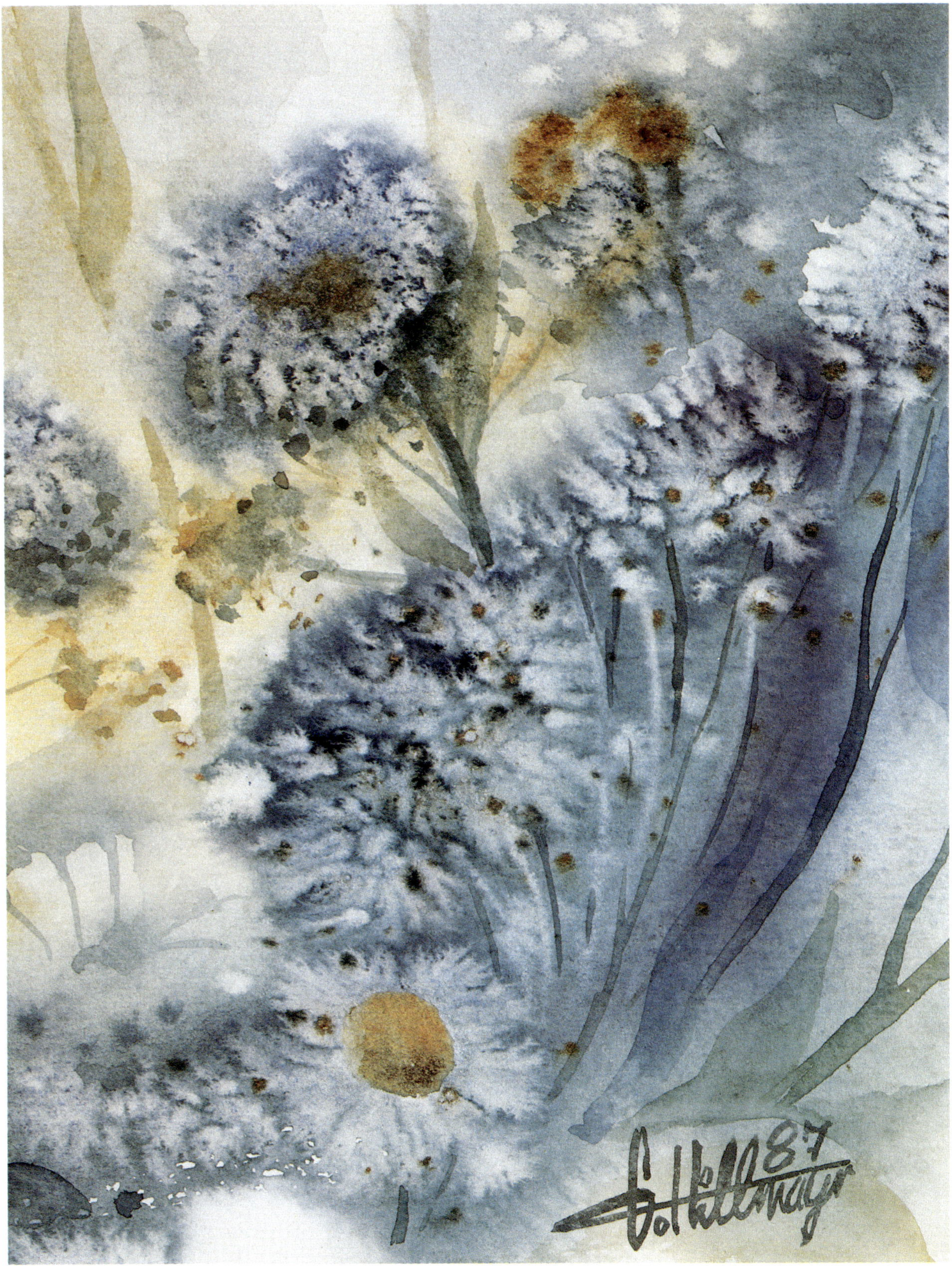

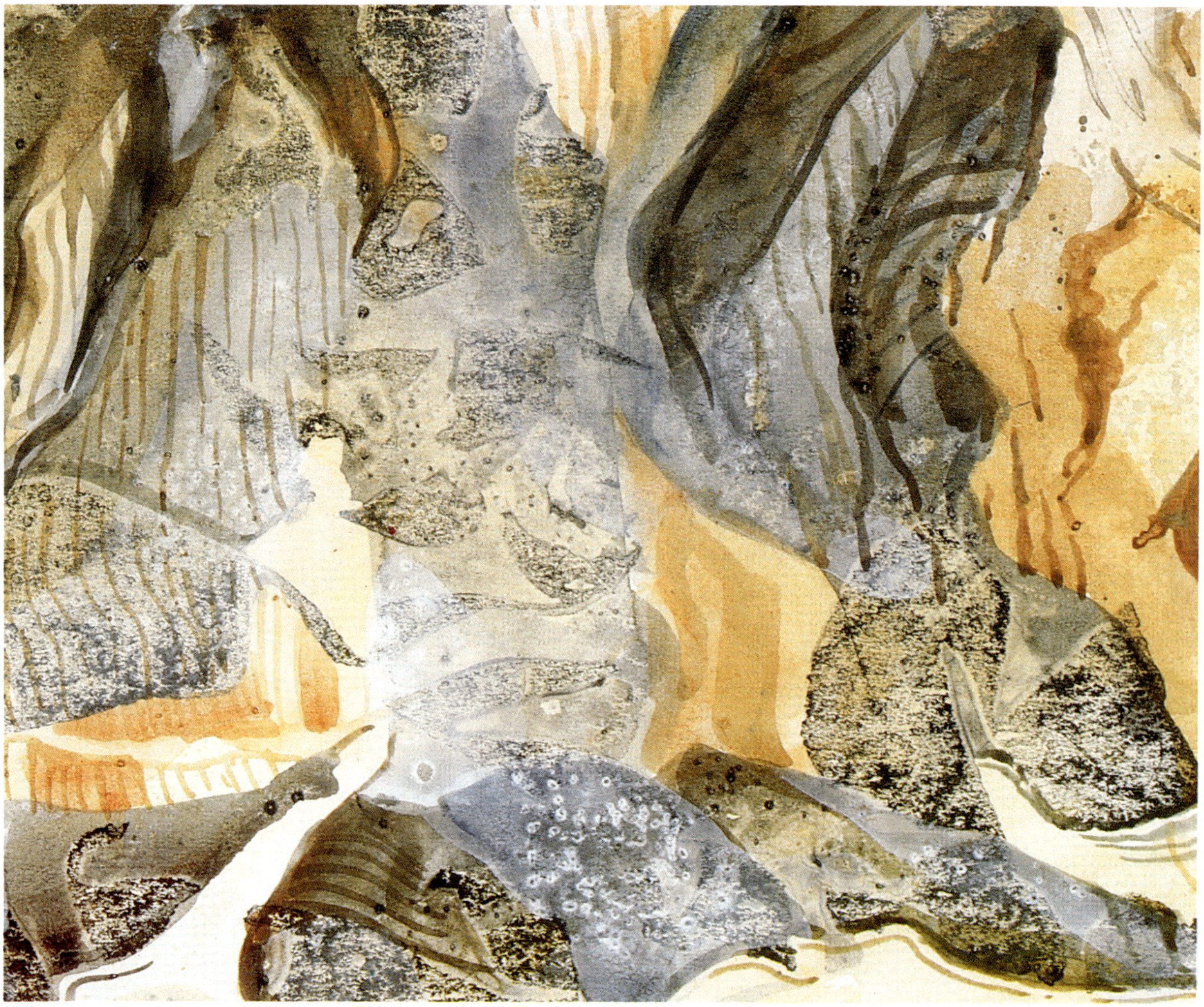

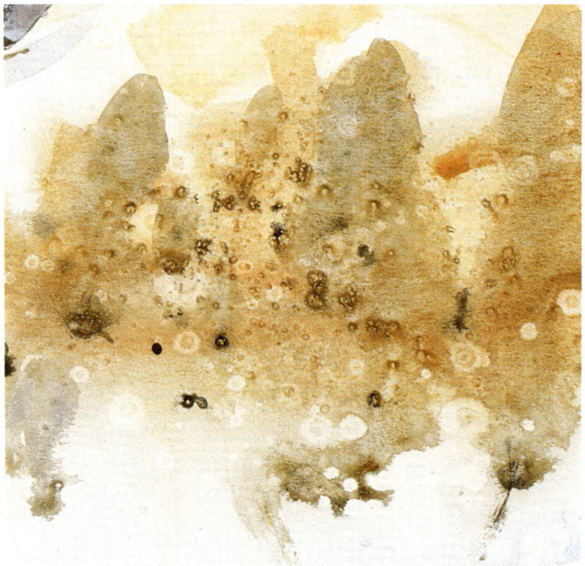

„Schneefeld", Acryl, 28 × 36 cm
Hier ein weiteres Beispiel für experimentelle Malerei: Obwohl diesem Bild eine geplante Komposition mit gegenständlichem Bezug zugrunde liegt, war das Ziel der Arbeit, durch mehr oder weniger zufällige Effekte interessante Strukturen zu schaffen, die ein harmonisches Ganzes bilden. Strukturen können frei erfunden sein oder durch Assoziation naturalistisch wirken.
In dieser Arbeit wurde eine ganze Reihe von Effekttechniken verwendet: zuerst die Felsformation (Ausschnitt oben).
Im oberen Bereich wurde mit Acrylfarben auf relativ glatten Karton gemalt, die feuchte Farbe mit Klarsichtfolie bedeckt und so für einige Stunden liegengelassen. Anstelle von Folie können Sie andere Materialien wie Textilien, Metallfolien, Wachspapier usw. verwenden, um so die aufgetragene Farbe nach Belieben zu strukturieren.
Im nächsten Arbeitsgang wurde die trockene Farbe mit wenig Deckweiß übermalt und etwas Salz darüber gestreut.
Das Schneefeld (Ausschnitt links) und die Bäume sind zum Teil naß-in-naß gemalt, dann mit Salz bestreut und mit einigen Tropfen Alkohol und Wasser überspritzt. Die restliche Ausarbeitung erfolgte, nachdem alles gut trocken war. Experimentieren Sie, erfinden Sie neue Techniken, und lassen Sie sich überraschen.

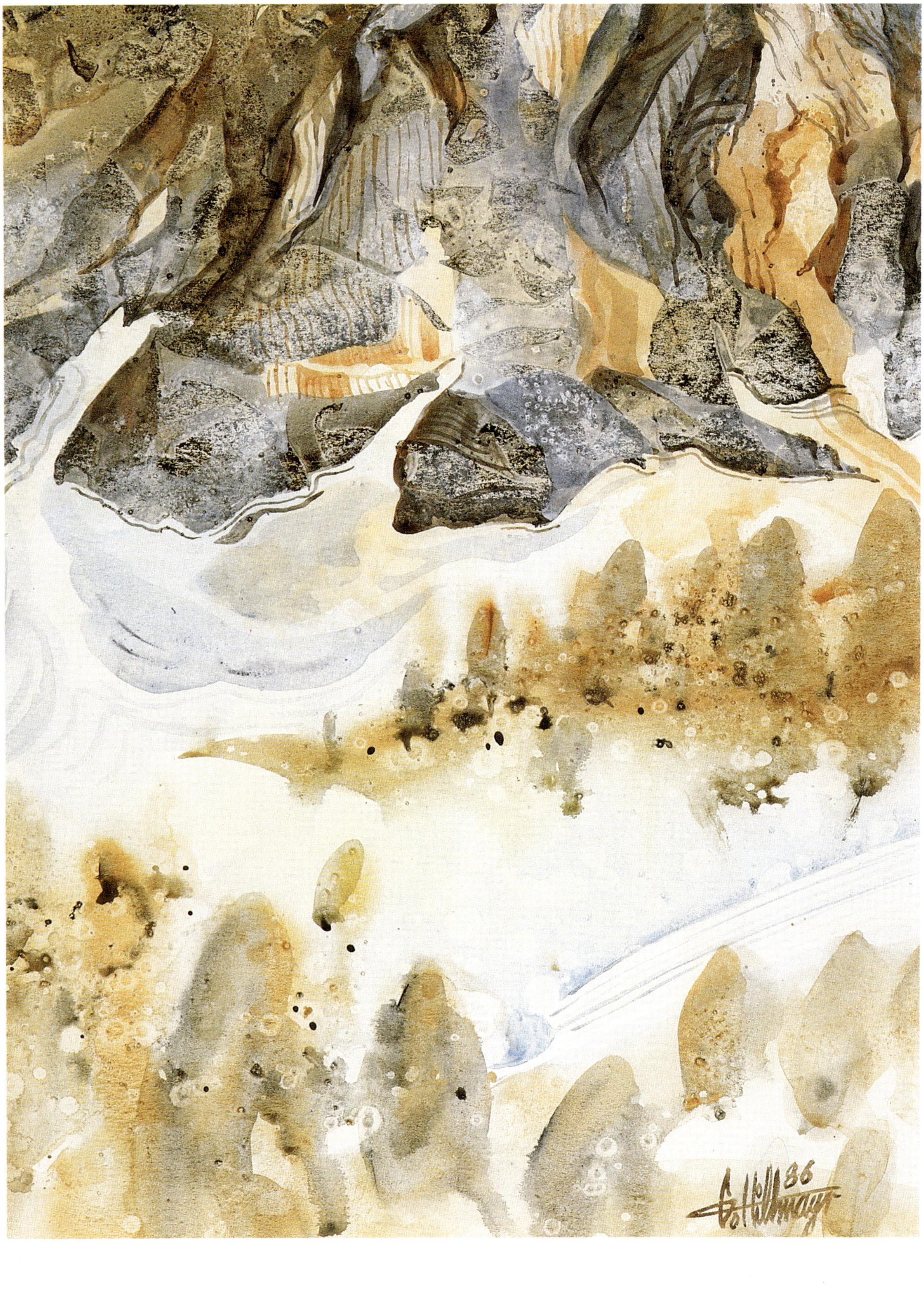

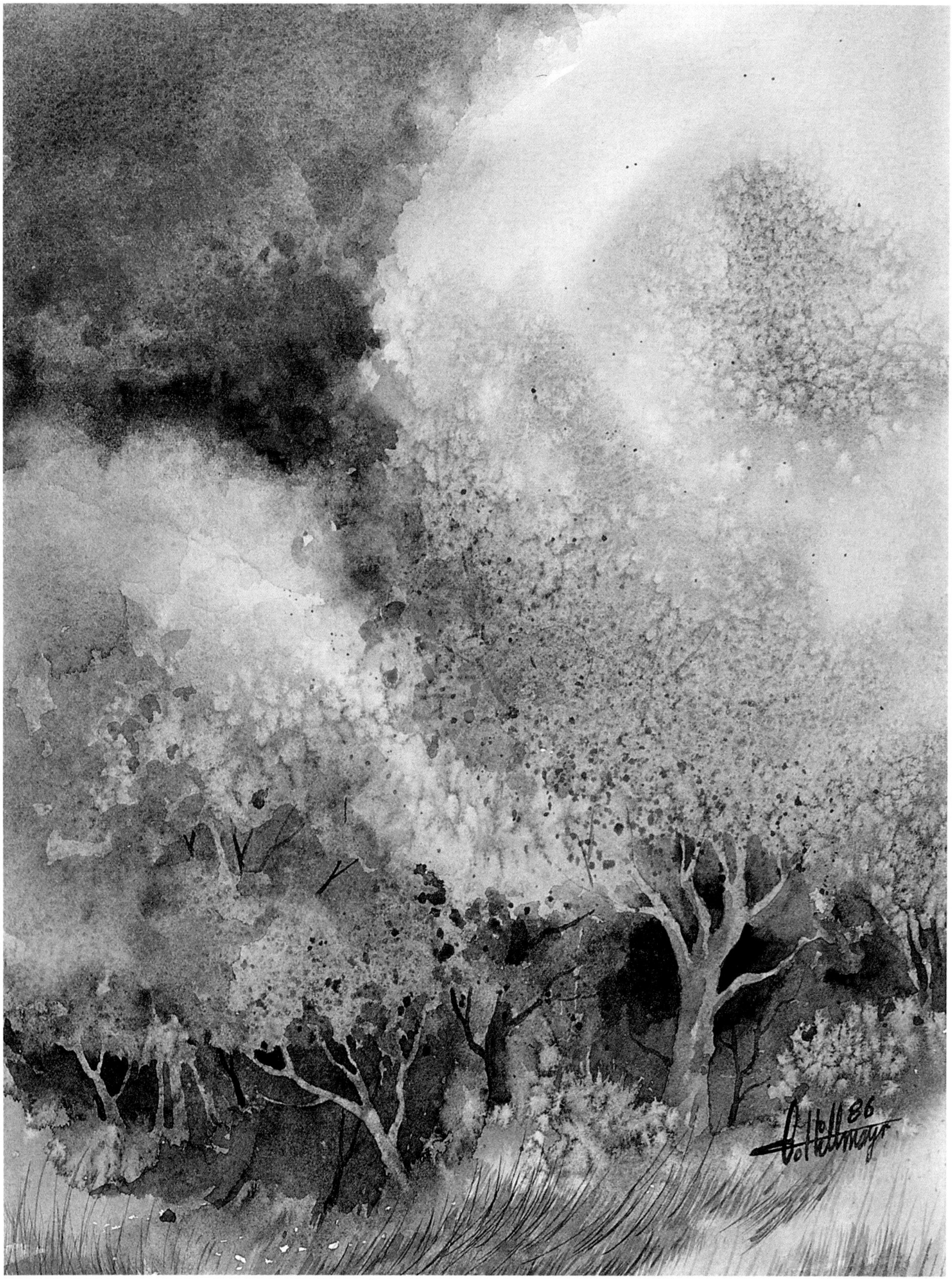
86

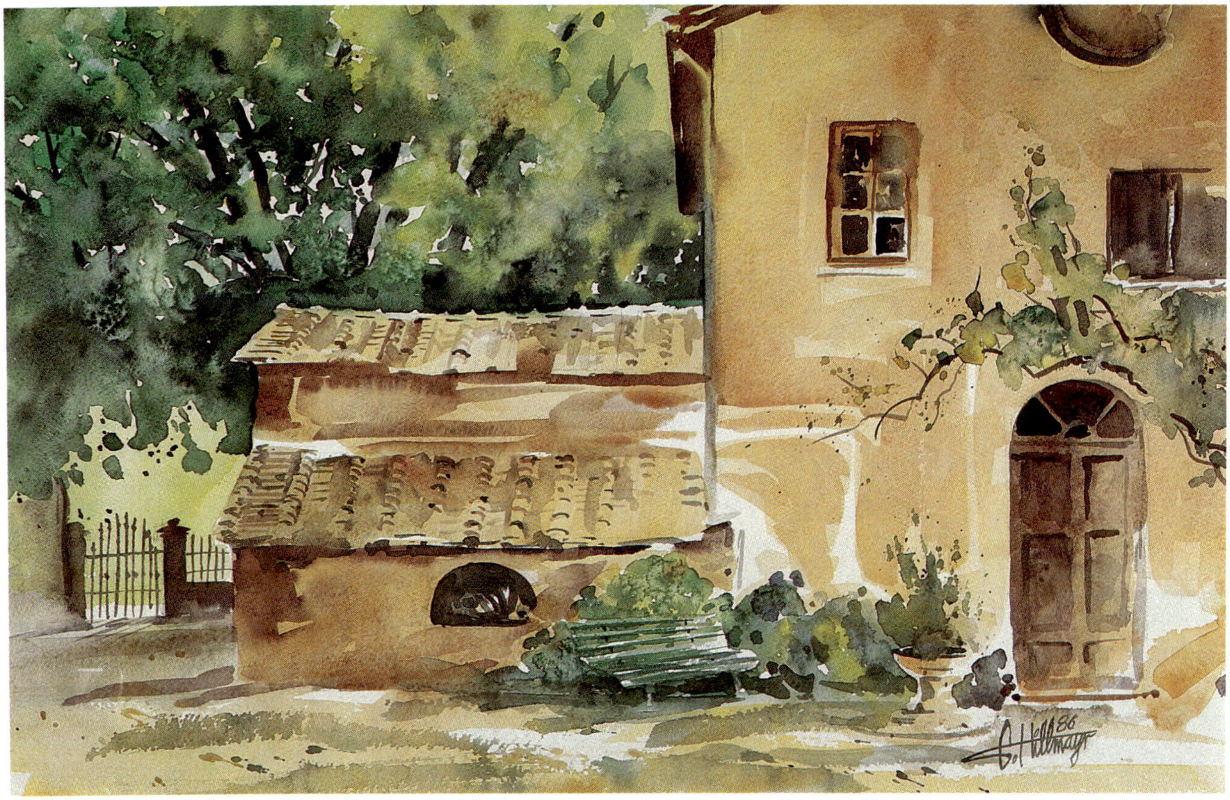

Drei weitere Beispiele für die Verwendung von experimentellen Effekten.

Bild links: „Herbstlaub", 21 × 31 cm

oben: „La Piagetta", 49 × 33 cm

unten: „Säntis", Acryl, 52 × 30 cm

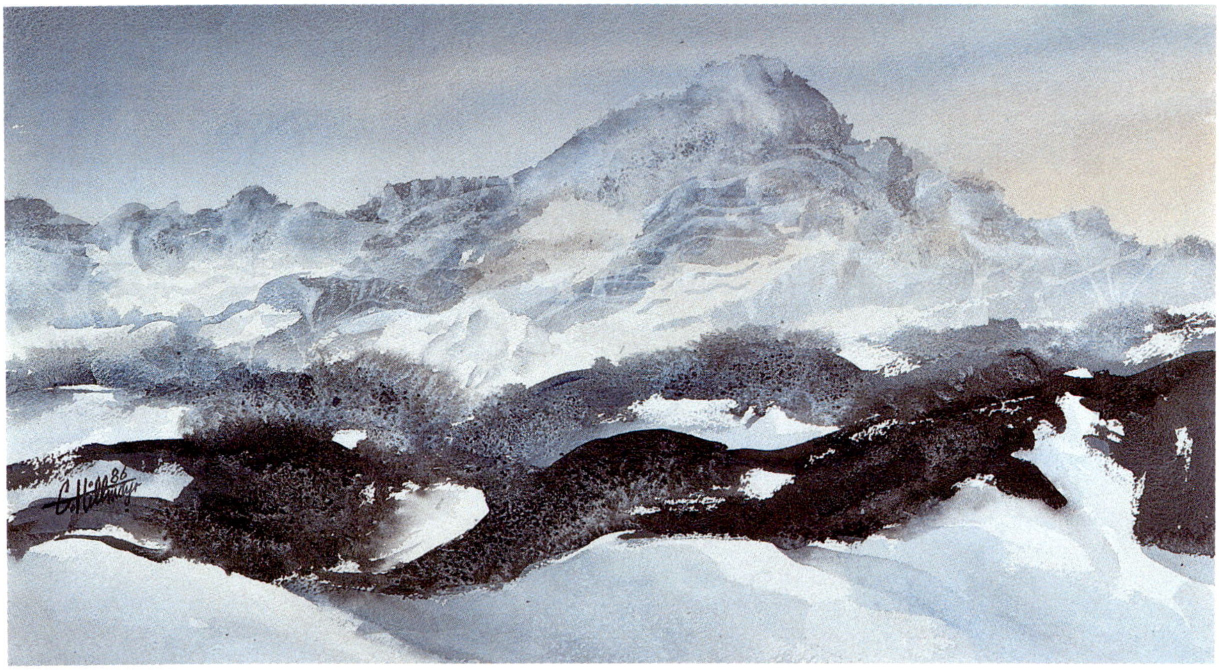

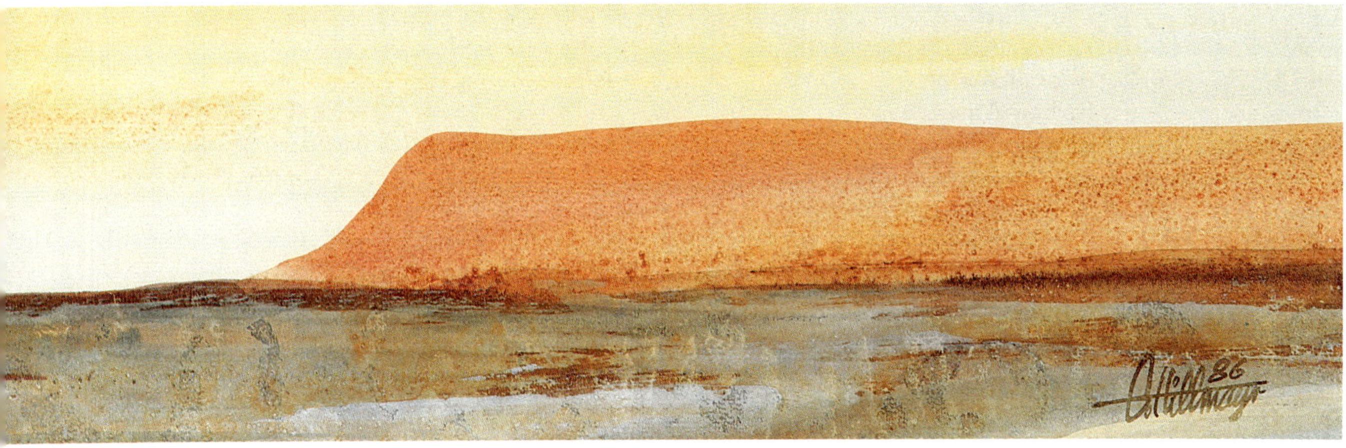

„Roter Berg", Aquarell und Deckfarben auf Karton, 40 × 12 cm
Deckweiß wurde hier in einer dünnen Schicht so über den dunklen Untergrund gemalt, daß dieser an einigen Stellen noch durchscheint. So war es möglich, in diesem Bild eine Struktur zu schaffen, die im Gegensatz zu der transparenten, lichtdurchfluteten Atmosphäre sehr massiv und körperhaft wirkt. Das ist ein Beispiel, wie Deckfarbe sinnvoll in ein Aquarell integriert werden kann.

7.7 Deckfarben

Auf der ersten Seite wurde die Charakteristik des transparenten Aquarells beschrieben und begründet, warum wir uns in diesem Buch hauptsächlich damit befassen. Deckfarben (Guasch, frz. Gouache) sind ebenfalls Wasserfarben und sollten deshalb nicht unerwähnt bleiben.
Gouachefarben werden wie Aquarellfarben mit Wasser verdünnt, auf demselben Malgrund und mit denselben Pinseln verarbeitet. Auch in der Zusammensetzung der Farben bestehen keine wesentlichen Unterschiede. Deckfarben haben eine höhere Konzentration der Pigmente, die aber nicht so fein gerieben sind wie in hochwertigen Aquarellfarben. Zusätzlich werden sie mit Deckweiß verdichtet, und darin besteht ein Unterschied.
Deckende Farben ergeben eine andere Wirkung und erfordern andere Malweisen. Die matte Farbschicht hat eine körperhafte Wirkung, die mit anderen Mitteln nicht erreicht werden kann. Zusätzlich besteht die Möglichkeit, farbige und dunkle Papiere zu verwenden.
Üblicherweise wird in der Deckfarbenmalerei von dunkel nach hell gemalt, was aber nicht heißt, daß die Farbschichten den Untergrund immer zudecken müssen. Durch starke Verdünnung mit Wasser lassen sich aquarellähnliche Wirkungen erzielen und der Malgrund ins Bild einbeziehen. Doch die Farben erreichen nie die Leuchtkraft eines Aquarells. Als Hilfsmittel zur Korrektur von transparenten Aquarellen sollten Deckfarben nicht oder nur mit Vorsicht verwendet werden. Wenn man die deckende Wirkung mit der transparenten kombinieren will, muß man solche Passagen ganz gezielt in die Gestaltung einarbeiten.
Wunderbare Beispiele, wie man die Deckfarbenmalerei selbst sowie ihren farbigen Malgrund mit in das Aquarellbild integriert, hat uns William Turner hinterlassen.
Eine andere Variante, die dichte, fast greifbare Wirkung von Deckfarben in einem Aquarell zu nutzen, ist das Mischen von Deckweiß mit den transparenten Aquarellfarben. Dadurch können interessante Effekte erzielt werden, mit denen Sie bei Gelegenheit experimentieren sollten.

7.8 Acrylfarben

Wer Möglichkeiten sucht, die traditionelle Aquarellmalerei zu erweitern, sollte Acrylfarben nicht außer acht lassen. Diese faszinierende Künstlerfarbe, die Mitte dieses Jahrhunderts entwickelt wurde, ist erstaunlich vielseitig.

Am besten sind die in sehr kräftigen Farben, deckend bis pastos gemalten Acrylbilder bekannt, weniger dagegen die beachtlichen Ausdrucksmöglichkeiten, die diese Farben Aquarellisten bieten. Tatsächlich eignen sie sich nicht nur für die erwähnten Impastos und Spachteltechniken, auch transparente Lasuren, Naß-in-Naß-Techniken und halbdeckende bis deckende Gouachen können damit gemalt werden.
Geradezu ideale Voraussetzungen bieten diese modernen Farben für experimentelle Effekte und Collagen. Es ginge zuweit, diese umfangreichen Techniken hier ausführlich zu behandeln. Trotzdem will ich einige Tips und Hinweise für die Verwendung von Acrylfarben in der Aquarellmalerei geben.
Acrylfarben sind auf Polymerbasis aufgebaut, mit Wasser verdünnbar und trocknen zu einer wasserunlöslichen widerstandsfähigen Farbschicht auf. Die hochwertigen Pigmente sind extrem fein gerieben, von höchster Leuchtkraft und unterliegen keinem Alterungsprozeß. Das sind beste Voraussetzungen für die Aquarellmalerei.
Die intensiven Farben sind für Aquarellisten ungewohnt, doch mit etwas Übung können sie durch Mischen ausgeglichen werden.
Der größte Unterschied zu Aquarellfarben besteht darin, daß Acrylfarben wasserunlöslich auftrocknen. Dies hat Vor- und Nachteile. Vorteile deshalb, weil die getrockneten Farbschichten ohne Probleme übermalt werden können und sehr widerstandsfähig sind. Der Nachteil ist, Konturen lassen sich nach dem Trocknen nicht wieder auflösen und verwaschen. Es gibt also keine Möglichkeit mehr für Korrekturen durch Auflösen und Absaugen der Farbe.
Dies stellt aber kein großes Problem dar und wird von den Vorteilen aufgewogen. Dafür ist es etwas mehr Aufwand mit Acrylfarben zu arbeiten. Einmal ausgedrückt, trocknen sie relativ schnell, sollten deshalb feucht gehalten werden, und die Pinsel

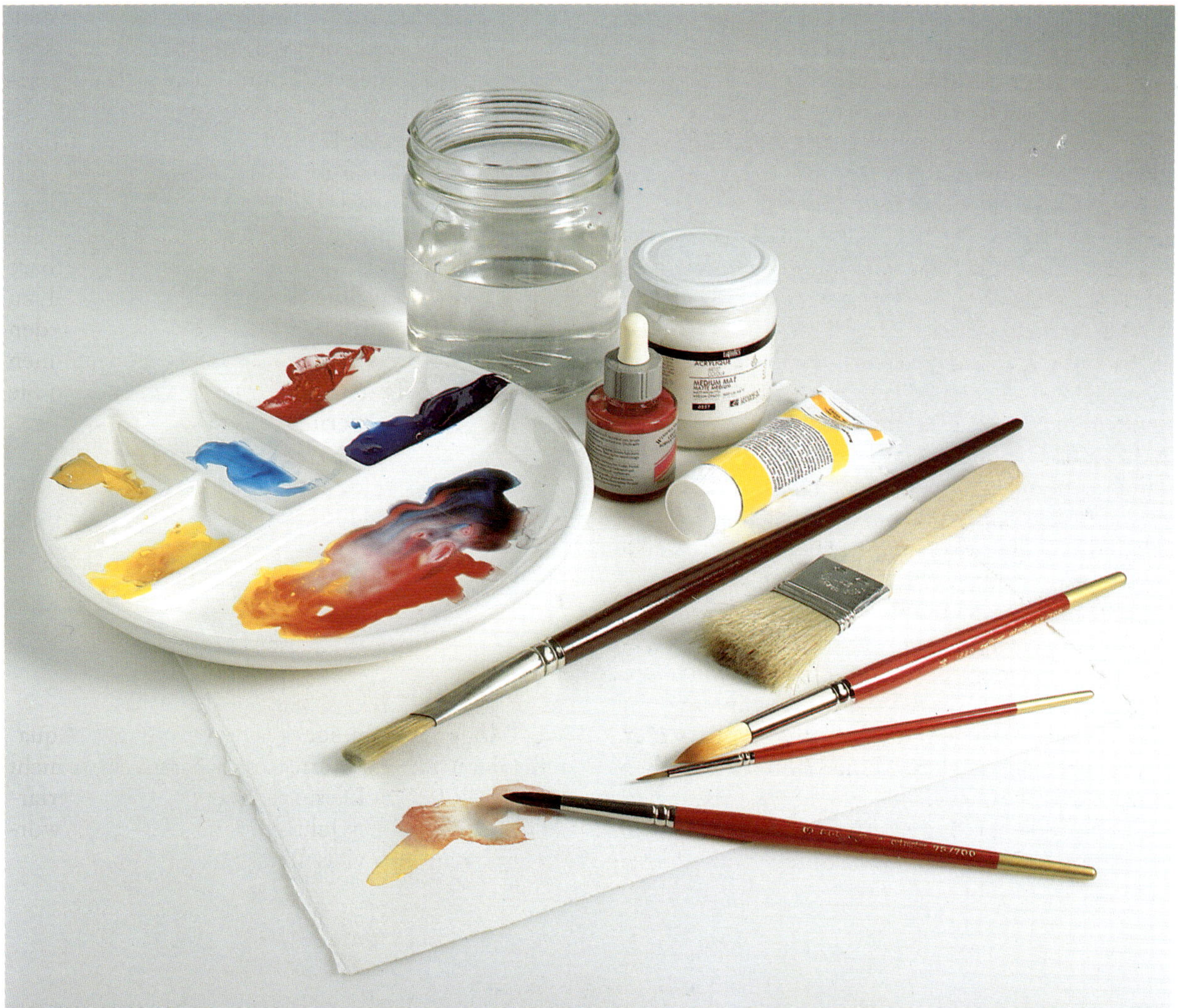

Zubehör für die Acrylmalerei: Farben sind in Tuben, Töpfchen und Pipettenflaschen erhältlich.
Als Palette kann ein Porzellanteller verwendet werden.

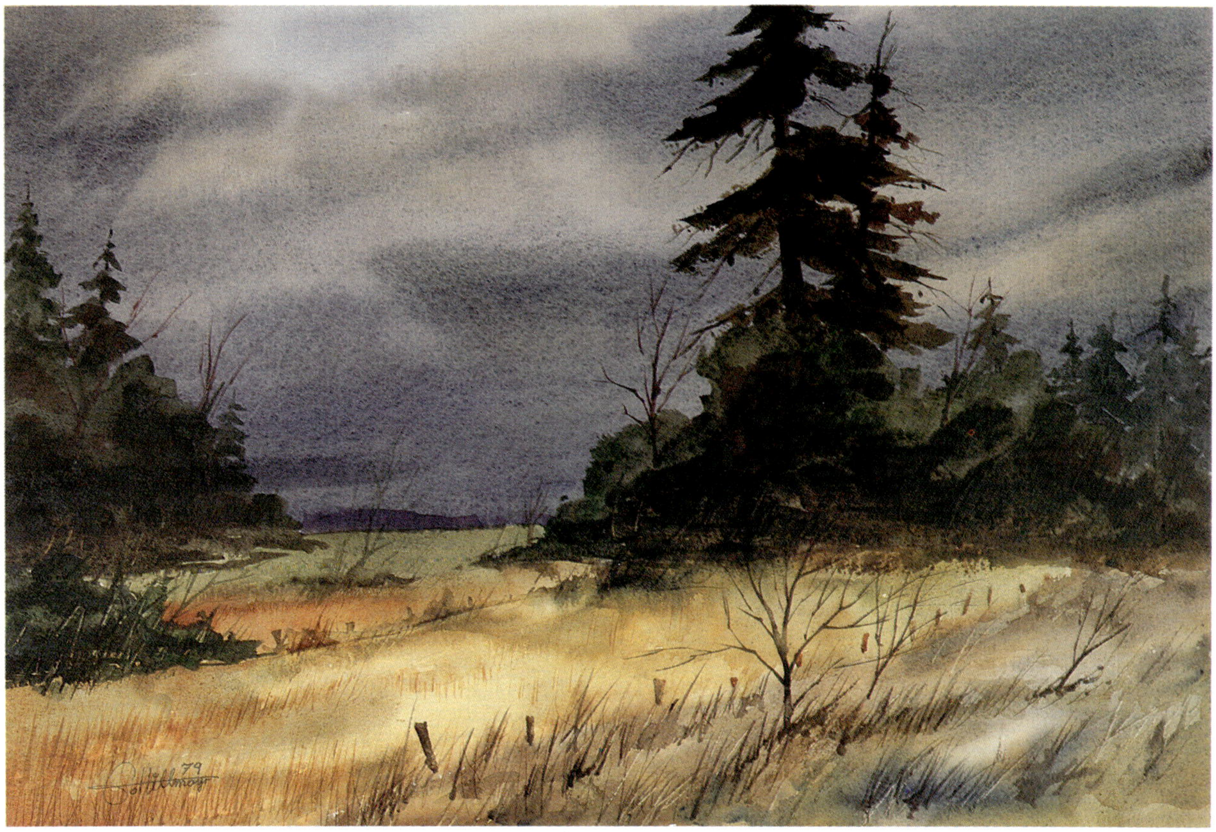

müssen nach Gebrauch gut ausgewaschen werden. Acrylfarben können also nie Ihre Aquarellfarben ersetzen, wenn es um das spontane Malen zu Hause, in der Natur oder auf Reisen geht.
Acrylfarben haften auf jedem Untergrund. Sie können die gewohnten Aquarellpapiere, Kartons, grundierte Holzplatten usw. verwenden. Ihre guten Rotmarderpinsel sollten Sie jedoch für die Aquarellmalerei reservieren, benutzen Sie statt dessen Pinsel mit Synthetikhaar.
Als Palette eignen sich hervorragend Porzellanteller. Orientieren Sie sich beim Zusammenstellen eines Farbsortiments an Ihren Aquarellfarben. Benutzen Sie dafür die im Fachhandel erhältlichen Farbkarten, denn die Farbtonbezeichnungen unterscheiden sich manchmal von den Aquarellfarben und sind auch von Hersteller zu Hersteller verschieden.
Wenn Sie vorwiegend sehr transparente Wirkungen erzielen wollen, sollten Sie hauptsächlich die transparenten Pigmente berücksichtigen. Kaufen Sie sich zu Beginn lieber ein kleines Farbsortiment, dafür aber die beste Qualität. Es lohnt sich. Acrylfarben sind in Tuben, Töpfchen und Pipettenflaschen erhältlich. Alle können für die Aquarelltechnik verwendet werden.

Bild oben:
„Nördlich von Bellingham, USA", Acryl, 48 × 33 cm

Bild rechts:
„Verschleiertes Gebirge", Acryl und Collage, 23 × 33 cm

Zwei Bilder, die zeigen, welch unterschiedliche Ausdrucksmöglichkeiten Acrylfarben bieten: Sie eignen sich hervorragend für transparenten bis deckenden Farbauftrag, zarte bis kräftige Farbigkeit, traditionelle bis moderne Malweisen und sogar für Collagen und experimentelle Effekte.

Obwohl die Konsistenz der Tubenfarben etwas kompakter ist, lassen sie sich ohne Probleme verdünnen.
Noch einige Tips für die Arbeit mit Acrylfarben: Bei sehr starker Verdünnung kann die Haftbarkeit der Farben mit etwas Malmittel erhöht werden. Mehr über Malmittel erfahren Sie in den jeweiligen Informationsblättern, die Hersteller mit ihren Farben liefern. Mattes Malmittel (Matte Medium) sollte dem glänzenden Malmittel (Gloss Medium) vorgezogen werden, denn es entspricht mehr dem matten Charakter eines Aquarells. Die Verwen-

dung von Malmittel ist für Aquarellisten überhaupt eine interessante Sache: Gibt man ein wenig in die mit Wasser verdünnte Acrylfarbe, erhält es die Verlauffähigkeit und erleichtert somit das Anlegen größerer Farbflächen. Auch die schwierigen Naß-in-Naß-Techniken werden durch die Zugabe von etwas Malmittel in die Mischung kontrollierbarer. Die Farbe kann besser manipuliert werden und verschwimmt nicht so schnell.
Gel Medium macht die Farbe dickflüssiger und verleiht ihr höchste Transparenz. Normalerweise für pastose Techniken verwendet, eignet es sich auch für Strukturen und Trockenpinseltechniken in der Aquarelltechnik.
Halten Sie stets eine Sprühflasche mit Wasser griffbereit, um die Farbe von Zeit zu Zeit zu benetzen und vor dem Trocknen zu bewahren. Auf einer gut abgedeckten Palette bleiben Farben mehrere Tage brauchbar.
Benützen Sie ein zweites Wassergefäß mit sauberem Wasser, worin Sie Ihre Pinsel gut ausspülen. Nach beendeter Arbeit sollten Sie die Pinsel mit etwas Neutralseife in der Handfläche leicht auswaschen.
Weitere Anwendungsbeispiele für Acrylfarben finden Sie unter 7.6 „Experimentelle Techniken" und 7.9.3 „Collage und Acryl".

7.9 Mischtechniken

Wenn Sie das Bedürfnis haben, die Grenzen des Aquarells zu sprengen oder einfach einmal mit anderen Techniken zu experimentieren, befinden Sie sich in bester Gesellschaft. Viele Aquarellisten in der Vergangenheit und in der Gegenwart haben das Aquarell, ohne auf seine Vorzüge zu verzichten, durch andere, expressivere Mittel erweitert. Schauen Sie sich nach Beispielen um. Cézanne, Klee, Nolde – um einige bekannte Künstler zu nennen – haben es hervorragend verstanden, andere Techniken mit dem Aquarell zu verbinden. Ob nun Tusche- oder Kreidestriche lediglich zur Unterstützung der Aussage dienen, das Resultat mehr einer kolorierten Zeichnung oder gar einer Collage entspricht, die Möglichkeiten sind vielseitig. Es gibt keine Grenzen. Sie entscheiden, ob Sie ein reines, transparentes Aquarell schaffen wollen oder

Dieses Foto zeigt nur einige Materialien, die sich mit Aquarell-, Deck- oder Acrylfarben kombinieren lassen: Wachsmalstifte, Pastellkreiden, Zeichenkohle, Schwarzkreide, Tusche, Bambusfeder, Tuschfüller, diverse Papierfetzen und Malmittel für Klebearbeiten.

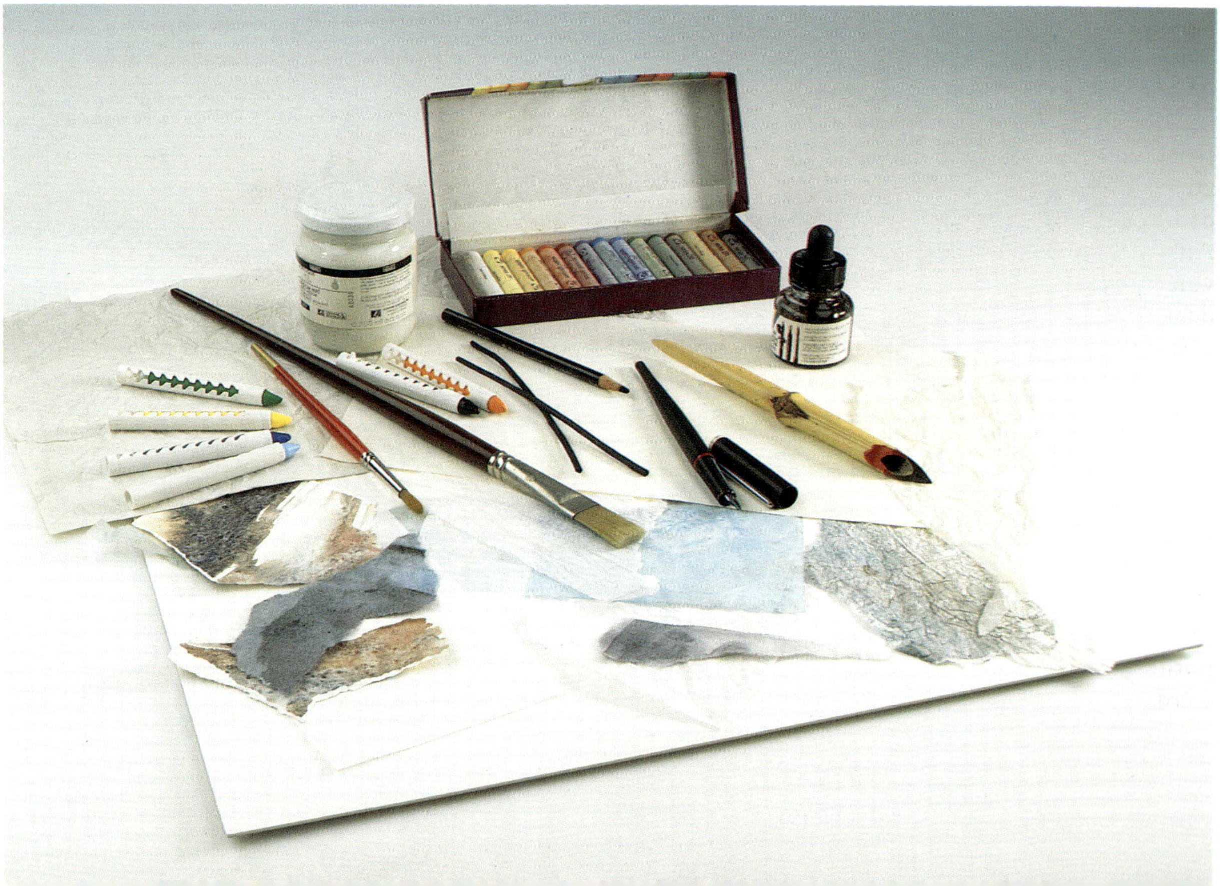

verschiedene Techniken untereinander mischen. Der Spaß beim Malen und das Ergebnis sind ausschlaggebend.
Mischtechnik ist ein weiter Begriff, es gibt viele unterschiedliche Techniken, die man mit dem Aquarell kombinieren kann, und es soll hier nicht einmal versucht werden, auf alle Möglichkeiten einzugehen. Kreativität und Freude am Experimentieren sind entscheidend. Ein Aquarell, das dem eigenen Anspruch nicht gerecht wird, sollte nicht gleich zur Seite gelegt werden. Es kann Grund genug sein, sich auf eine andere Technik zu besinnen und damit doch noch etwas zu retten. Natürlich kann man sich auch ganz gezielt an die Arbeit machen und schon in der Planung bestimmte Techniken berücksichtigen. Doch ein wichtiges Element ist der Spaß am Experimentieren und darauf sollte man sich, speziell am Anfang, konzentrieren. Zur Inspiration und als Grundlage für Ihre eigenen Versuche sind die folgenden Beispiele gedacht.

7.9.1 TUSCHE UND AQUARELL

Diese Kombination, bei der man die üblichen Aquarelltechniken durch eine Tuschzeichnung erweitert, ist eine traditionelle und sehr beliebte Mischtechnik. Die als eigenständiges Element deutlich sichtbare Zeichnung kommt dem spontanen Charakter eines Aquarells entgegen. Ein schwarzer Tuschstrich steht in starkem Kontrast zur zarten Farbigkeit des Aquarells und erhöht dadurch die Farbwirkung.
Auf sehr unterschiedliche Art kann eine Vielfalt von Effekten geschaffen werden: Ob man nun mit dem Pinsel, der Feder, mit mehr oder weniger wasserfest auftrocknender Tusche, vor oder nach dem Malen, in die noch feuchte bzw. schon trockene Aquarellfarbe zeichnet, es bestehen viele Möglichkeiten zum Experimentieren.
Die Tuschzeichnung kann zur Erklärung und Hervorhebung in sehr locker gemalten Aquarellen oder als grundlegendes Element zur anschließenden Kolorierung dienen. Für welche Variante Sie sich auch immer entscheiden, auf jeden Fall müssen die dominierenden Tuschstriche in die Komposition einbezogen, d. h. ausgewogen verteilt werden.

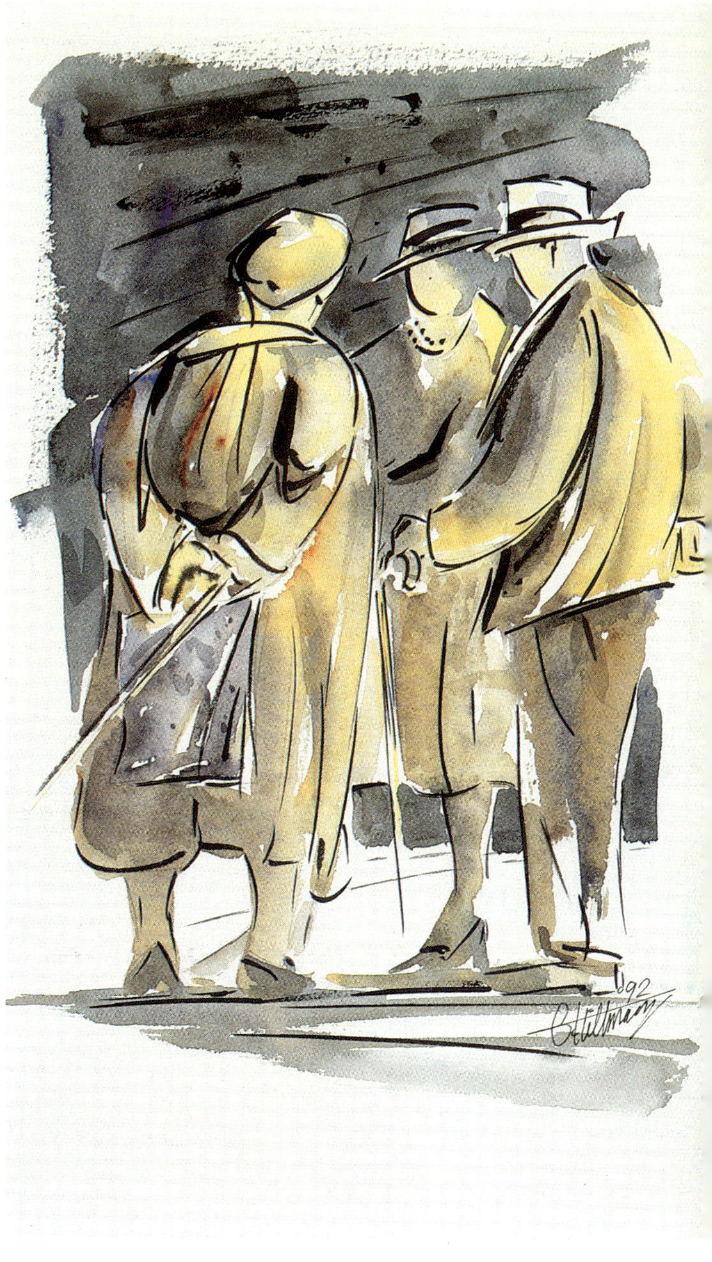

„Senioren im Gespräch", Aquarell mit Tusche, 22 × 31 cm
Für spontane Studien und schnelle Skizzen ist die Tuschpinselzeichnung eine ideale Ergänzung zum Aquarell.
Zuerst wurden die Senioren mit Aquarellfarbe gemalt, dann der Hintergrund und zuletzt die Tuschzeichnung mit einem Rundpinsel der Größe 5.
Die Zeichnung dient dazu, verschiedene Stellen hervorzuheben und genau zu definieren, ohne dabei die Flüchtigkeit des Moments zu verlieren.

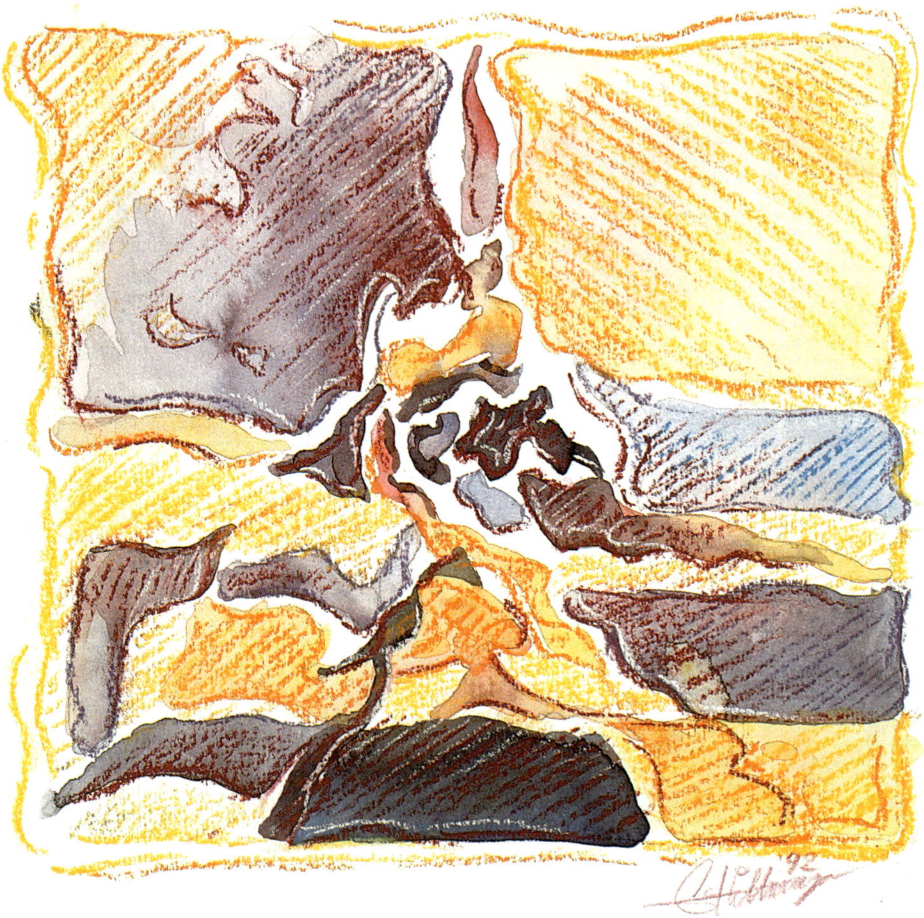

„Gravitation", Aquarell und Pastell, 20 × 20 cm
Ein Beispiel, wie sich Aquarellfarben und Pastellkreiden ergänzen, ohne daß die Leuchtkraft der Farben verloren geht. Es sollte darauf geachtet werden, daß der Aquarellgrund nicht zugedeckt wird und beide Techniken eine ausgewogene Einheit darstellen. Mit Pastellkreide können Struktur geschaffen, uninteressante Passagen belebt, unruhige Stellen ausgeglichen und Details dargestellt werden.

7.9.2 PASTELL UND AQUARELL

Im Grunde handelt es sich hier um eine Erweiterung des Aquarells durch farbige Zeichentechniken. Buntstifte, Pastell-, Wachs-, Ölkreiden usw. bieten interessante Möglichkeiten, ein Aquarell zu ergänzen oder zu verändern. Besonders Pastellkreiden mit ihrem zarten Charakter eignen sich hervorragend für die Verwendung mit Aquarellfarben und -papier.

Es ist eine Zeichentechnik, die dem Malen sehr ähnlich ist: Farben können auf dem Papier gemischt, mit dem Finger verrieben, mit Pinsel und Wasser verwaschen, flächig angelegt werden oder als Strukturen und Linien zur Ausarbeitung von Feinheiten dienen. Die frischen und lebendigen Farbtöne der Pastellkreiden lassen sich problemlos in ein Aquarellbild integrieren und eignen sich gut für spontanes Arbeiten. In mancher Hinsicht ist diese Technik dem Aquarell sehr ähnlich und erfordert viel Gefühl. Es kann sonst schnell passieren, daß das Resultat überarbeitet und die Farben schmutzig wirken. Da sich die feinen, staubartigen Pigmente der Pastellkreiden auf der Oberfläche des Papiers befinden, muß man vorsichtig im Umgang mit den fertigen Arbeiten sein. Entweder man fixiert sie, was allerdings die Farbe nachteilig beeinflußt, oder man rahmt das Blatt so hinter Glas, daß es dieses nicht berührt. Experimentieren Sie auf mißlungenen Aquarellen, so sammeln Sie Erfahrung für weitere Arbeiten.

„Schneeschmelze", Acryl und Collage auf Karton, 29 × 33 cm
Die vielen Möglichkeiten, die sich uns mit der Veränderung des Malgrundes durch das Aufkleben von unterschiedlichen Papierfetzen erschließen, können nicht in einem Bild demonstriert werden. Vielleicht bewegt Sie dennoch der eine oder andere Effekt in diesem Beispiel dazu, es selbst einmal zu versuchen.
Nach einer ungegenständlichen Kompositionsskizze als Grundlage wurden feine Seidenpapiere aufgeklebt und in das noch feuchte Matt-Medium Malmittel der erste Farbauftrag gemalt. Im zweiten Arbeitsgang wurden im voraus bemalte und dann getrocknete Chinapapiere zerrissen, auf dem ebenfalls trockenen Malgrund arrangiert und aufgeklebt.
Die restliche Ausarbeitung erfolgte nach einer weiteren Trocknungspause und nach freier Phantasie.

7.9.3 COLLAGE UND ACRYL

Die Collage (Klebearbeit) ist eine vielseitige, künstlerische Technik, bei der farbige oder bedruckte Papiere sowie unterschiedliche Materialien nach Belieben zerrissen bzw. zerschnitten und beliebig zusammengeklebt werden. Auf diese Weise kann ein komplettes Bild geschaffen oder wie in unserem Fall mit anderen Techniken kombiniert interessante Effekte erzielt werden. Hier geht es hauptsächlich darum, durch das Aufkleben ver-

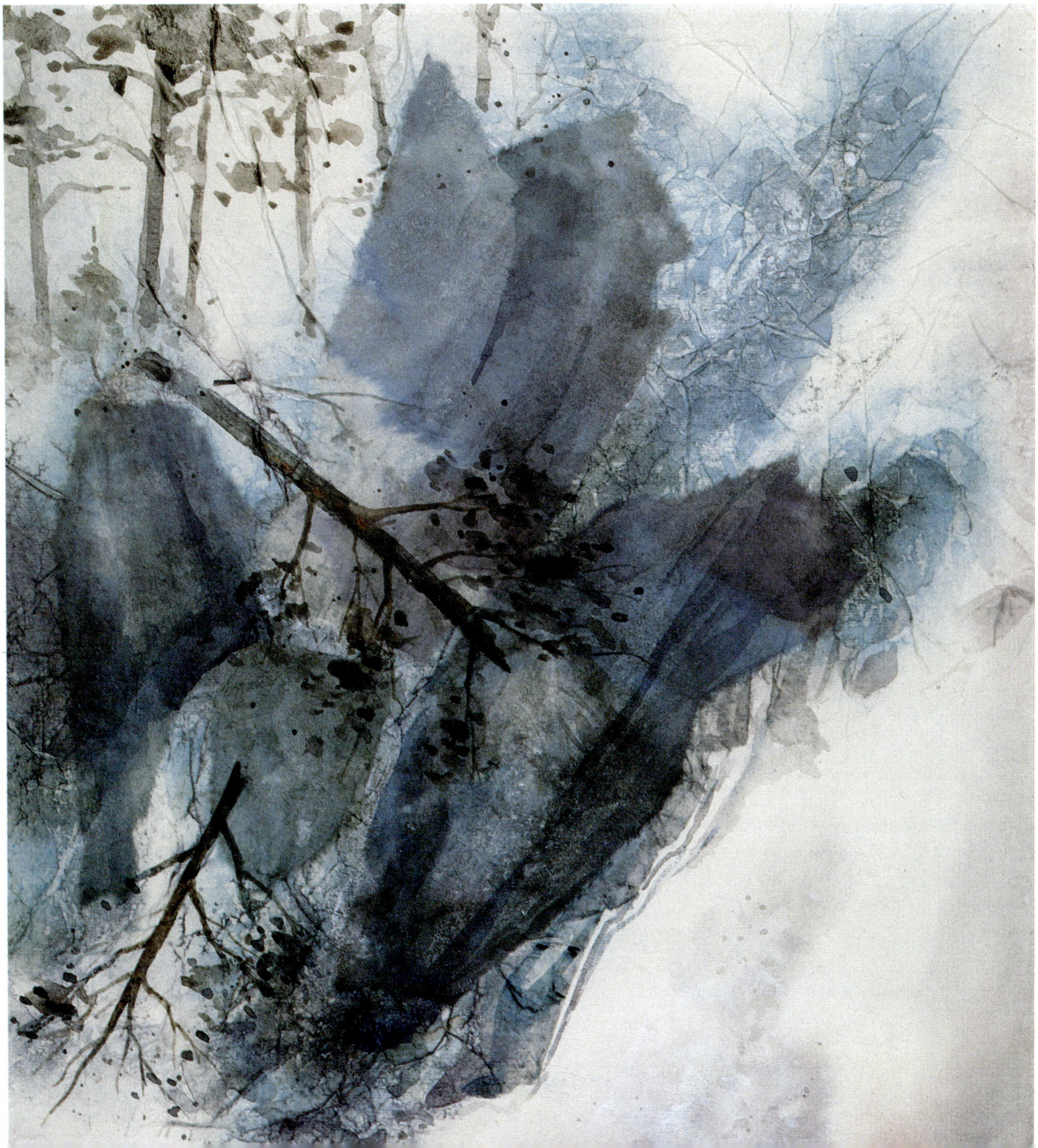

schiedener Papiere die Oberflächenstruktur des Malgrundes zu erweitern und durch das Einbeziehen von farbigen oder bedruckten Papieren völlig neue Gestaltungsmöglichkeiten zu kreieren.
Es handelt sich hier um eine Mischtechnik mit vielen Variationen, die immer wieder für Überraschungen sorgt und für experimentierfreudige Aquarellisten interessante Ausdrucksmöglichkeiten bietet.
Das größte Problem dieser Technik liegt in der eventuellen Unverträglichkeit und Unbeständigkeit der Materialien. Man sollte deshalb auf die Qualität von Papier und Klebstoff achten. Minderwertige Papiere vergilben. Manche Klebstoffe oder Farben dringen in das Papier ein und zersetzen es. Die Verträglichkeit der Mittel ist bei dieser Mischtechnik von großer Bedeutung, speziell was das Übermalen von Klebstellen betrifft. Angetrocknete Klebstoffreste wirken oft wasserabweisend und stören bei der weiteren Bearbeitung.
An dieser Stelle könnte nun eine endlose Auflistung von Klebemitteln und ihren jeweiligen Vor- und Nachteilen stehen sowie eine Aufforderung, diese zu testen. Eine Alternative bietet uns die Acryl-Malmittel. Sie sind exzellente Kleber, alterungsbeständig und lassen sich problemlos in feuchtem und trockenem Zustand übermalen.
Für das Aufkleben von Papier ist ⅓ Matte Medium mit ⅔ Wasser verdünnt empfehlenswert. Mit dieser Mischung sollte der Untergrund und das aufzuklebende Papier eingestrichen werden. Um eine gleichmäßige Oberfläche für die anschließende Bemalung zu gewährleisten, zieht man diese Mischung am besten über das ganze Blatt.
Obwohl sich der so präparierte Malgrund für alle Techniken eignet, soll hier als Beispiel Acrylfarbe verwendet werden. Diese Kombination bietet zahlreiche Vorteile: Acrylfarben lassen sich auf dem unterschiedlich reagierenden Untergrund gut manipulieren, gehen eine ideale Verbindung mit dem kompatiblen Malmittel ein und können nach dem Trocknen ohne Probleme erneut überklebt werden.
Als Untergrund können Aquarellpapiere, Zeichenkarton, Leinwand, grundierte Holzplatten usw. verwendet werden. Sammeln Sie unterschiedliche Papiere und Fetzen, die Ihnen interessant genug für die Verwendung in einer Collage erscheinen: bemalte oder unbemalte Aquarellpapiere, Seidenpapiere, glatte oder strukturierte Papiere oder bedruckte Papiere.
Sehr interessant sind die vielen unterschiedlichen Japan- und Chinapapiere, die sich fast unbemerkbar mit dem Untergrund verschmelzen lassen.
Die Freude am Experimentieren soll auch hier wieder im Vordergrund stehen. Benutzen Sie als Ausgangspunkt ein Aquarell, mit dem Sie nicht zufrieden sind, oder kleben Sie ganz spontan verschiedene Papierfetzen auf ein Blatt, malen darüber, und lassen sich überraschen, was passiert. Der Dialog zwischen Material und Gefühl kann sehr anregend und kreativ sein.

8. DIE PRAXIS

Soweit haben wir uns eingehend mit den Mitteln und der Technik der Aquarellmalerei beschäftigt. Das erforderliche Material, die bildnerischen Elemente, ihre Anwendung und die Technik des Malens wurden ausführlich beschrieben.
Nun gibt es in der Aquarellmalerei unterschiedliche Ausdrucksmöglichkeiten und dementsprechend individuell kann die Arbeitsweise sein. Deshalb ist es schwierig, den verschiedenen Möglichkeiten mittels genauer Schritt-bei-Schritt-Beispielen gerecht zu werden. Einige grundsätzliche und bewährte Methoden sollen Ihnen in diesem Praxisteil als Anregung dienen, damit Sie durch Übung und Erfahrung Ihren eigenen Weg finden.
Sie werden feststellen, daß Ihnen die Entwicklung einer Komposition sowie das Malen eines Bildes in drei Schritten anhand der gezeigten Beispiele einfach erscheinen, sich jedoch als schwierig herausstellen, sobald Sie vor dem eigenen Motiv sitzen. Lassen Sie sich nicht entmutigen. Es ist reine Übungssache: Je mehr Sie sich damit beschäftigen, desto häufiger stellt sich der Erfolg ein, und eine Idee führt zur nächsten. Fangen Sie mit dem Malen an, ohne enttäuscht zu sein, wenn etwas nicht so ganz klappt. Das ist der beste Weg, etwas zu erreichen.

Bild rechts:
„Tulpen“, Acryl, 34 × 48 cm

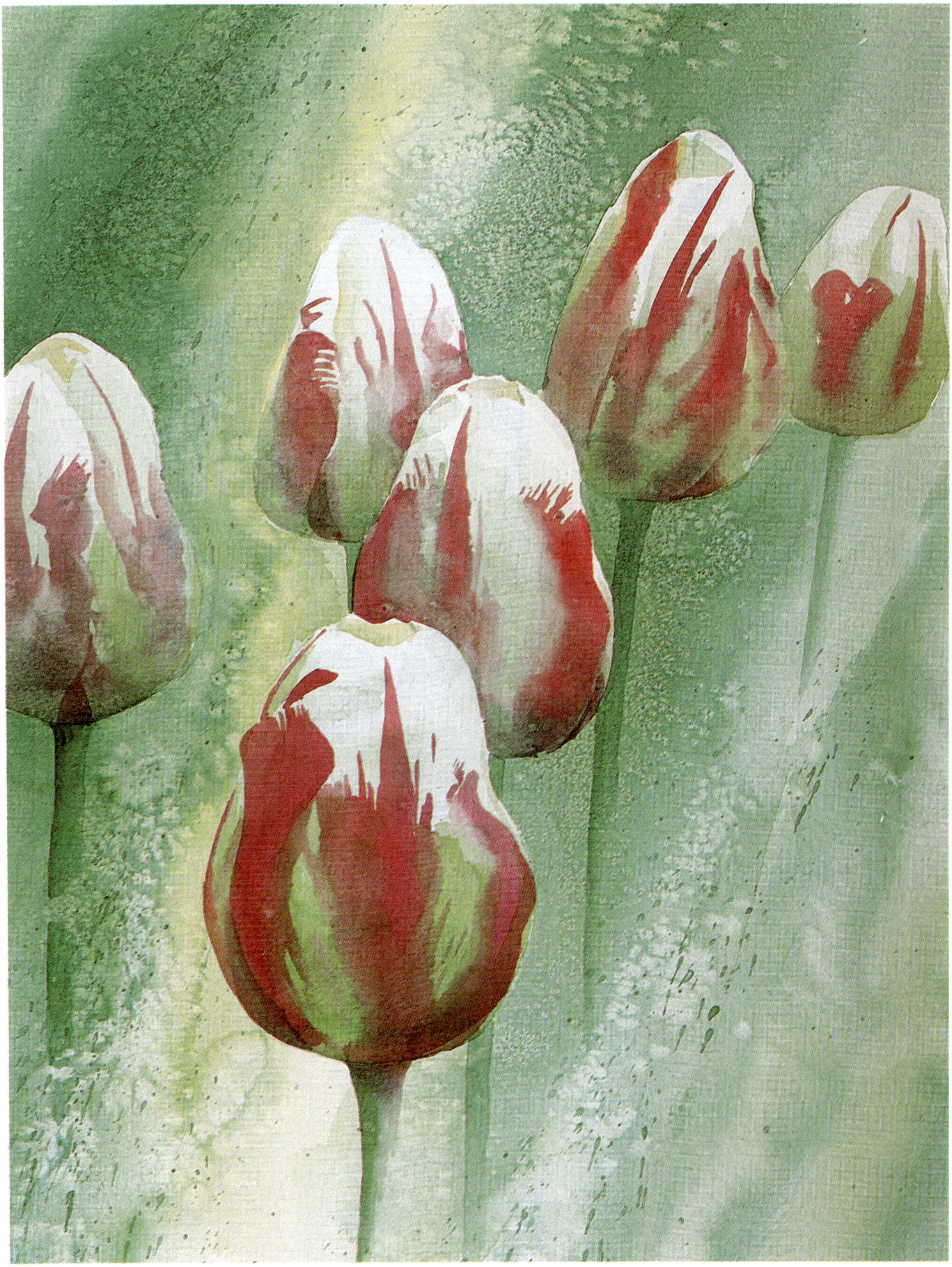

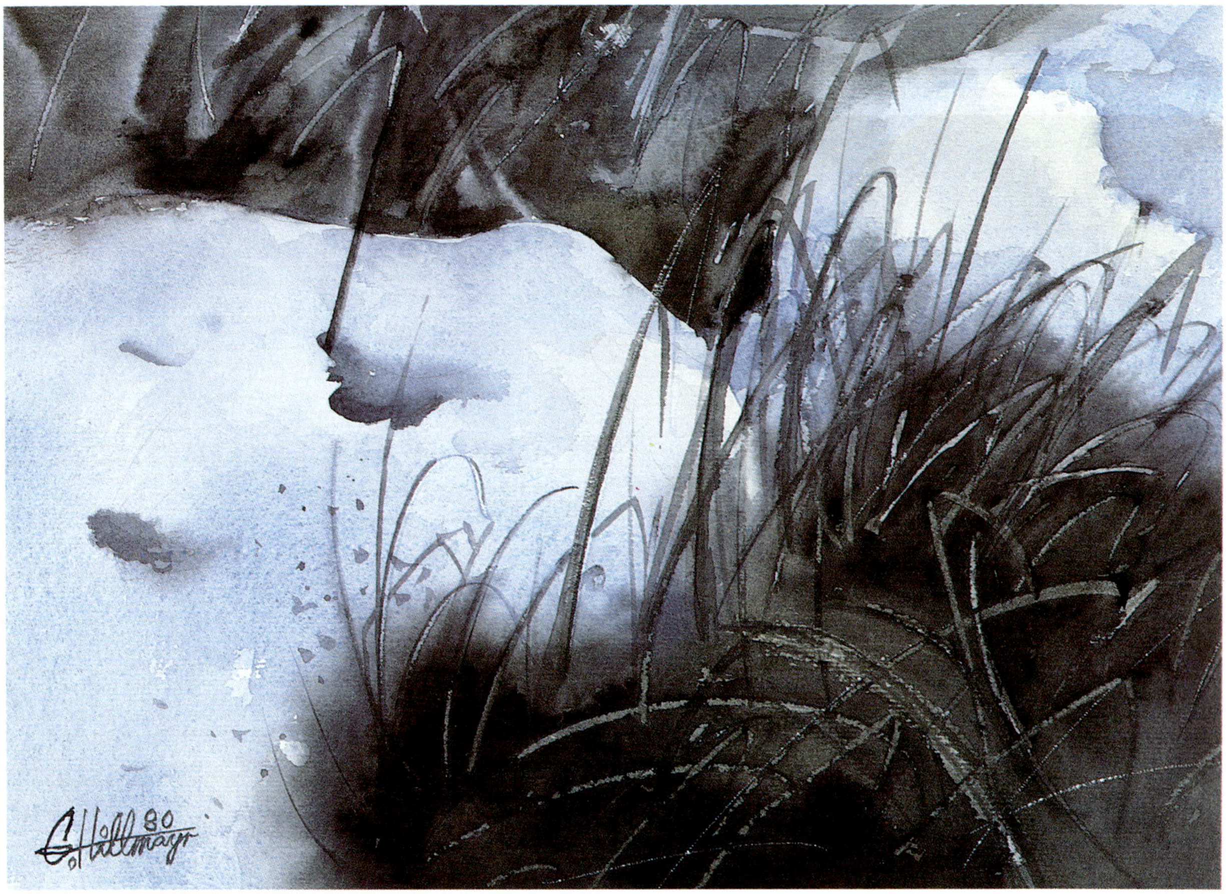

8.1 Motivsuche

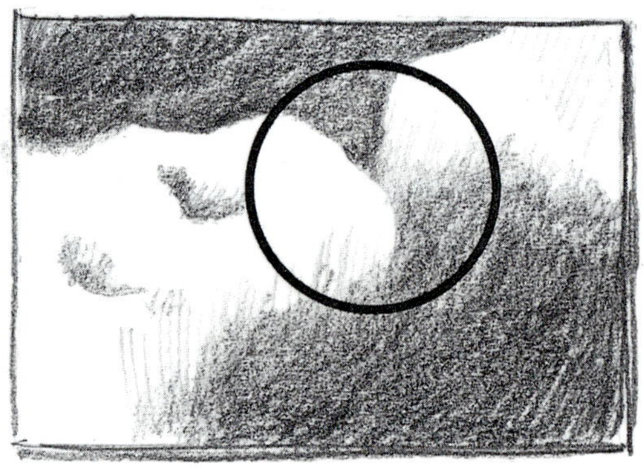

„Schneereste", Aquarell, 30 × 23 cm
Das Grundmotiv für dieses Aquarell ist die Aufteilung der Bildfläche in einfache Formen.
Der besondere Reiz besteht im Kontrast der Tonwerte und der Farbe: Der zart gelbe Lichtschimmer stellt einen interessanten Gegensatz zu der vorwiegend in Blau gehaltenen Komposition dar. Hier befindet sich auch das Interessenzentrum.
Dieses Bild ist der Beweis dafür, daß man oft die unscheinbarsten Motive direkt vor den eigenen Füßen finden kann.

Kenntnisse und Beherrschung der Aquarelltechnik sind zwar sehr wichtige Voraussetzungen, doch das „richtige" Malen, die Schaffung des eigenen Aquarells, beginnt mit der Suche nach einem Motiv.
Was soll ich malen und wie soll ich es malen, sind zwei grundsätzliche Fragen, über die es sich lohnt, einige Gedanken zu machen. Der Aufwand für diese Überlegungen wird allzu oft vernachlässigt. Überwältigt vom ersten Eindruck entscheidet man sich für ein Motiv, ohne zu prüfen, ob es im Verhältnis zu der zur Verfügung stehenden Zeit und Energie steht, ob es zu schwierig ist und noch entscheidender, ob es sich überhaupt für ein Aquarell eignet.
Die Motivsuche ist ein wichtiger Teil des Malens. Gehen wir einmal davon aus, daß Sie Dinge malen

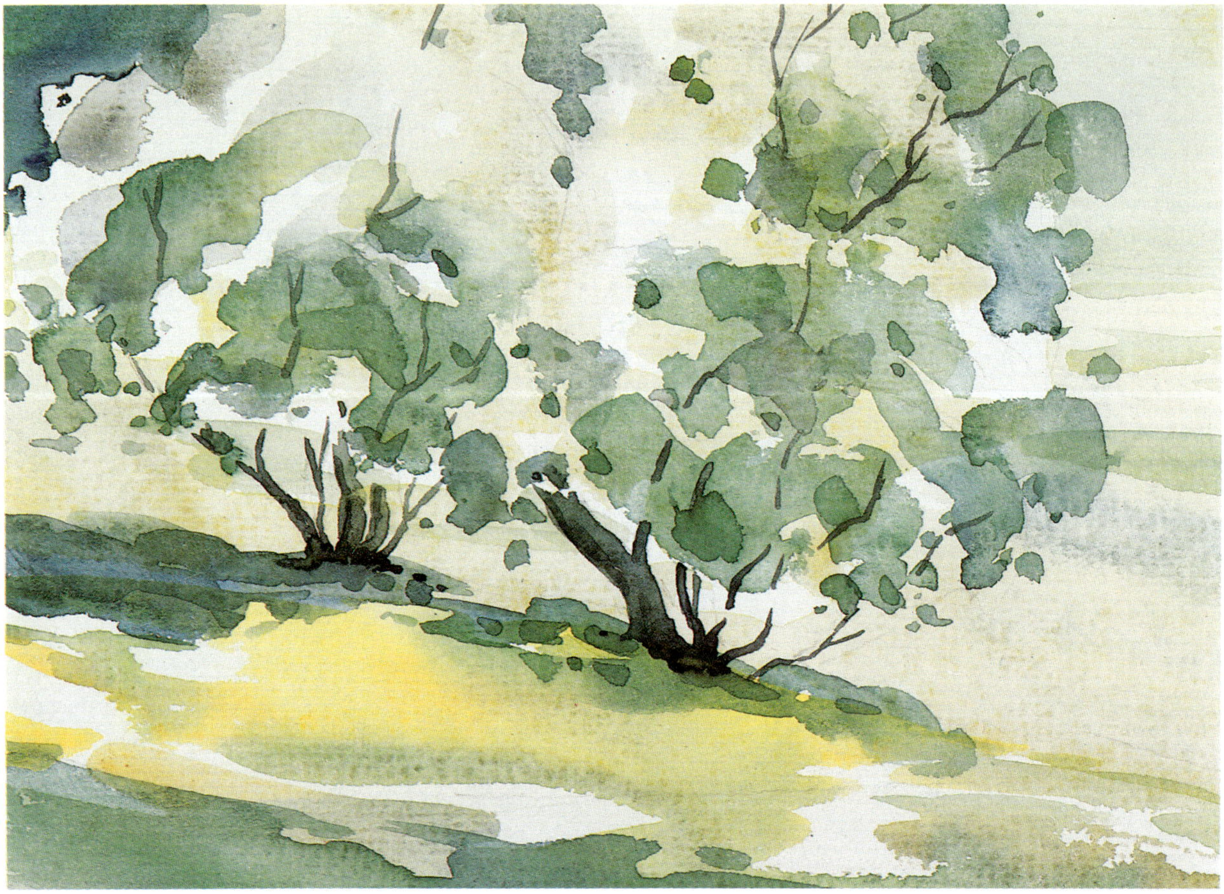

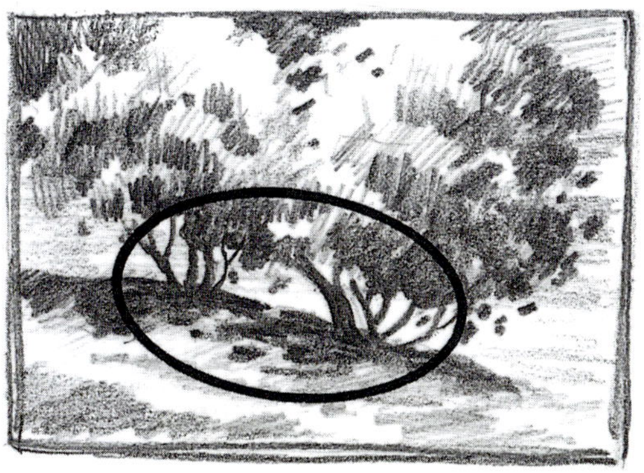

„Baumgruppe", Aquarell, 20 × 15 cm
Ausgeprägte Licht- und Schattensituationen verwandeln unauffällige Dinge in ein Motiv.
Der Reiz dieses spontanen Aquarells besteht im Kontrast der Licht- und Schattenwirkung sowie in dem intensiven Gelb im Vordergrund, das diese Stelle zusätzlich betont.

wollen, die Ihnen am Herzen liegen und zu denen Sie eine besondere Beziehung haben, so wird sich dies in Ihren Bildern unwillkürlich widerspiegeln.

Doch es gibt noch andere, konkretere Dinge, auf die es zu achten gilt. Anfänger suchen nach Dingen und Stimmungen, die sie aufgrund ihrer Erlebnisse oder Assoziationen beeinflussen und dadurch gerne malen würden. Diese Gefühle reichen jedoch meist nicht aus, um aus dem Gesehenen ein Bild zu machen. Erfahrene Aquarellisten wissen, wonach sie suchen müssen, was ein Motiv bieten muß. Hinweise finden Sie in den Kapiteln 4. „Die bildnerischen Mittel" und 5.1 „Grundsätze der Gestaltung".
Suchen Sie also nicht nach schönen Blumen, Häusern oder Landschaften, sondern nach Formen, Tonwerten und Farben. Lernen Sie die Welt mit den Augen des Malers zu sehen.
Hier einige Tips für die Motivsuche: Gehen Sie um das Motiv herum, betrachten Sie es von verschiedenen Seiten. Verändern Sie die Anordnung

Bilder rechts:
Machen Sie es sich zur Gewohnheit, vor dem Malen eine Zeichnung oder Skizze anzufertigen. Oft werden Sie erst dadurch auf gestalterische Möglichkeiten aufmerksam, die sonst unbeachtet bleiben. Beim Zeichnen lernt man „sehen", man erfaßt das Motiv in allen Einzelheiten und überlegt, was wichtig und was unwichtig ist.

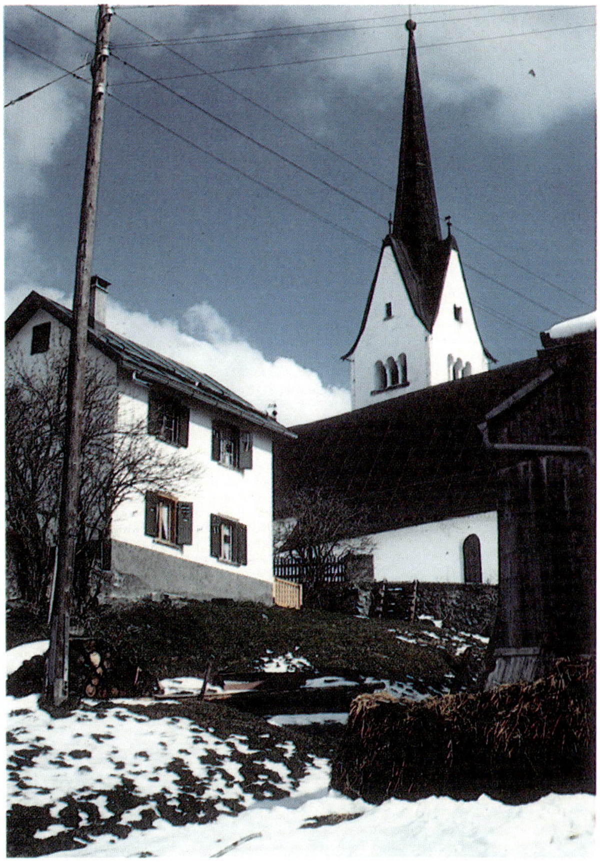

eines Stillebens, bis Sie überzeugende und einfache Formen, Proportionen und Aufteilungen der Bildfläche entdecken. „Benutzen Sie Ihren Pappkartonrahmen (5.2 „Format"), um einen Ausschnitt aus der Natur zu finden. Versuchen Sie sich das, was Sie durch die Fensteröffnung des Rahmens sehen, auf einer zweidimensionalen Ebene vorzustellen. Bewegen Sie den Rahmen so lange, bis Sie eine interessante Aufteilung der Bildfläche entdecken. Gehen Sie näher an das Motiv heran, und schließen Sie Unwichtiges aus.
Nun sind Proportionen zwar von Bedeutung, sie allein machen aber noch kein gutes Aquarell. Es braucht eine Idee, etwas Auffallendes, oft nur eine Kleinigkeit, die Spannung erzeugt und die beim Betrachter das Gefühl erweckt: „So hab' ich das noch nie gesehen". Anregungen findet man überall um sich herum. Suchen Sie interessante Hell-Dunkel-Kontraste, angenehme Farbkombinationen und -kontraste, angenehme Formen, positive wie negative, Möglichkeiten für Wechselwirkungen, Verbindungen (siehe 5.7 und 5.8), Elemente, die durch Wiederholung eine rhythmische Wirkung schaffen, Dinge, die sich als Interessenzentrum eignen oder Gelegenheiten zum Aussparen von weißen Stellen.
Es müssen nicht immer dramatische Farbstimmungen sein. Schon ein zarter Kontrast genügt und ist überall um uns herum zu finden. Wählen Sie einen interessanten Gegenstand als Hauptelement für ein Stilleben oder irgendwelche markante Dinge in der Natur als Ausgangspunkt für die Gestaltung einer Komposition.
Trotz aller Aufforderung, sich Zeit bei der Wahl des Motivs zu nehmen, sollten Sie nicht endlos suchen. Entscheiden Sie sich zügig, denn die wahre Freude entsteht erst beim Malen. Das ideale Motiv wird man nur selten finden. Man muß Ansätze erkennen, aufgreifen und sie als Anregung zur Gestaltung eines Bildes nutzen. Eine kleine Übertreibung hier, eine Veränderung oder Vereinfachung da, und aus einem durchschnittlichen Motiv wird ein gelungenes Bild.

8.2 Entwicklung einer Komposition

Sie haben ein Motiv gefunden, das Sie inspiriert. Nun vergewissern Sie sich, daß Sie an dem gewählten Platz einigermaßen bequem und ungestört arbeiten können. Noch wichtiger ist es, einen Standort innezuhaben, von dem aus Ihr Motiv gute Möglichkeiten für eine interessante Komposition bietet. Es ist schwierig, aufwendige Aquarelle in der Natur zu planen. Man wird sich meistens für eine direkte Arbeitsweise entscheiden und gewisse Dinge dem Zufall überlassen. Doch um mehr Sicherheit für die spontane Arbeit zu gewinnen, ist es eine gute Praxis, ab und zu eine Komposition nach den Regeln der Gestaltung aufzubauen.
Sammeln Sie soviel Information wie möglich, d. h. Zeichnungen, Skizzen und Aquarellstudien sowie

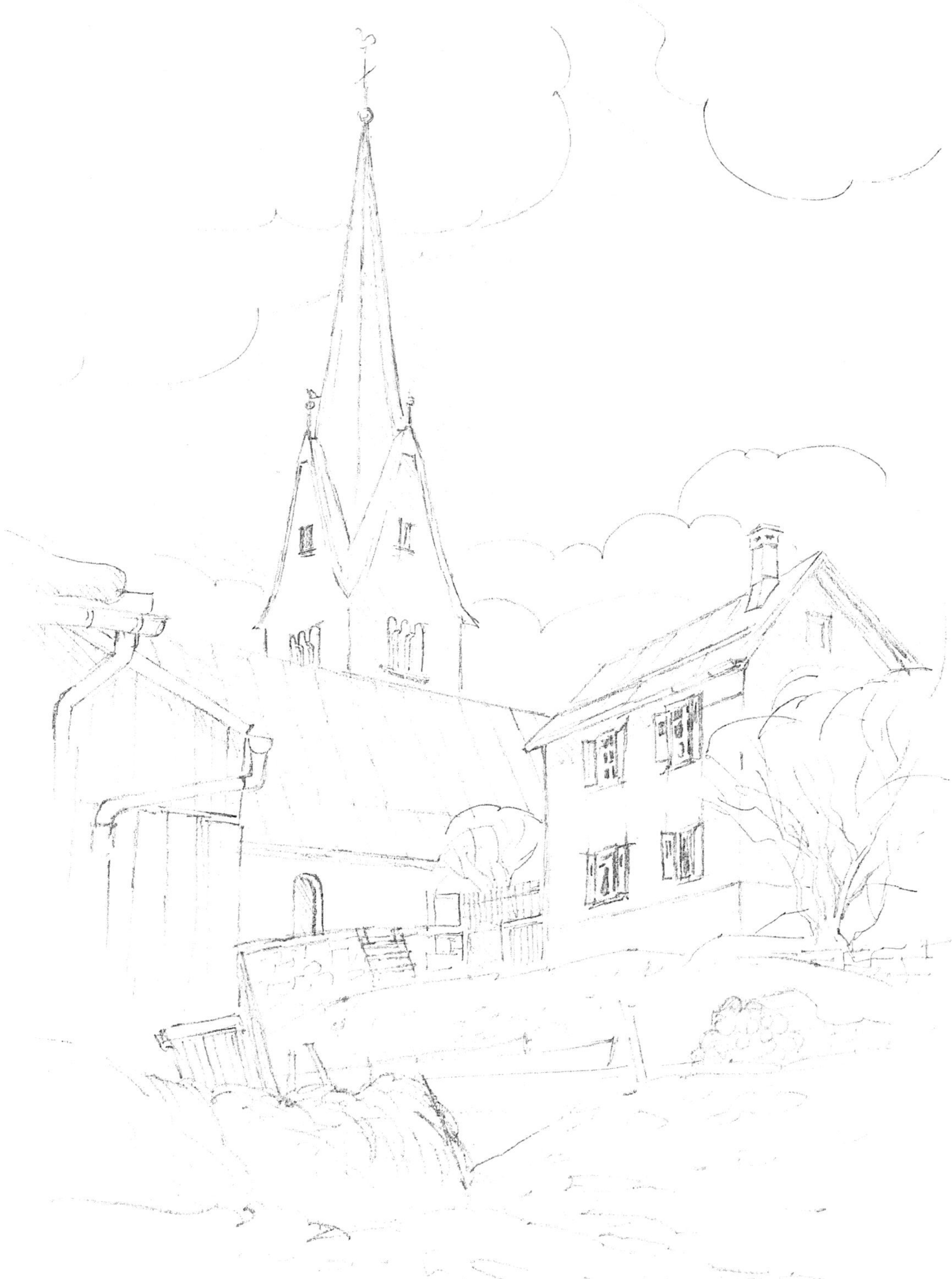

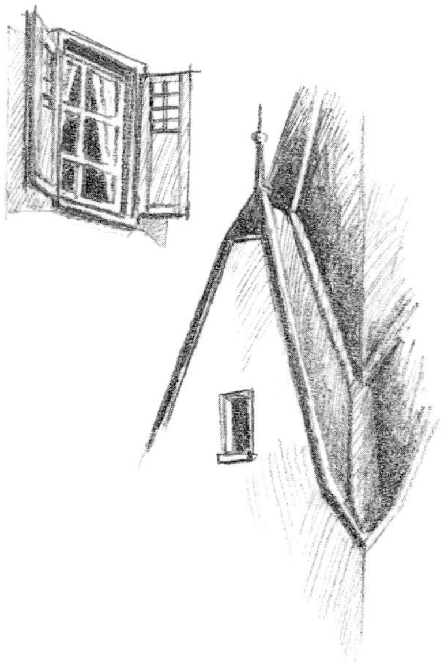

Zusätzliche Detailstudien dienen zum besseren Verständnis und zur Klärung von schwierigen Stellen.

Wie Sie wissen, ist es notwendig, sich vor dem Malen darüber Gedanken zu machen, welche Stellen weiß bzw. hell und welche dunkel sein sollen.
Hier ist mein erster Versuch, die Tonwerte festzulegen. Dabei wurde mir bewußt, daß ich zuerst einige Dinge vereinfachen oder ändern muß, um ein zufriedenstellendes Gesamtbild zu erhalten. Würde ich mich nur von der Natur leiten lassen und alles so malen, wie ich es sehe, wäre das Resultat sehr wahrscheinlich ein unruhiges und überladenes Aquarell.

Als nächstes stellte ich mir die Aufgabe, eine einfache und interessante Grundform für dieses Motiv (siehe Kompositionsformen 5.3) zu finden.
Beachten Sie die Aufteilung der Bildfläche in positive (schraffierte) und negative (weiße) Formen. Eine Lösung war schnell gefunden, denn diese Möglichkeit fiel mir schon bei der Motivsuche ins Auge und war mit ein Grund für die Wahl dieses Motivs.

Bei diesem Schritt habe ich versucht, Flächen und Formen innerhalb der Grundform zu ordnen und zu vereinfachen. Ebenso war es erforderlich, die negative Bildfläche in die Komposition mit einzubeziehen. Die rundlichen Wolken schienen mir neben den dominierenden eckigen Gebäudeformen etwas fremd; außerdem wollte ich einen „Ansichtskarteneffekt" vermeiden. Ich fand es interessant, den Charakter der Gebäude in den Hintergrund zu übertragen.
Das Gebäude am rechten Bildrand wurde verändert, um die Komposition im Gleichgewicht zu halten.

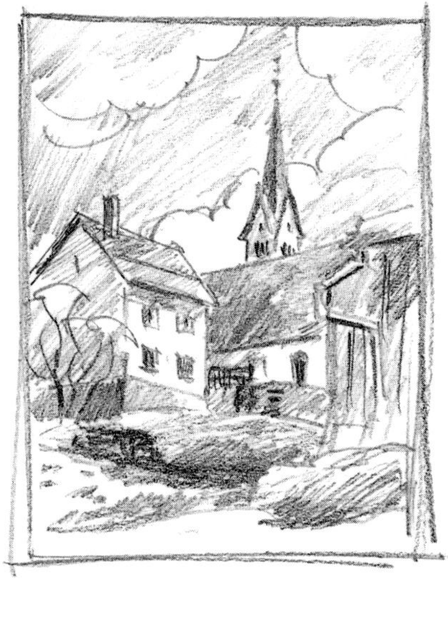

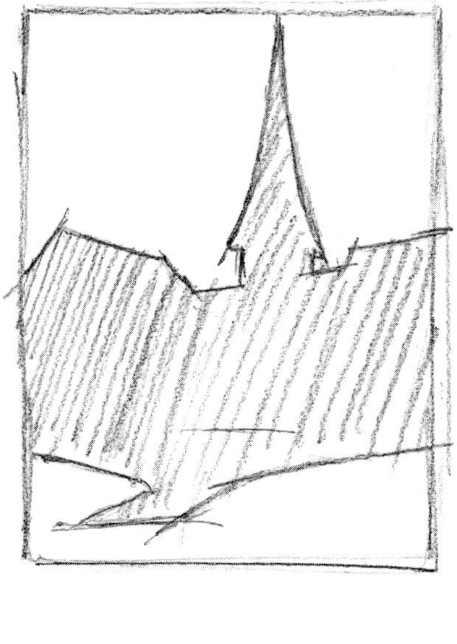

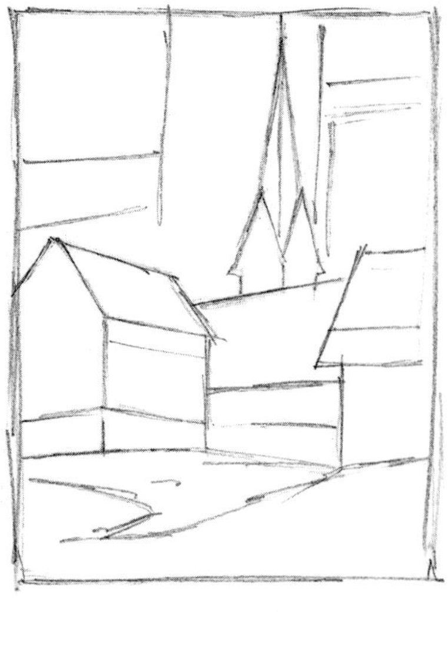

Notizen jeder Art, um zu Hause in Ruhe weiterzuarbeiten. Auch eine Kamera kann zum Festhalten eines Motivs dienen. Dennoch ist es empfehlenswert, einige Skizzen anzufertigen. Auf diese Weise lernen Sie das Motiv, die wichtigsten Merkmale und Stimmungen kennen, wie sie kein Foto vermitteln kann.
In der Demonstration sehen Sie, wie man mit diesem Material ein Aquarell unter Berücksichtigung der Gestaltungsgrundsätze plant. Natürlich ist eine Komposition nicht vollkommen, solange der Maler sich keine Gedanken über die farbliche Gestaltung gemacht hat. Lesen Sie dazu 5.5 „Farbe in der Komposition“.

Wenn Sie nicht sicher sind, welche Farben ein bestimmtes Motiv am besten wiedergeben und wie sie sich gleichzeitig in die Komposition integrieren lassen, machen Sie einige Versuche.
In kleinen Aquarellskizzen, bei denen es nicht so sehr auf Genauigkeit ankommt, können Sie das entsprechende Motiv in unterschiedlichen Farbkombinationen testen. Notieren Sie die Farben, die Sie für ein Motiv zusammenstellen; so verfahren Sie nicht willkürlich. Orientieren Sie sich an der Natur, oder stellen Sie Ihre eigenen Farben zusammen. Das Resultat sollte eine harmonische Einheit mit interessanter Abwechslung ergeben.

Mit dieser Bildraumaufteilung als Grundlage ging ich daran, die mittleren Tonwerte und weiße Stellen zu planen. Das ist ein wichtiger Schritt, denn diese Passagen sollen das Bild wie ein Gerüst zusammenhalten und mir die Arbeit für den ersten Farbauftrag der hellen und mittleren Tonwerte erleichtern.

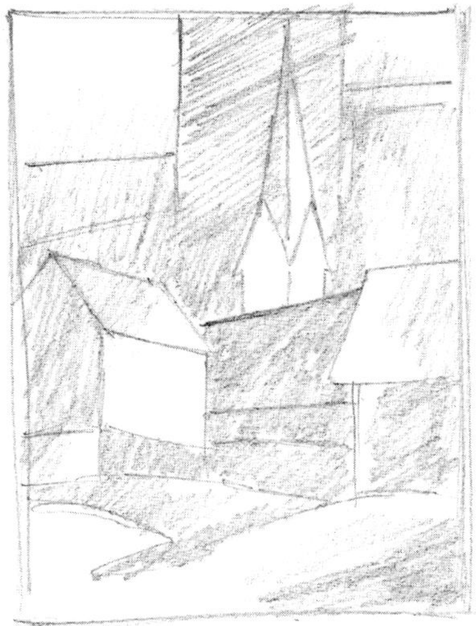

Zum Schluß folgen Dunkelheiten, die betonen, erklären, schmücken und balancieren. Durch die Schaffung von Kontrast kann sehr viel Einfluß auf die Komposition genommen und Gewichtungen verlagert werden. In kleinen Skizzen wird diese Wirkung besonders deutlich.

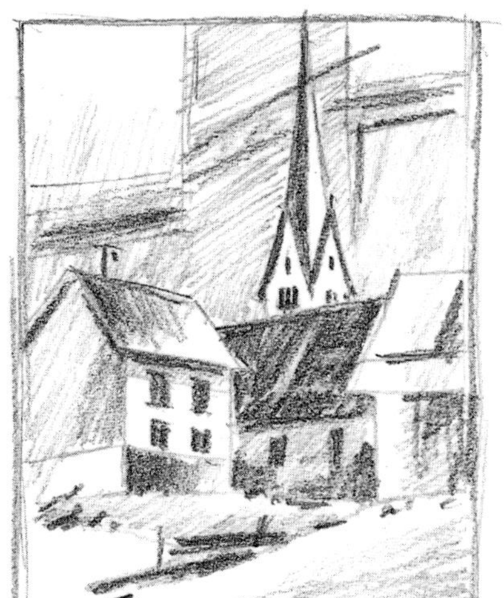

Was nützt die beste Kompositionsskizze, wenn bei der Übertragung auf das Aquarellpapier Veränderungen in den Proportionen gemacht werden? Es entsteht eine völlig neue Situation. Deshalb empfehle ich denjenigen, die noch keine zeichnerische Sicherheit haben, die Rastermethode als Hilfsmittel zur Übertragung. Zeichnen Sie über Ihre Skizze ein Netz aus Quadraten; je nach Motiv können diese größer oder kleiner sein. Mit einem HB-Bleistift und sehr leichtem Strich ziehen Sie das Raster mit derselben Anzahl von Quadraten entsprechend größer auf das Aquarellpapier. Übertragen Sie nun die jeweiligen Teile der Skizze in die Quadrate auf dem Aquarellpapier. Anschließend kann das Raster vorsichtig ausradiert werden.

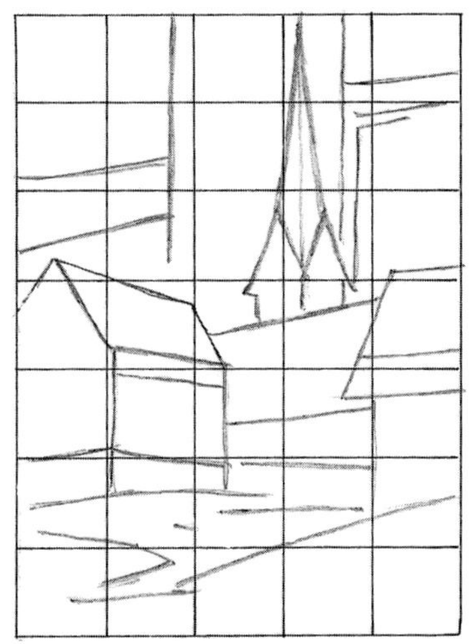

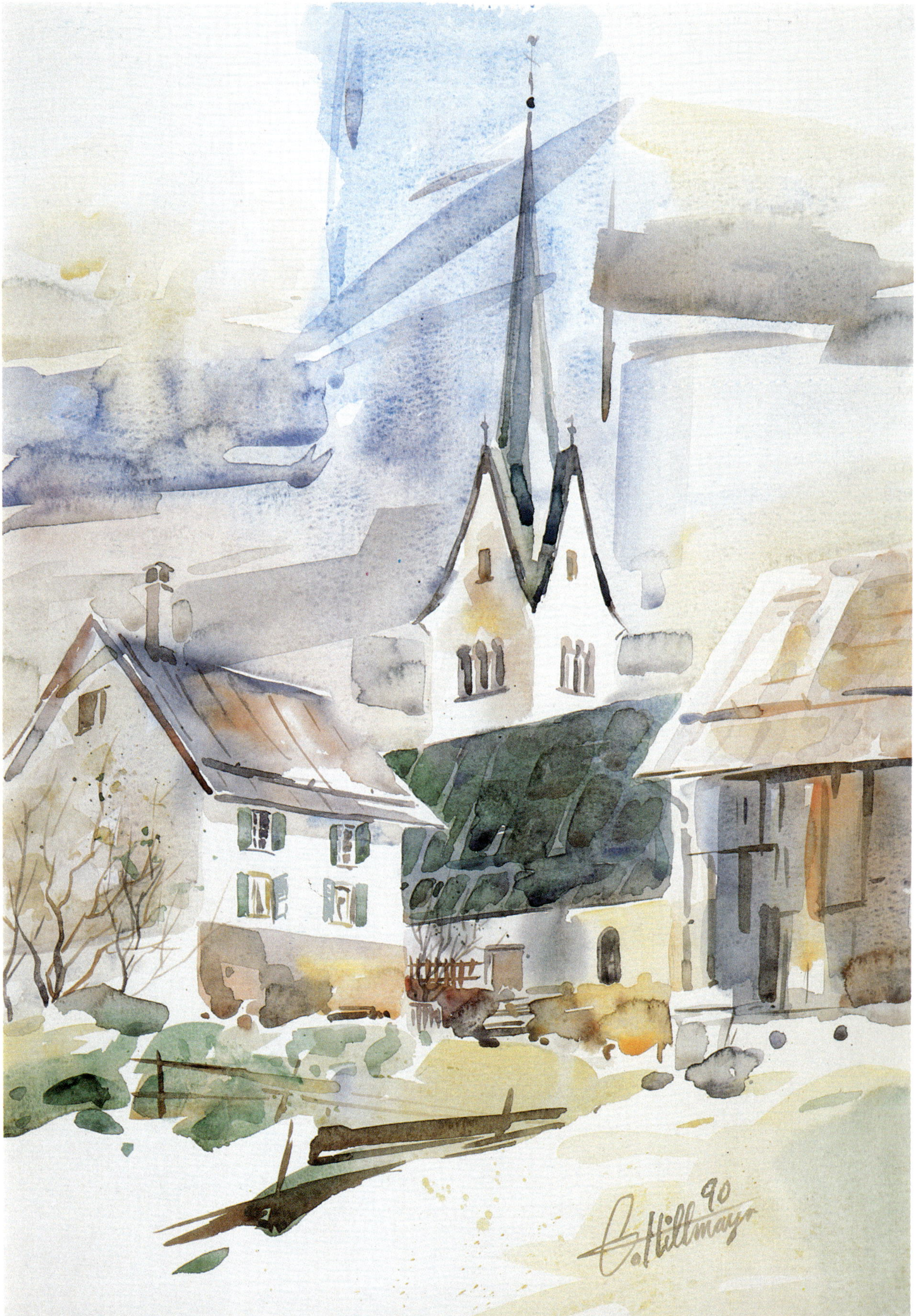
Hillmayr 90

8.3 Arbeitsmethoden

Probleme und Mißerfolge beim Malen sind häufig auf unüberlegtes, überstürztes Handeln zurückzuführen. Beim Aquarellieren sind viele Dinge auf einmal zu beachten. Da passiert es leicht, daß man Fehler macht und Wesentliches übersieht. Da Korrekturen kaum möglich sind, endet das Malen in Frustration.
Sie sollten sich genau überlegen, wie Sie das Motiv malen, also wie Sie verfahren wollen. Es soll hier nicht ein bestimmter Weg beschrieben werden, vielmehr sollen bewährte und auf die technischen Möglichkeiten der Aquarellmalerei abgestimmte, grundsätzliche Vorgehensweisen gezeigt werden.

Anfängern fällt es schwer, das Motiv in einem Arbeitsgang zu erfassen, sich für Farben zu entscheiden, sie zu mischen und dann noch die technischen Schwierigkeiten der Aquarellmalerei zu bewältigen.
Wenn man durch irgendwelche äußeren Einflüsse in der Konzentration gestört wird, und dann das Bild mißlingt, ist es mit der Geduld vorbei.
Versuchen Sie also das Ganze in den Griff zu bekommen, indem Sie Schritt für Schritt vorgehen und sich so den jeweiligen Problemen mit mehr Aufmerksamkeit widmen können. Mit System in unserer Denk- und Arbeitsweise gelingt es, diese schwierige Technik zu vereinfachen.

Beginnen wir bei der Motivsuche oder dem Aufbau eines Stillebens. Bevor Sie sich für ein Motiv entscheiden, prüfen Sie es nach den unter 8.1 besprochenen Punkten. Gehen Sie nun daran, das Motiv mit Hilfe von Skizzen kennenzulernen und seine gestalterischen Möglichkeiten zu testen. Die dafür nötigen Techniken sind im Kapitel 6. beschrieben.

„Valendas, Schweiz", Aquarell, 32 × 48 cm

Machen Sie Notizen von dem, was Ihnen wichtig erscheint, wie z. B. Farbzusammenstellungen, oder wie Sie das Motiv empfinden und was beim Malen zu beachten ist. Dadurch, daß man diese Punkte notiert, ist man gezwungen, sie konkret zu fassen.
Der nächste Schritt – wichtig als Arbeitsmethode beim Aquarellieren – ist das Anlegen einer Tonwertskizze; siehe Kapitel 6.1.2. Auch wenn Sie keine Zeit oder Lust haben, die Komposition zu planen, wie im Kapitel 8.2 beschrieben, ist es sinnvoll, die Tonwerte zu ordnen und zu vereinfachen. Hier wird die Vorgehensweise festgelegt, der Malprozeß in Schritte zerlegt. Erfahrungsgemäß malt man die hellen und großen Passagen mit Berücksichtigung der weißen Stellen zuerst. Versuchen Sie also beim Skizzieren der Tonwerte zu überlegen, welche Dinge Sie im ersten Farbauftrag malen.
Im nächsten Schritt wird mit den mittleren bis dunklen Tonwerten alles genauer definiert. Hier entscheidet sich oft, ob das Bild gelingt. Voraussetzung ist, daß Sie die wesentlichen Dinge erfaßt und sich Gedanken gemacht haben, welche Dunkelheiten entscheidend sind. Sonst tastet man sich vor, und das Aquarell wirkt unsicher und überarbeitet.
Der letzte Schritt macht am meisten Spaß, denn hier werden Details ausgearbeitet, Akzente gesetzt, Dinge hervorgehoben, kurzum die dunkelsten Tonwerte gemalt. Eigentlich handelt es sich bei dieser Arbeit mehr um eine Pinselzeichnung, weil das Aufsetzen der Feinheiten zeichnerisches Können erfordert.

Diese Methode kann natürlich je nach Motiv, Technik oder Gewohnheit variieren. Wichtig ist es aber, daß Sie sich Zeit nehmen und vor dem Malen einige Gedanken über die Vorgehensweise machen. Legen Sie zwischen den einzelnen Schritten eine (Trocknungs-)Pause ein, um das weitere Vorgehen neu zu überdenken.
Die Aquarellmalerei ist gut für Überraschungen, deshalb sollte Ihr vorgefertigter Plan nicht so starr sein. Ein weiterer Vorteil dieser Methode besteht darin, daß man in jedem Abschnitt über das ganze Bild arbeitet und dadurch ein ausgewogenes Aquarell erhält.

Auf den folgenden Seiten finden Sie zwei Beispiele, die dies verdeutlichen.

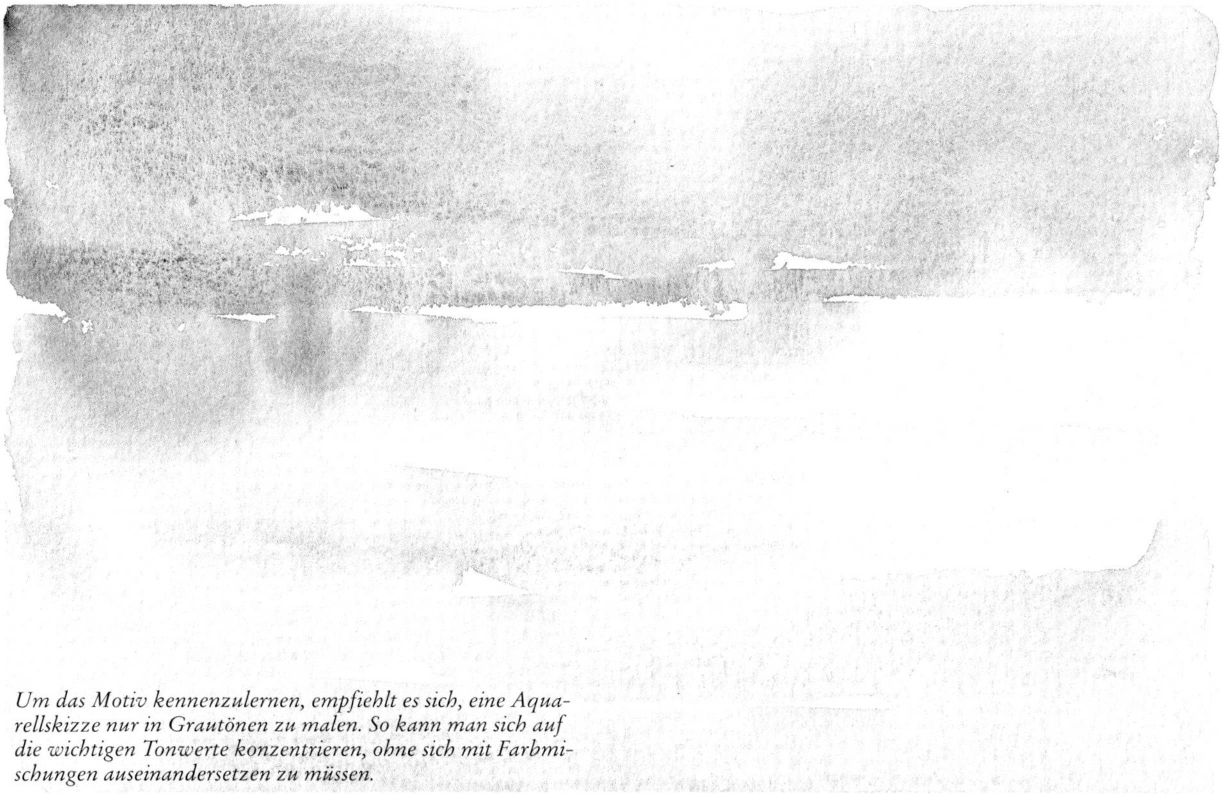

Um das Motiv kennenzulernen, empfiehlt es sich, eine Aquarellskizze nur in Grautönen zu malen. So kann man sich auf die wichtigen Tonwerte konzentrieren, ohne sich mit Farbmischungen auseinandersetzen zu müssen.

Erster Schritt

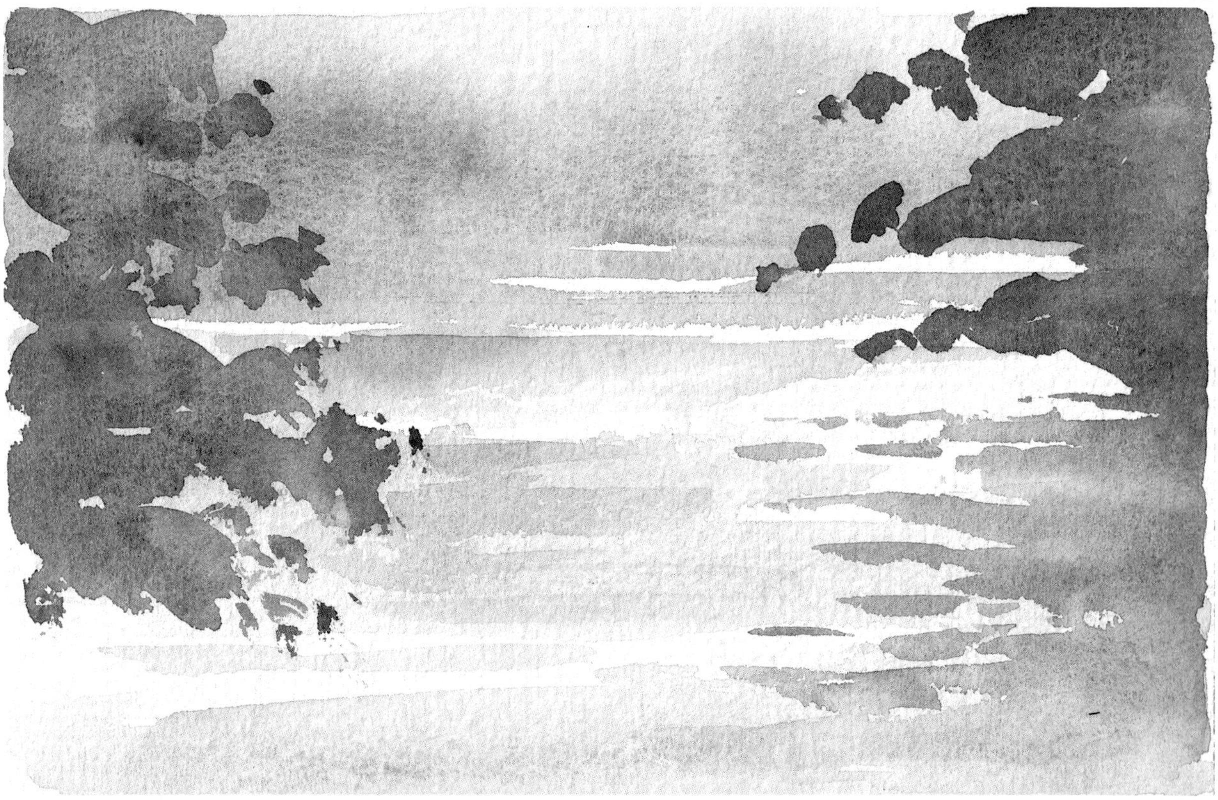

Zweiter Schritt

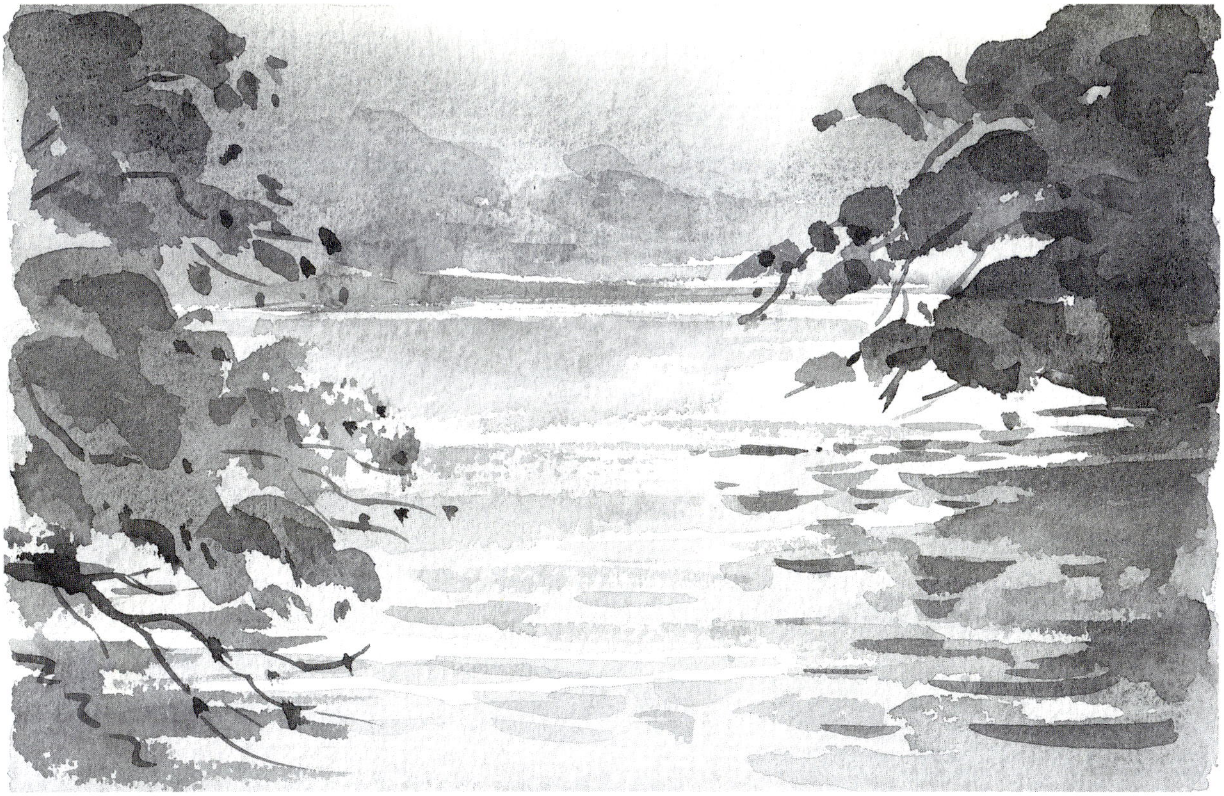

Dritter Schritt

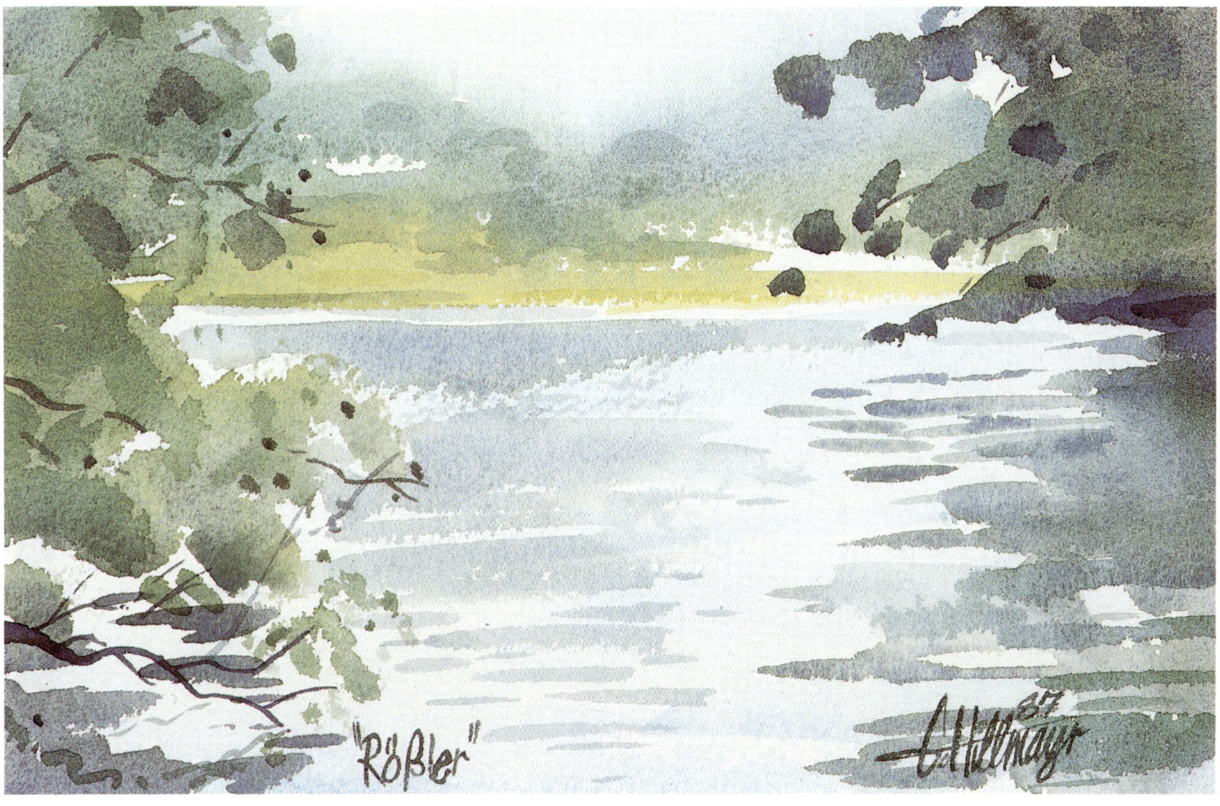

Das fertige Aquarell, „Rössler", Aquarell, 23 × 16 cm

In dieser Demonstration sind die einzelnen Schritte separat dargestellt, um so die Vorgehensweise zu verdeutlichen.

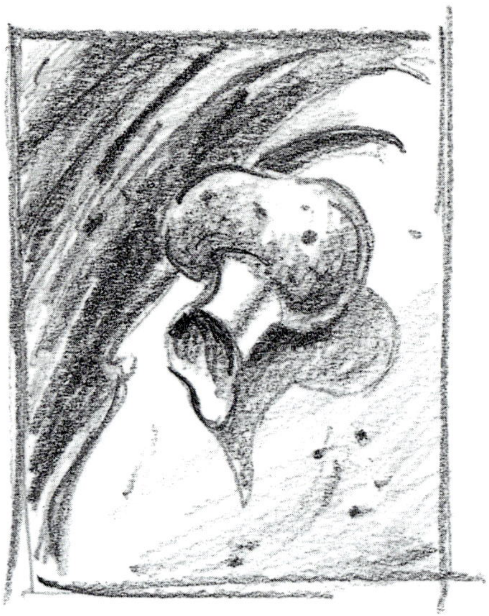

Bleistiftskizze

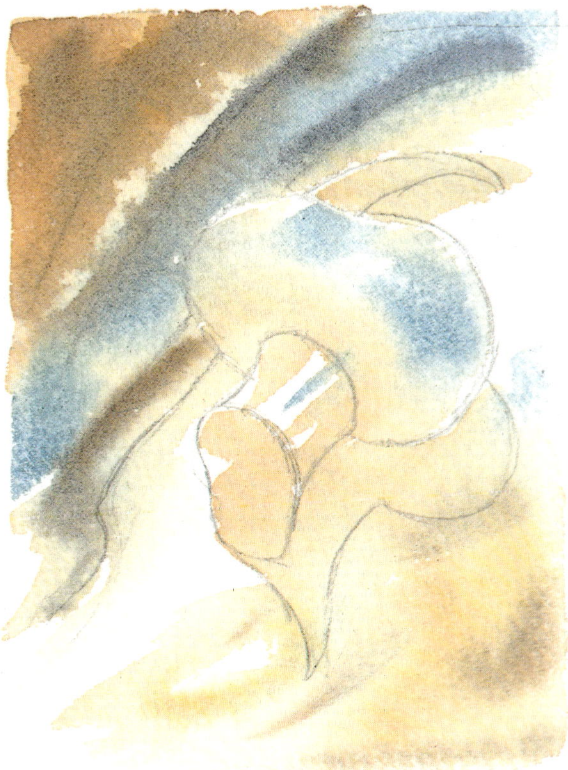

Erster Farbauftrag

Zweiter Farbauftrag

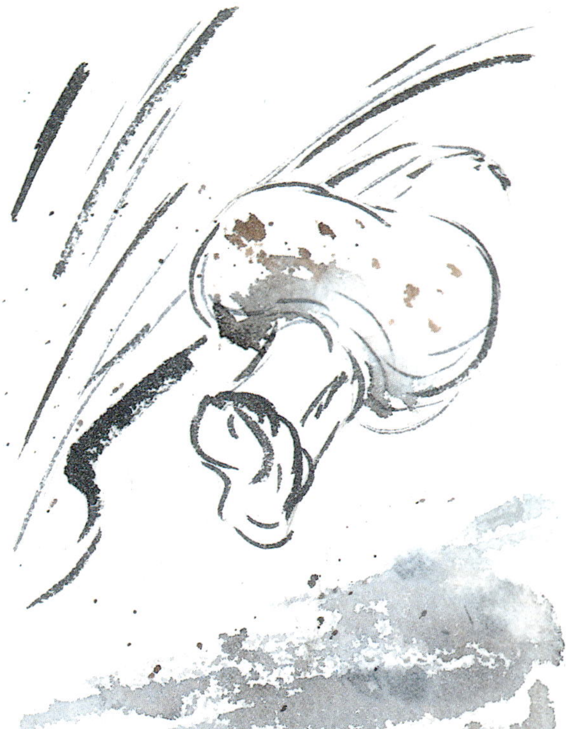

Pinselzeichnung

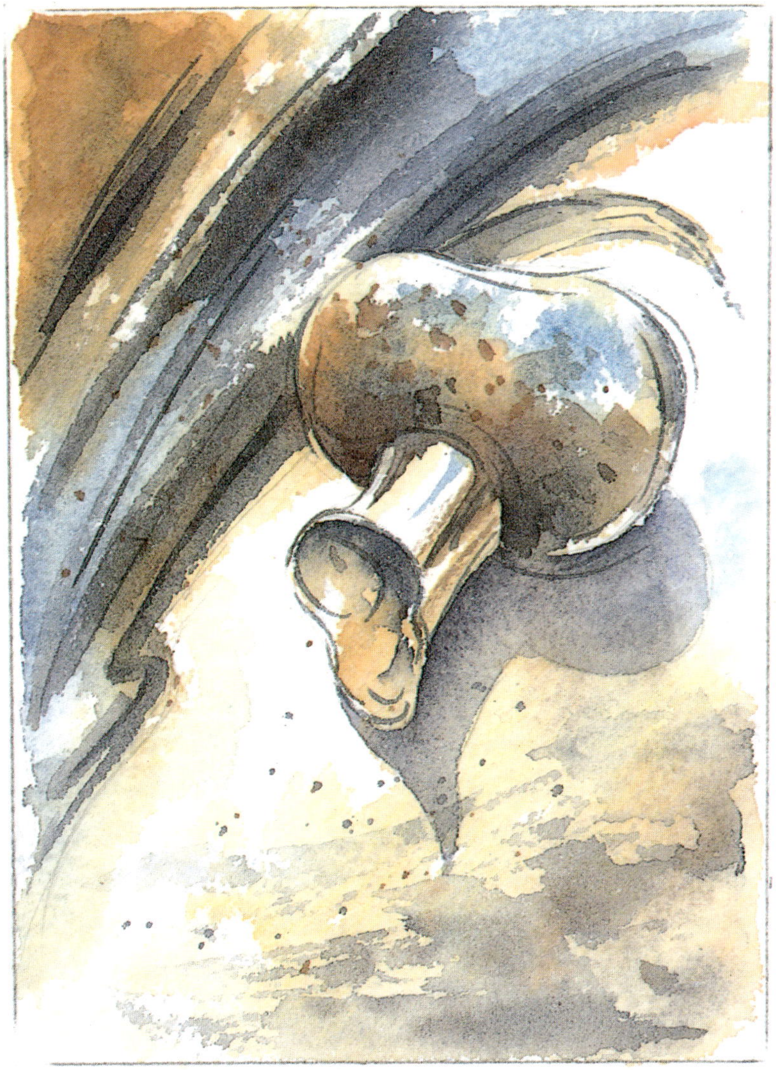

Das fertige Aquarell (Originalgröße)

8.4 Interpretation

Sie sitzen vor Ihrem Motiv und würden es gerne so malen, wie Sie es sehen und empfinden. Obwohl Sie sich ausführlich mit den Aquarelltechniken und der Bildgestaltung beschäftigt haben, sind Sie nicht sicher, wie und wo Sie beginnen sollen. Sie sind mit dem kompliziertesten und gleichzeitig interessantesten Problem der Malerei konfrontiert. Es geht darum, aus zwei Wirklichkeiten, nämlich dem Motiv einerseits und Farbe und Papier andererseits eine neue Wirklichkeit, nämlich das Aquarell, zu schaffen.

Nicht so einfach lassen sich reale, dreidimensionale Dinge wie Bäume, Häuser, Blumen, Äpfel, Menschen usw., beeinflußt durch Licht, Schatten und Atmosphäre, ausschließlich mit Aquarellfarben auf einer flachen, zweidimensionalen Ebene darstellen. Es werden also nicht Dinge gemalt, sondern ein Bild, oder wie Gauguin es ausdrückte: „Nicht die Wirklichkeit in Bildern reproduzieren, sondern repräsentieren". Ernst Ludwig Kirchner sah seine Bilder als „Gleichnisse nicht Abbildungen". Und Cézanne sagte: „Malen heißt nicht, einfach Natur nachahmen, sondern eine Harmonie unter zahlreichen Bezügen herstellen, sie in eigene Tonwerte übertragen, indem man sie nach dem Gesetz einer neuen und originalen Logik entwickelt".

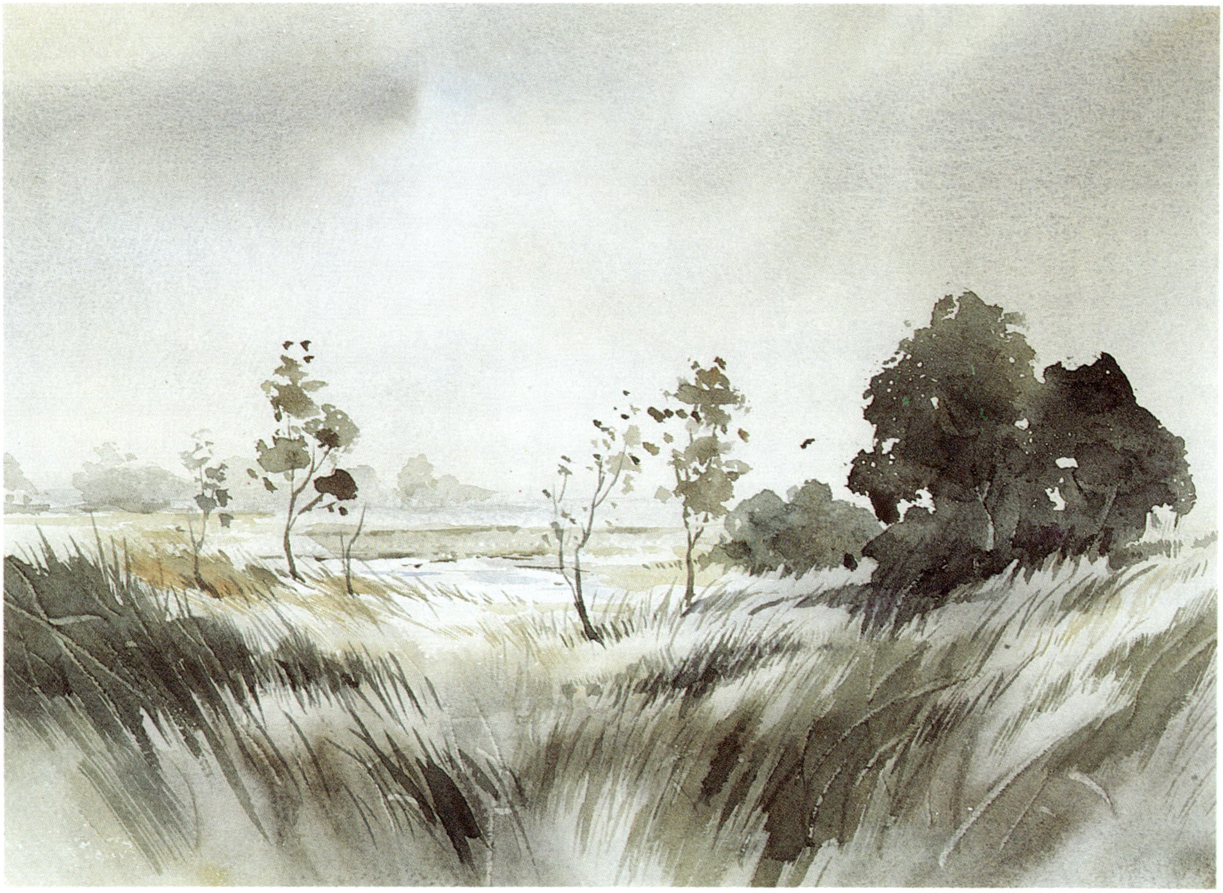

„Riedlandschaft“, Aquarell, 33 × 23 cm

Die Interpretation dieser Landschaft beruht nicht auf den Farben der Natur, um so mehr jedoch auf den Tonwerten. In Anlehnung an den Stil der klassischen Maler wie Rembrandt, Claude Lorraine und Nicolas Poussin wurden alle Dinge, Licht und Schatten sowie räumliche Wirkung in diesem Bild durch Hell-Dunkel-Kontrast sowie Tonwert-Abstufungen dargestellt.
Obwohl es mit Lichter Ocker, Siena gebrannt und Ultramarinblau gemalt wurde, wirkt es fast monochrom und vermittelt trotzdem die Farben der Natur.
Dieses Bild entspricht vielleicht nicht dem heutigen Geschmack, doch es ist ein typisches Aquarell: transparente, sehr naß aufgetragene Farbschichten, ausgespartes Papierweiß und ein lockerer Malstil kennzeichnen es.
Versuchen Sie, ein Aquarell in diesem Stil zu malen.

Treffender kann das Ziel der Malerei kaum formuliert werden, und alle Zitate beweisen, daß Künstler schon immer mit dem Problem der Interpretation beschäftigt waren.
Es ist nicht allzu schwierig, Techniken zu erklären oder Bildkompositionen zu analysieren; anders sieht es mit der Interpretation aus. Sie lebt von der eigenen Kreativität, niemand kann Ihnen dafür ein Rezept geben. Mit diesem Problem können Sie sich ein Leben lang beschäftigen, immer wieder finden Sie neue Möglichkeiten und nie die endgültige Lösung.
Doch gerade dies macht Malen so interessant. Versuchen Sie nicht, die Natur zu kopieren. Finden Sie Ihren Weg der Interpretation, Ihren eigenen Stil, und Sie werden mehr Spaß beim Malen haben. Allerdings kann diese Entwicklung nicht erzwungen werden. Gehen Sie also mit offenen Augen umher, durch Museen und Galerien, und stellen Sie fest, was Ihnen gefällt.
Wodurch wurden die verschiedenen Stilrichtungen geprägt, und was ist das Charakteristische daran? Mögen Sie den klassischen Stil der Hell-Dunkel-Darstellung (Chiaroscuro) oder die Farben der Fauves, die lichtdurchfluteten Landschaften der Impressionisten oder andere Kunstwerke der Moderne?
Wo liegen Ihre Stärken, in der Farbe oder beim Zeichnen? Malen Sie gerne Stimmungen oder Stillleben?

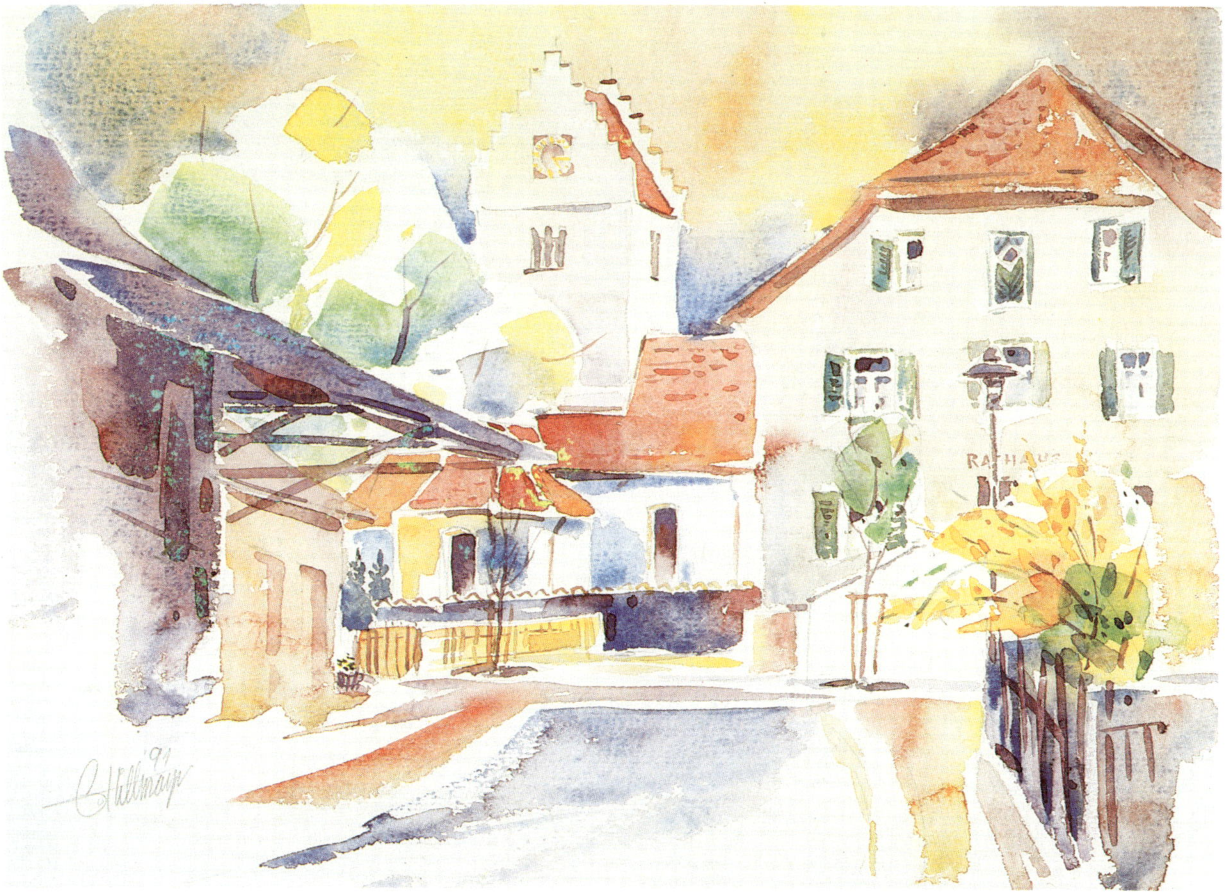

„Wolpertswende", Aquarell, 32 × 24 cm

Ganz im Gegensatz zu dem vom Hell-Dunkel geprägten klassischen Malstil stehen die koloristischen Bilder der Moderne. Maler dieser Stilrichtung gaben der Farbe den Vorzug. Sie verfielen zum Teil einem wahren Farbrausch und befreiten die Farbe vom Gegenstand. Die Farbe allein übernahm die Funktion von Licht und Schatten, von Hell und Dunkel.
Betrachten Sie Bilder von Nolde, Klee und Macke, um einige bekannte Aquarellisten zu nennen, und lassen Sie sich von ihrem meisterhaften Umgang mit der Farbe inspirieren.
Das hier gezeigte Motiv mit der Dorfkirche ist ein Beispiel für die interpretative Kraft der Aquarellfarbe.

Lesen Sie nach, was Künstler der verschiedenen Stilrichtungen bewegt hat, wie und warum sie die Dinge in einer bestimmten Art interpretierten. Dabei erhalten Sie Ideen und Anregungen für Ihre eigene Arbeit.
Weitere wichtige Punkte sind natürlich Erfahrung und die Beziehung zum Motiv. Ihre persönliche Art der Interpretation, Ihr eigener Stil entwickelt sich allein schon dadurch, daß Sie sich damit beschäftigen, über bestehende Möglichkeiten nachdenken, und überlegen, was Sie an einem Motiv interessiert und was Sie vermitteln wollen.
Dann möchte ich noch die Spontaneität, das instinktive Handeln erwähnen, denn die schönsten Aquarelle sind oft auf dieses kreative Element zurückzuführen.
Speziell in der Aquarellmalerei bleibt nicht immer Zeit für lange Überlegungen; bei dieser Technik spielt die Intuition eine große Rolle. Hören Sie nie auf darüber nachzudenken, wie Sie die Ihnen zur Verfügung stehenden Mittel einsetzen können. Technik ist nicht alles, selbst perfekt beherrschte Effekte ergeben allein kein künstlerisch wertvolles Bild.

Ein Künstler sollte die Oberfläche, die reine Abbildung durchdringen, um dem Betrachter etwas über seine persönliche Beziehung zum Motiv mitzuteilen. Ein gutes Bild sollte keine Kopie, sondern eine Übersetzung, eine Interpretation sein.

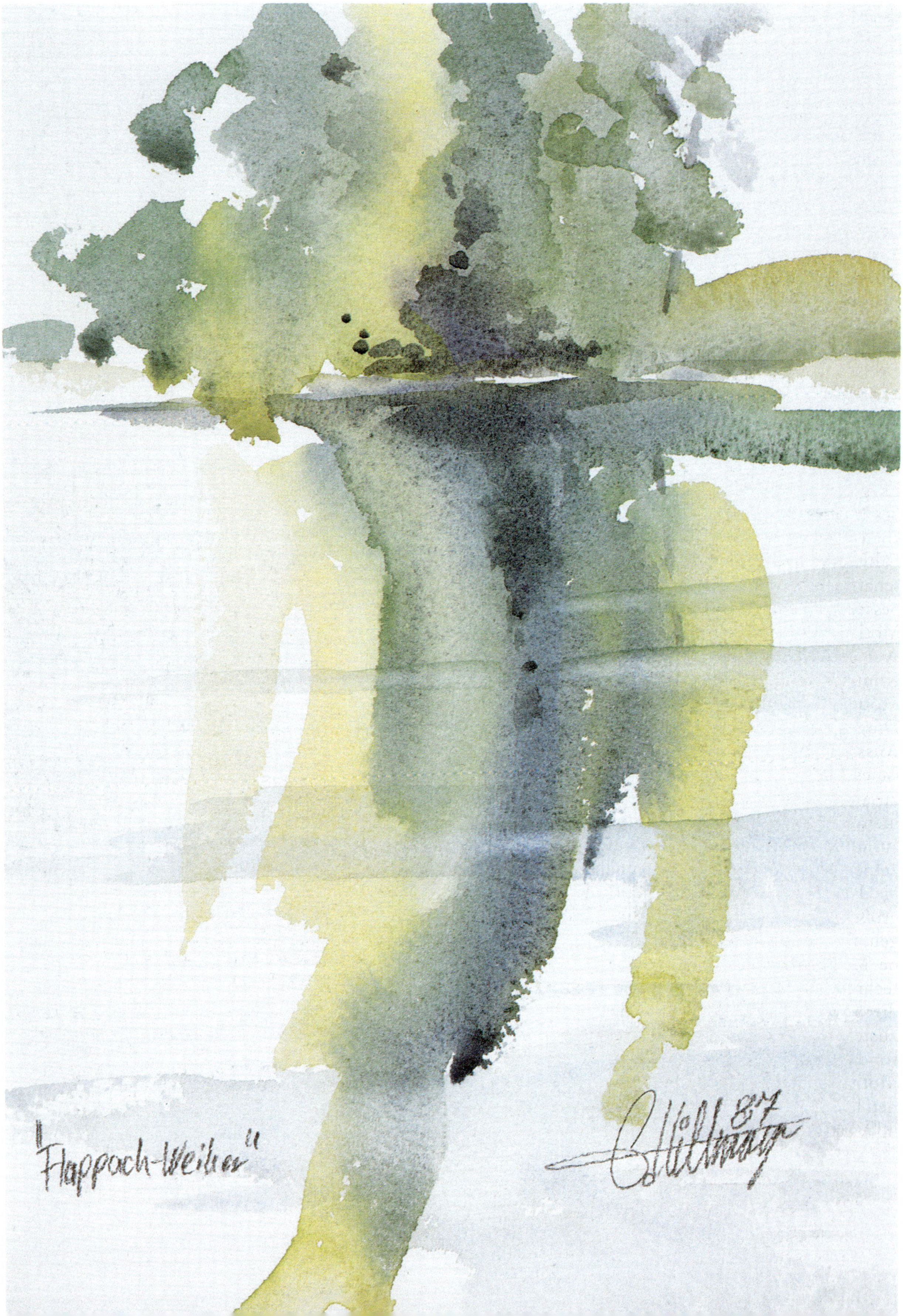
"Flappach-Weiher"

8.5 Vereinfachung

Auch die Vereinfachung und das Weglassen sind Formen der Interpretation. Cézanne hat uns gezeigt, daß selbst das, was nicht gemalt ist, besteht. Alles Übertriebene, mit viel Aufwand Dargestellte langweilt uns. Durch Weglassen oder Andeuten fordern wir den Betrachter auf, selbst zum Mitschaffenden zu werden und das Bild in seiner Vorstellung zu ergänzen. Allein schon die Aquarelltechnik zwingt uns, selektiv zu sein. Es ist weder realisierbar noch schön, alle Dinge bis ins kleinste Detail zu malen. Aquarellisten müssen kompromißbereit sein; diese Erkenntnis wächst mit der Erfahrung. Vereinfachung ist schwieriger, als es im ersten Moment erscheint. Es ist mehr als oberflächliches Darstellen oder Nichtbeachten.
Es geht darum auszuwählen, die Charakteristik des Motivs zu erkennen und sich für die wesentlichen Merkmale zu entscheiden. All dies sind Fähigkeiten, die man sich erarbeiten muß. Beschäftigen Sie sich mit dem Motiv, lernen Sie es besser kennen: Überlegen Sie, was Ihnen an dem Motiv zuerst auffiel, was Ihr Interesse erregte? War es vielleicht der Farbkontrast, Hell-Dunkel-Kontrast oder das Interessenzentrum (siehe 8.1 Motivsuche)? Reduzieren Sie das Motiv auf diese Dinge; lassen Sie alles weg, was nicht zu Ihrer Aussage beiträgt. Wenn etwas nicht notwendig ist, ist es überflüssig. Kneifen Sie Ihre Augen leicht zusammen, so daß alle Einzelheiten verschwimmen und Sie nur noch einfache Formen und die auffallendsten Kontraste erkennen. Fassen Sie einzelne Dinge zu Massen zusammen, vereinfachen Sie Farben und Tonwerte. Malen Sie mit einem großen Pinsel, um nicht der Versuchung zu erliegen, zu sehr ins Detail zu gehen. Malen Sie dasselbe Motiv mehrfach. Dadurch bewältigen Sie die technischen Schwierigkeiten, und es gelingt Ihnen, die wesentlichen Dinge mit weniger Aufwand darzustellen. Gehen Sie nicht übereilt an die Arbeit, sondern nehmen Sie sich Zeit, und lassen Sie das Motiv auf sich wirken. Dadurch wird es sich Ihnen leichter erschließen.

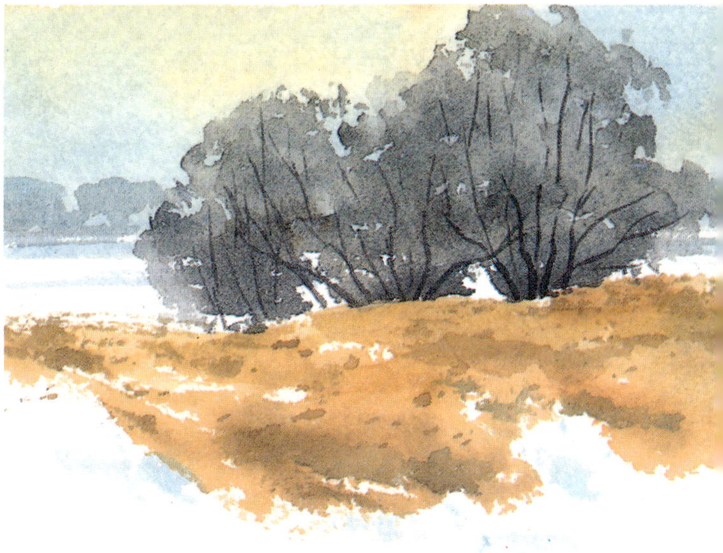

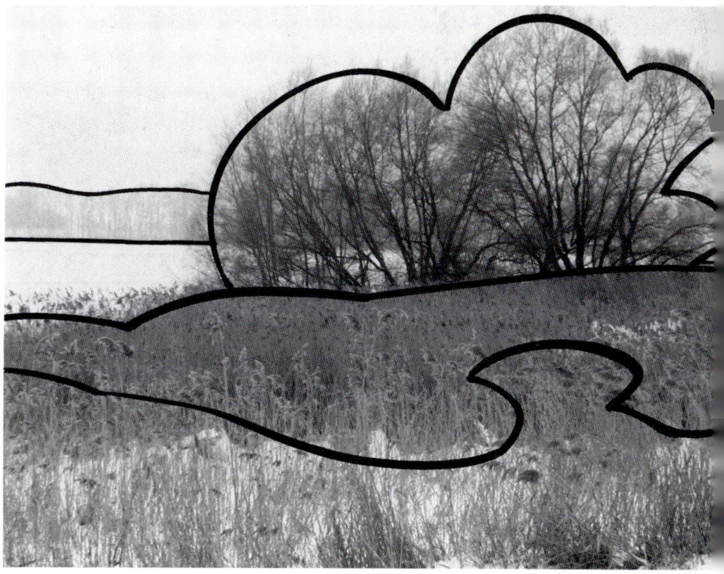

linke Seite: „Flappach“, Aquarell, 19 × 27 cm
Vereinfachung durch Weglassen: Nur das, was mir am interessantesten erschien, habe ich in diesem Aquarell gemalt, nämlich den stärksten Kontrast am Waldrand und seine Spiegelung im Wasser. Alles andere habe ich weggelassen.

Bilder oben: Vereinfachung der Bildelemente: Hier ein Beispiel, wie das Motiv auf einfache Formen reduziert werden kann. Einander ähnliche Dinge werden als Masse dargestellt, Details auf ein Minimum reduziert, um den Betrachter nicht zu langweilen.

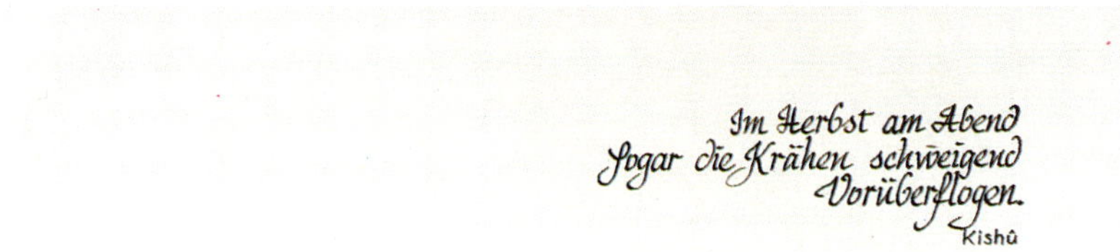

„Herbstabend", Aquarell und Kalligraphie auf Karton, 31 × 21 cm Gedicht und Aquarell zu verbinden ist ein interessanter Weg, Gefühle auszudrücken.

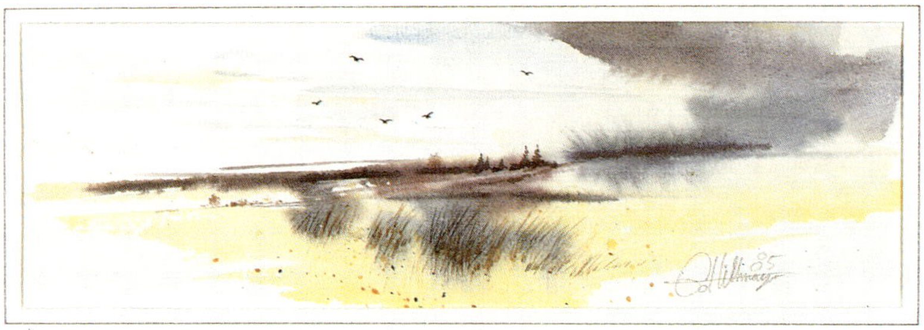

rechte Seite: „Freedom of Blues", Aquarell auf Japanpapier, 18 × 27 cm Frei erfundene Formen, Farben und Strukturen können Gefühle von Bewegung, Rhythmus, Spannung, Einheit usw. vermitteln. Die Faserstruktur des Japanpapiers wurde bei dieser Arbeit aufgegriffen und in der Malerei fortgesetzt.

8.6 Quellen der Inspiration

Um dem typischen Image eines Aquarellisten zu entsprechen, sollte man beim Malen in der Natur sitzen, wenn möglich gar in einem sonnigen Urlaubsland. In der Tat ist es sehr wichtig, die Natur zu beobachten und Erfahrungen zu sammeln. Das heißt aber noch lange nicht, daß Sie auf das Malen verzichten müssen, weil Sie keine Zeit oder Gelegenheit haben, ins Freie zu gehen. Für viele Menschen ist es unangenehm, an exponierter Stelle zu malen, wo sie den Blick von Passanten auf sich ziehen. Doch Anregungen zum Malen findet man überall, und wenn man sich damit befaßt, führt ein Gedanke zum nächsten.
Bevor man etwas realisiert, hat man mehrere Ideen zur Auswahl. Sammeln Sie, was Ihnen als Grundlage für ein Aquarell dienen könnte, in der Natur oder auf dem Flohmarkt. Dieser ist übrigens ein Paradies für Freunde des Stillebens. Für wenig Geld kann man die schönsten und ungewöhnlichsten Dinge erstehen, um sie dann irgendwann zuhause zu malen.

Nehmen Sie Ihren Skizzenblock mit an den Strand, in den Zoo, zum Wandern, Einkaufen oder gar zur Arbeit. Was für den Fotografen die Kamera, ist für uns der Skizzenblock. Er ist unser wichtigstes Hilfsmittel zum Festhalten von Informationen und Ideen für eventuelle Aquarelle. Er dient nicht nur zum Planen eines Bildes. Die vielen kleinen Skizzen und Studien stellen eine wunderbare Fundgrube für das Malen zuhause dar. Oft ist es nur die flüchtige Notiz einer Stimmung, deren Wert man erst zu einem späteren Zeitpunkt schätzen lernt.
Natürlich sind Aquarelle, die man anhand von solchen Unterlagen malt, nicht so detailliert oder genau wie diejenigen, die am Ort gemalt wurden. Doch gerade darum geht es bei dieser freien Arbeit, bei der man sich mit Erinnerungen, Stimmungen, Erlebtem, Gesehenem oder Erfundenem beschäftigt. Lassen Sie sich von irgendwelchen abstrakten Formen, Farben, Kontrasten und Strukturen aus Ihrer Umgebung inspirieren, oder erfinden Sie diese frei. Lassen Sie sich anregen durch Musik und Literatur, setzen Sie Energie, Rhythmus und Harmonie eines Musikstückes oder die Gefühle aus einem Gedicht in Malerei um. Eine weitere Möglichkeit, die schon im Kapitel 8.4 „Interpretation" empfohlen wurde, ist die Auseinandersetzung mit der Kunstgeschichte und der zeitgenössischen Kunst. Lassen Sie sich bei Ausstellungen, Vorträgen und beim Lesen inspirieren; dies sind unerschöpfliche Quellen, die Ihre Arbeit bereichern.
Je mehr Sie malen und sich mit der ganzen Thematik beschäftigen, desto sensibler wird Ihr Auge. Überraschend und in den ungewöhnlichsten Momenten werden Sie ein Bedürfnis zum Malen empfinden; der Fluß der Ideen wird nicht versiegen.

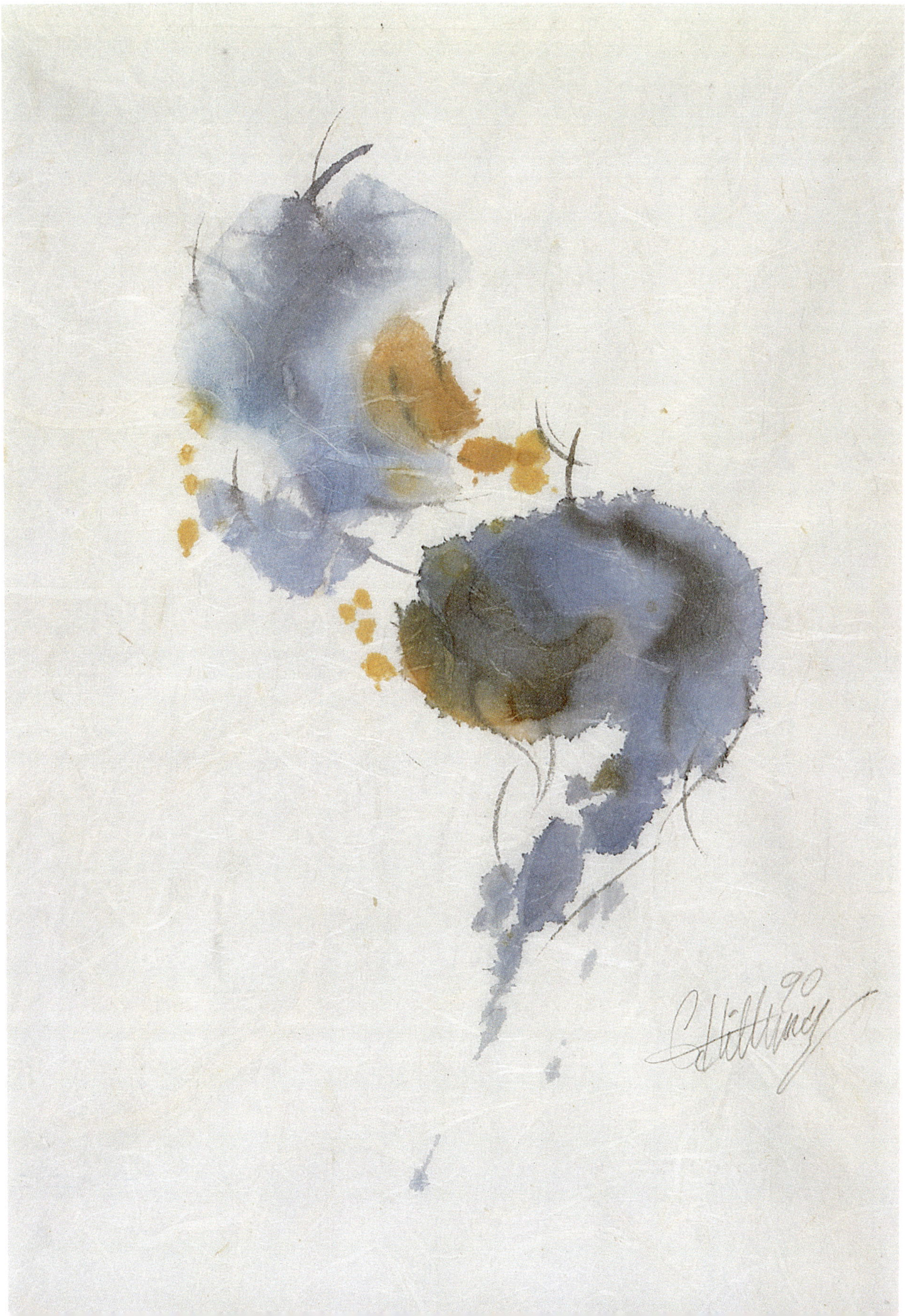

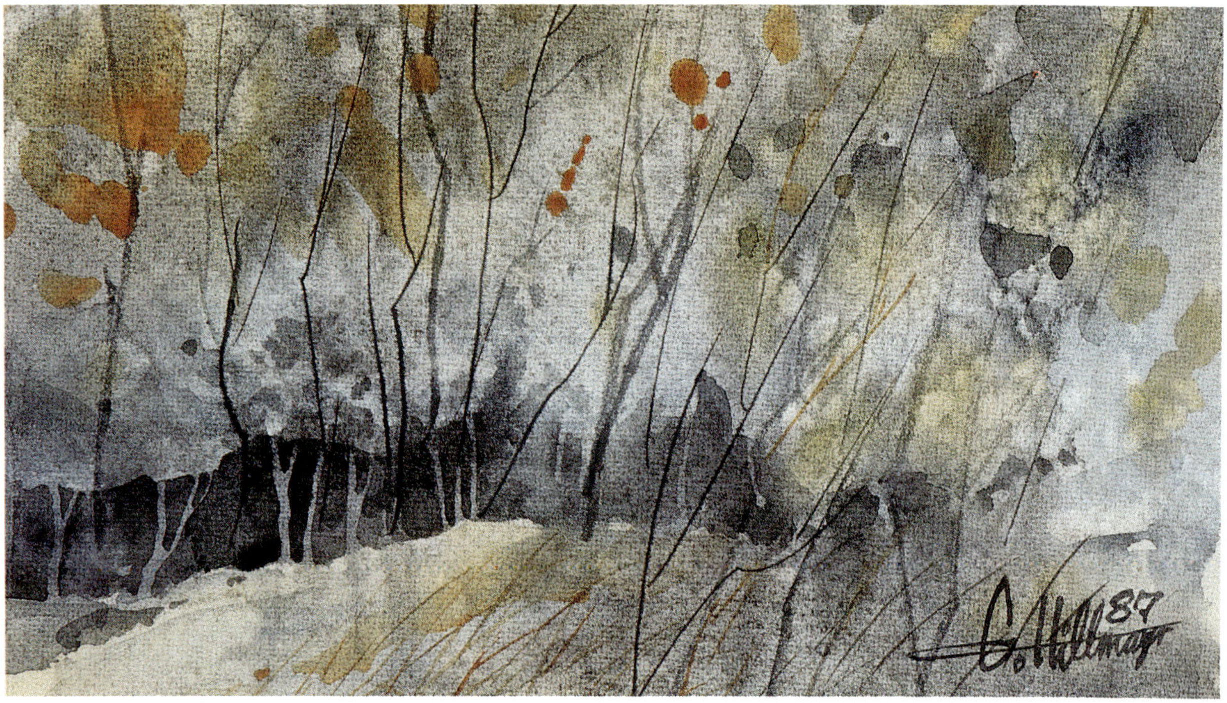

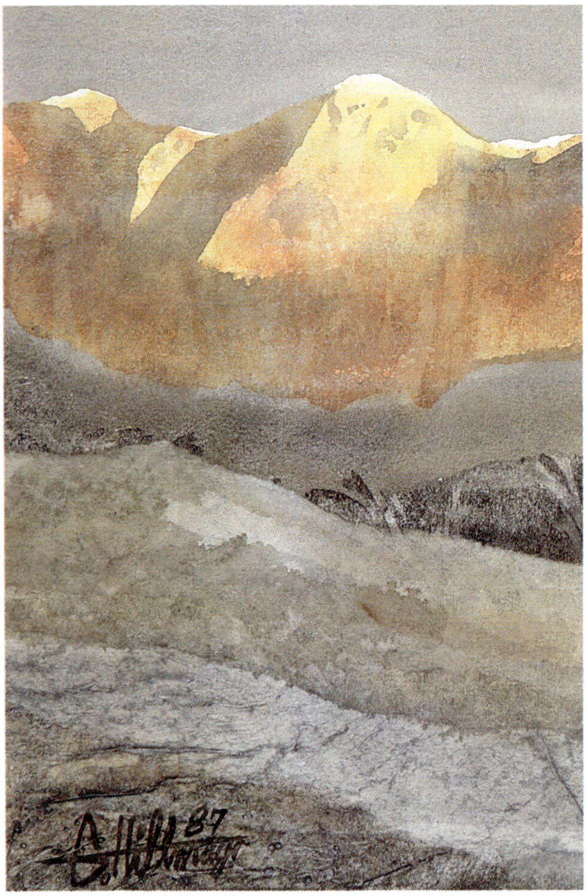

oben:
„Waldrand", 22 × 12 cm

links:
„Sonnenfänger", Collage, 16 × 23 cm

Die Möglichkeiten, Aquarelle zu Hause nach der eigenen Phantasie zu malen, sind vielseitig.

Bild rechts:
„Begrenzt", 33 × 44 cm

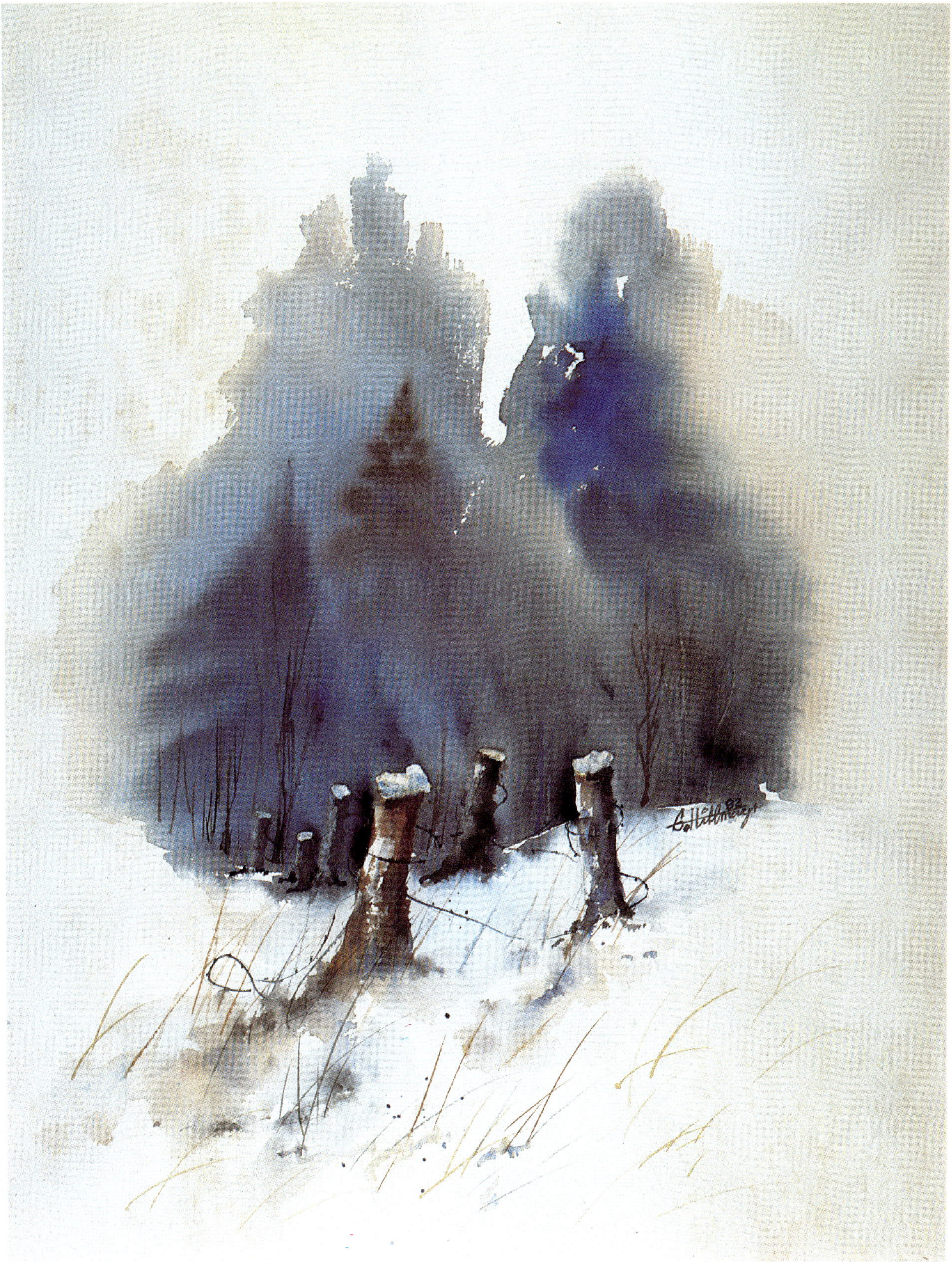

9. DIE PRÄSENTATION UND ERHALTUNG

9.1 Beschriftung und Signatur

An erster Stelle steht sicher die Freude am Malen, die Herausforderung der Aquarellmalerei. Doch irgendwann kommt der Moment, wo Freunde oder Bekannte Interesse an Ihren Bildern zeigen und Sie das eine oder andere Aquarell verschenken oder gar verkaufen wollen. Es ist deshalb notwendig, Ihr Bild mit einigen Informationen zu versehen, die Auskunft über Urheber, Titel und Technik geben.

Das wichtigste ist wohl die Signatur. Sie kann aus Ihrem voll ausgeschriebenen oder abgekürzten Namenszug oder aus einem Namenszeichen bestehen. Benutzen Sie zum Signieren eine Technik und Farbe, die Sie auch beim Malen verwendet haben.

Das Jahr, in dem Sie das Bild gemalt haben, sollte ebenfalls angegeben sein, selbst wenn dies nur zu Ihrer eigenen Information dient. Jahresangaben sind oft sehr aufschlußreich über die Entwicklung eines Malers.

Diese Angaben sollten so plaziert sein, daß sie Teil des Bildes sind und nicht zu sehr auffallen. Regeln gibt es keine. Manche Künstler schreiben zusätzlich den Namen des gemalten Ortes, Tageszeit oder sonstige Angaben zum Motiv auf das Bild. In der Regel jedoch wird der Titel, Datum, Name des Künstlers, Technik und eventuell Malgrund sowie die Größe des Bildes (nicht die Rahmengröße) auf der Rückseite, dem Rahmen oder der Rückwand angebracht. Diese Informationen sollten jedes Bild begleiten.

9.2 Passepartout

Das Passepartout ist ein Rahmen aus Karton, der das Bild erst richtig zur Geltung kommen läßt, weil es ein neutrales Umfeld schafft. Gleichzeitig dient es als Schutz.

Am besten verwendet man dafür speziellen säurefreien Passepartoutkarton, der alterungsbeständig ist. Dieser Karton ist in verschiedenen Farben und Stärken erhältlich. Die Wahl der Farbe hängt von Ihrer Vorstellung und natürlich den Farben des Bildes ab. Vielseitig verwendbar sind Antikweiß und Elfenbein. Manche Hersteller bieten unterschiedliche Strukturen an. Bei der Wahl der Stärke (von ca. 300 g/qm bis 1,8 mm) sind zwei Dinge zu beachten: die Wirkung und der Schutz des Aquarells. Bei den stärkeren Kartons kann man mit einem Schrägschnitt schneiden, wodurch das eingerahmte Bild besonders schön wirkt. Außerdem wird das Blatt durch das Befestigen auf der Rückseite des Kartons geschützt, denn es ist dadurch vom Glas zurückversetzt, das es auf keinen Fall berühren sollte.

Manchmal ist das Gesamtbild nicht zufriedenstellend. Wählt man aber nur einen Ausschnitt und deckt den Rest ab, erhält man oft überraschend ein gelungenes und interessantes Bild. Nehmen Sie vier Streifen eines Kartons, die Sie anstelle des Passepartouts benutzen, um den ungewünschten Teil abzudecken. Sie können dafür auch ein Passepartout an zwei Ecken so auseinander schneiden, daß zwei Kartonwinkel entstehen, mit denen Sie durch Verschieben den besten Bildausschnitt suchen. Wenn Sie den gewünschten Ausschnitt gefunden haben, messen Sie die Fensteröffnung und übertragen die Abmessungen auf die Rückseite des Kartons. Achten Sie darauf, daß das Fenster kleiner ist als das Blatt, damit alle Ränder sicher abgedeckt werden können. Es ist empfehlenswert, den unteren Rand des Passepartouts etwas breiter zu machen, da dieser bei gleicher Breite aller vier Seiten optisch schmaler wirkt.

Um dem Bild genügend Raum zu verschaffen, sollte die Rahmenbreite des Passepartouts nicht zu gering sein. Das Schneiden mit einem Passepartout-Schneidegerät will geübt sein, speziell was die Ecken beim Schrägschnitt betrifft. Das Resultat ist auch von der Qualität des Schneidegerätes abhän-

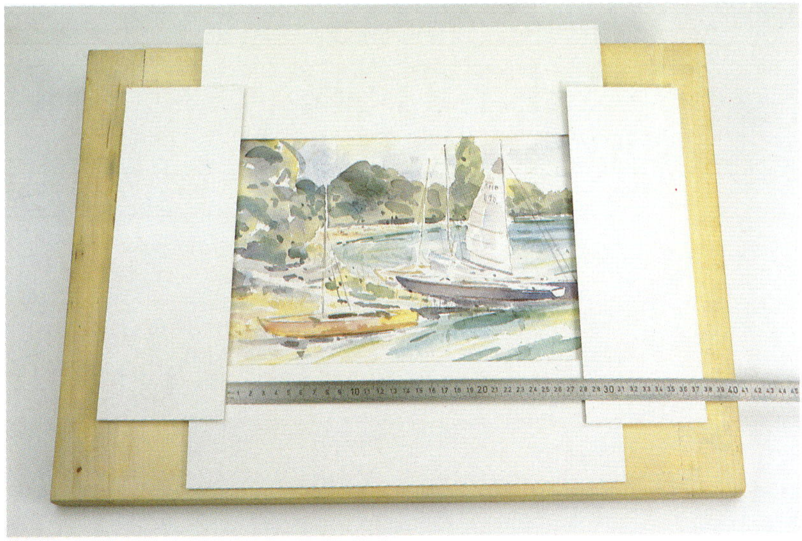

Durch Abdecken mit Kartonstreifen kann der gewünschte Bildausschnitt gesucht und gemessen werden.

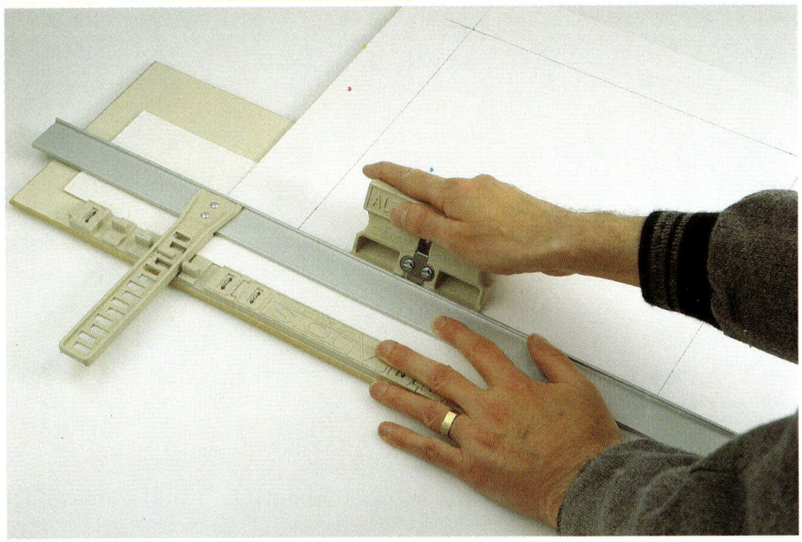

Nachdem die gewünschte Öffnung auf der Rückseite des Kartons aufgezeichnet wurde, kann man mit einem Spezial-Schneidegerät das Fenster ausschneiden. Für einen sauberen Schnitt unterlegt man einen Kartonrest. Passepartout-Schneidegeräte sind im Fachhandel erhältlich und enthalten die notwendigen Gebrauchsanweisungen.

gig. Da die Anschaffung eines guten Gerätes relativ teuer ist und der Karton ebenfalls, steht das Selberschneiden bei geringem Bedarf nicht im Verhältnis zu den Kosten eines vom Fachhändler geschnittenen Passepartouts. Es ist empfehlenswert, sich provisorische Passepartouts aus dünnem Karton selbst zu schneiden. Mit einem normalen Papiermesser ist dies kein Problem, kostet nicht viel und hat die Vorteile, daß Ihre Bilder immer gut wirken und Sie ohne großen Aufwand auch mal einen anderen Ausschnitt oder eine andere Passepartoutgröße testen können.

Wenn Sie ein endgültiges Passepartout und einen Bilderrahmen bestellen, kennen Sie die passende Größe. Das Aquarell wird auf der Rückseite des Passepartouts befestigt oder – besser gesagt – aufgehängt. Das Blatt sollte nur am oberen Rand festgeklebt werden, damit es sich bei Temperaturveränderungen nicht verzieht oder gar reißt. Auf keinen Fall dürfen Sie normale Klebstreifen verwenden, da diese Rückstände hinterlassen, die das Papier beschädigen. Manche Klebstreifen sind nach einiger Zeit kaum zu entfernen, ohne daß das Papier zerreißt. Besorgen Sie im Fachhandel selbstklebendes Fälzelpapier. Dieses spezielle Klebeband greift die Fasern des Papiers nicht an und läßt sich mit Wasser leicht ablösen. Zum Schluß können Sie noch einen dünnen Karton oder Zeichenpapier zum Schutz des Aquarells als Rückwand anbringen.

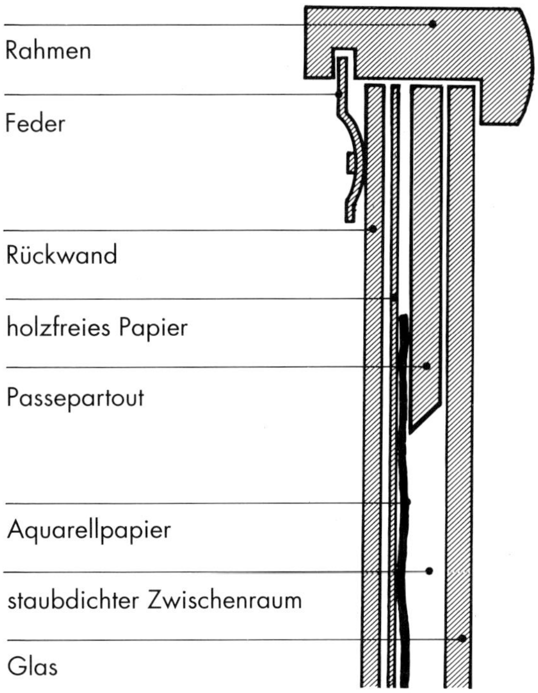

Diese Grafik zeigt in schematischer Darstellung, wie ein Aquarell gerahmt wird.

9.3 Rahmen

Natürlich will man seine Aquarelle nicht nur in Mappen aufbewahren und Passepartouts alleine eignen sich nicht zum Aufhängen. Sie benötigen einen Bilderrahmen.

Wenn Sie zum ersten Mal eines Ihrer Bilder im Rahmen sehen, werden Sie über den Unterschied zum losen Blatt erstaunt sein. Die Wahl des Rahmens ist eine sehr individuelle Angelegenheit. Nicht nur was Ihnen gefällt und was sich für das Bild eignet, sondern auch die Umgebung, in der es hängen wird, muß berücksichtigt werden.

Generell kann jedoch gesagt werden, daß ein Aquarell aufgrund seines meist zarten Charakters einen leichten, unauffälligen Rahmen erhalten soll. Das Bild darf nicht erdrückt werden, der Rahmen soll das Passepartout halten und optisch abschließen. Das Aquarell steht im Mittelpunkt, nicht der Rahmen. Auf jeden Fall muß die Farbe des Passepartouts und des Bildes bei der Rahmenwahl berücksichtigt werden.

Wenn Sie ein Bastler sind, können Sie mit verschiedenen Rahmenleisten experimentieren. Ansonsten ist es empfehlenswert, zum Fachmann zu gehen, wo Sie eine große Auswahl haben und gut beraten werden. Wechselrahmen sind ideal, wenn Sie mehrere Bilder im selben Format haben und immer das neueste aufhängen wollen.

Achten Sie beim Rahmenkauf auf folgende Punkte: Der Rahmen dient nicht nur zur Präsentation, er schützt das Bild auch so gut wie möglich. Wie schon erwähnt, hält ein dickes Passepartout das Blatt vom Glas fern. Ebenso sollten keine anderen Materialien wie beispielsweise eine stark holzhaltige Rückwand mit dem Blatt in Berührung kommen, da sie das Aquarellpapier nach längerem Kontakt beschädigen. Hier beugt ein holzfreies Papier oder säurefreier Karton als Schutz zwischen Aquarellblatt und Rückwand vor.

Die Rückwand sollte bei Wechselrahmen mit Federn so stark angedrückt werden, daß kein Staub eindringen kann. Wenn Sie Ihr Bild beim Fachmann rahmen lassen, wird er die Rückwand staubdicht abschließen.

Noch ein Punkt zum Glas: Viele Rahmen werden mit reflexarmen, entspiegeltem Glas verkauft, das sich nicht gut für Aquarelle eignet. Das Bild verliert hinter diesem Glas seine natürliche, frische Wirkung. Normales Glas gibt Aquarellfarben etwas von dem Glanz zurück, den sie in nassem Zustand haben.

9.4 Restauration

In der Materialbeschreibung wurde darauf hingewiesen, auf beste Qualität beim Kauf von Papier und Farben Wert zu legen, so daß eine lange Lebensdauer Ihrer Aquarelle gewährleistet ist.

Ebenso wurde erwähnt, daß Passepartout und Rahmen das fertige Kunstwerk schützen müssen. Weitere Hinweise folgen im letzten Thema „Aufbewahrung".

In der Tat sind Aquarelle bei bester Qualität des Materials zarte Geschöpfe, die schnell zerstört werden. Deshalb gilt: „Vorbeugen ist besser als reparieren." Fehler im Umgang bzw. in der Aufbe-

wahrung der Aquarelle sind sehr schwer oder gar nicht zu korrigieren; es ist schnell mehr falsch als gut gemacht. Deshalb rate ich Ihnen, wertvolle Bilder zu einem Fachmann zu bringen, der Ihr Kunstwerk nach den neuesten Kenntnissen der Forschung restauriert.
Dennoch gibt es Situationen, in denen Sie sich wünschen, mit einer kleinen Reparatur das sonst verlorene Blatt doch noch zu retten oder störende Beschädigungen zu beseitigen.
Verstaubte Aquarelle säubern Sie vorsichtig mit einem sauberen Lappen oder Knetgummi. Beschädigungen der Farbschicht können mit der entsprechenden Farbe retuschiert werden. Berücksichtigen Sie aber, daß nasse Farbe anders wirkt als trockene.
Ist die Oberfläche ebenfalls beschädigt, müssen Sie diese zuerst glätten. Bei größeren Schäden wie Rissen und Löchern ist diese Prozedur etwas aufwendiger. Zuerst muß die beschädigte Stelle mit Papier und Kleister von der Rückseite gefestigt werden. Füllen Sie dann die nasse Rißstelle von vorne mit Papiermehl und Stärkekleister, und versuchen Sie, die Oberflächenstruktur so gut wie möglich zu rekonstruieren. Das Papiermehl stellen Sie aus dem gleichen Aquarellpapier durch Reiben oder Schaben her.
Um einen Knick oder Falz zu beseitigen, befeuchten Sie das Aquarellpapier auf der Rückseite, legen es anschließend zwischen zwei Blatt Lösch- oder Zeichenpapier und beschweren es für mehrere Tage. Dieses Verfahren eignet sich auch zum Glätten von stark welligem Aquarellpapier.
Grundsätzlich sollten Sie vor jeder Reparatur Versuche durchführen.

9.5 Aufbewahrung

Gleichgültig wieviel Sie malen, alle Bilder werden Sie nicht einrahmen wollen. Sie müssen also eine Möglichkeit finden, diese aufzubewahren. Selbst mißlungene Werke sollten Sie nicht wegwerfen, denn es ist interessant und lehrreich nach einiger Zeit die früheren Arbeiten zu betrachten und den Fortschritt zu erkennen. Einige Punkte, die beim

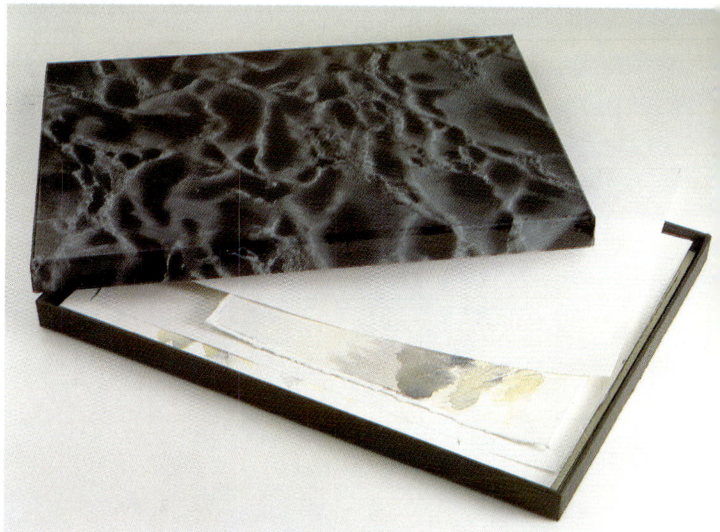

Aufbewahren eines Aquarells oder – besser gesagt – aller Arbeiten auf Papier berücksichtigt werden müssen, wurden schon im Thema 9.3 „Rahmen" erwähnt. Es muß also darauf geachtet werden, daß Aquarelle das Glas nicht berühren, staubdicht abgeschlossen sind, nicht auf längere Zeit mit Holz, holz- oder säurehaltigen Materialien in Berührung kommen und auf keinen Fall direktem Sonnenlicht oder Feuchtigkeit ausgesetzt sind.
Selbstverständlich treffen diese Vorsichtsmaßnahmen nicht nur für gerahmte Objekte zu, sondern gelten generell für die Aufbewahrung. Dieser Schutz ist am besten in Mappen oder Zeichnungsschränken gewährleistet. Im Fachhandel sind unterschiedliche Mappen, speziell mit Klappen und Verschlußband für diesen Zweck erhältlich.
Natürlich können Sie auch irgendwelche Schachteln dafür verwenden, solange diese den Aquarellen Schutz vor Staub bieten und mit holzfreiem Zeichenpapier ausgelegt sind. Zusätzlich sollten Sie zwischen jedes Aquarell zum Schutz gegen Verschmieren und Verkratzen ein Seidenpapier oder dünnes Zeichenpapier legen.
Wenn Sie Mappen stehend aufbewahren, muß darauf geachtet werden, daß sie fest geschlossen sind, um ein Biegen der Blätter zu verhindern.
Ideal zur flachen Aufbewahrung von Aquarellen und Papiervorrat sind Zeichnungsschränke, denn sie haben mehrere Schübe mit geringer Höhe und bieten dadurch eine gute Übersicht. Allerdings nehmen diese Schränke, die im Fachhandel in unterschiedlichen Größen erhältlich sind, viel Platz in Anspruch und sind relativ teuer.

10. GLOSSAR

A

Acrylfarben wasserlösliche, auf Polymerbasis aufgebaute Acrylharz-Dispersionsfarben, trocknen wasserfest auf. Diese Künstlerfarben ermöglichen viele künstlerische Techniken; sie sind licht- und alterungsbeständig.

Analogfarben Farben, die auf dem Farbkreis nebeneinander liegen

Aquarell Bild, das mit transparenten Wasserfarben gemalt wurde (ital. acquerello, lat. aqua = Wasser)

B

Bindemittel dient zum Binden der Farbpigmente und gewährleistet die Haftbarkeit auf dem Malgrund.

Büttenpapier handgeschöpftes Papier

C

Chiaroscuro ital. für Hell-Dunkel; Bezeichnung für den Malstil der klassischen Maler, bei dem die räumliche Wirkung auf der Darstellung von Licht und Schatten beruht. Tonwerte bzw. Hell-Dunkel-Abstufungen sind wichtiger als die Farbe.

Collage frz. für Klebearbeit

D

Daumennagelskizze Entwurfsskizze, die nicht viel größer ist als ein Daumennagel.

Direkte Malweise Primamalerei; das Bild wird spontan in einer Sitzung gemalt.

Drybrush engl. für Trockenpinsel-Technik

E

Expressionismus Kunstrichtung Anfang des 20. Jh.; das Streben nach Vergeistigung steht vor der sachlichen Wiedergabe.

F

Farbauftrag eine geschlossene Farbfläche, die mit mehr als einem Pinselstrich, jedoch in einem Arbeitsgang auf das Papier gebracht wurde. Auch als Lavierung bezeichnet. Im englischen Sprachraum „wash“ genannt. Farbaufträge können gleichmäßig, abgestuft oder schichtweise übereinander gelegt sein.

Farblösung besteht im Gegensatz zu Pigmentfarben aus löslichen Farbstoffen.

Fauvismus (frz. „fauve“ = wild) Richtung der Malerei in Frankreich Anfang 20. Jh.; Gegenbewegung zum Impressionismus. Die Künstler dieser Stilrichtung malten mit schreienden, meist ungemischten Farben, sie befreiten die Farbe vom Gegenstand.

Fehhaar sehr weiches Haar von Eichhörnchen; es besitzt wenig Elastizität.

G

Glanzlichter Lichtreflexe auf spiegelnden Oberflächen

Gouache frz. für deckende Wasserfarben (sprich „Guasch“)

Gummiarabikum wasserlösliches, pflanzliches Harz; wird aus Akazienbäumen gewonnen und dient als Bindemittel bei der Herstellung von Wasserfarben.

H

Hadernpapier besteht hauptsächlich aus textilen Fasern.

Hadern Lumpen, Stoffreste

I

Impasto dick aufgetragene Farbe (ital. pasta = Teig)

Impressionismus Kunstrichtung Ende des 19. Jh.; subjektive Wirklichkeitswiedergabe, die die mit dem Licht wechselnden Eindrücke nur andeuten und so wiedergeben soll, wie sie dem Künstler erscheint.

Indirekte Malweise Lasurmalerei; die Wirkung des fertigen Bildes beruht auf dem geplanten Zusammenwirken sämtlicher übereinander gemalter Farbschichten.

K

Kolinsky sibirischer Rotmarder. Die kostbarsten Aquarellpinsel werden aus den Schwanzhaaren dieser Tiere hergestellt. Sie haben hervorragende Elastizität, Farbaufnahmefähigkeiten und eine lange Lebensdauer.

Koloristisch Bezeichnung für einen Malstil, bei dem die Farbe wichtiger ist als die Tonwerte (z. B. Fauvismus und Expressionismus).

Komplementärfarben Farben, die auf dem Farbkreis einander gegenüberliegen.

Korn Bezeichnung für die Struktur der Papieroberfläche.

L

Lasieren Farbe dünn auftragen

Lasur dünne Farbschicht, bei der das Papier oder übermalte Farbschichten durchscheinen.

Lavieren Farbe auf dem Papier mit viel Wasser verwischen (frz. laver, ital. lavare = waschen)

Leimung Die Papiermasse wird mit Bindemittel „geleimt". Der Grad der Leimung hat entscheidenden Einfluß auf die Qualität des Papiers. Hochwertige Aquarellpapiere erhalten zusätzlich eine Oberflächenleimung. Ungeleimte Papiere sind sehr saugfähig.

M

Maskieren das Aquarellpapier mit Flüssiggummi oder anderen Hilfsmitteln abdecken, um bestimmte Stellen beim Malen vor Farbe zu schützen

Matt Bezeichnung für feine Papierstrukturen

N

Netzmittel (z. B. Ochsengalle) verringert die Oberflächenspannung von Wasser; erleichtert das Vermalen der Wasserfarbe

O

Ochsengalle Galleflüssigkeit von Ochsen, verbessert die Verlauffähigkeit der Wasserfarben und dient zum Entfetten von Aquarellpapier

P

Palette flacher Gegenstand, auf dem Farben angeordnet und gemischt werden.

Passepartout Kartonrahmen

Pastos teigig, reliefartig aufgetragene Farbe

Pigment sehr fein geriebener, unlöslicher Farbstoff. Für die Herstellung von Aquarellfarben werden hochwertige organische, mineralische und synthetische Pigmente verwendet.

Pochettes Papiermappen im Kleinformat

S

Signatur Unterschrift, Namenszeichen

Stil von einer Persönlichkeit oder Zeit geprägte Darstellungsart; eine persönliche Art zu malen.

Stilleben Bildmotiv, das aus leblosen, „stillen" Gegenständen besteht

T

Torchon Aquarellpapier mit grober Narbe (extra grobes Korn)

Transparenz Durchsichtigkeit

Tacker Heftmaschine;
wird in der Aquarellmalerei zum Befestigen des gespannten Papiers benutzt

V

Verwaschen mit Wasser stark verdünnte Farbe auf das Papier auftragen

W

Wash engl. für Farbauftrag

Wasserfarbe alle mit Wasser verdünnbaren Farben wie Aquarell, Deckfarben, Acrylfarben, Tempera und Tuschen

11. STICHWORTVERZEICHNIS